2023

Das andere Jahrbuch

verheimlicht
vertuscht
vergessen

1. Auflage Januar 2023

Umschlaggestaltung: Nicole Lechner
Lektorat, Satz und Layout: Agentur Pegasus, Zella-Mehlis

ISBN: 978-3-86445-900-9

Gerne senden wir Ihnen unser Verlagsverzeichnis
Kopp Verlag
Bertha-Benz-Straße 10
D-72108 Rottenburg
E-Mail: info@kopp-verlag.de
Tel.: (0 74 72) 98 06-10
Fax: (0 74 72) 98 06-11

Unser Buchprogramm finden Sie auch im Internet unter:
www.kopp-verlag.de

Gerhard Wisnewski

2023

Das andere Jahrbuch

verheimlicht
vertuscht
vergessen

*Was 2022 nicht
in der Zeitung stand*

KOPP VERLAG

»Ein Mensch hat immer zwei Gründe für sein Handeln – den guten und den wahren.«

Sprichwort

»Ziviler Ungehorsam ist nicht unser Problem, sondern ziviler Gehorsam.«

Howard Zinn

Inhalt

Vorwort

Finden Sie nicht auch, dass wir von einer Schockstarre in die nächste fallen: Coronapandemie, Ukraine-Krieg, Inflation, Gas- und Spritpreisexplosion sowie Grundsteuerreform? Zuvor gab es schon den 11. September 2001 und davor das Ozonloch, das Waldsterben, die Klimakatastrophe, die Vogelgrippe und die AIDS- und SARS-Krise. Ja, hört denn das niemals auf? Nein, denn dazu sind diese Schocks viel zu wertvoll, und zwar für die führenden globalen Negativ-Eliten. So sind wir viel besser steuerbar. Deshalb werden fast alle diese Schocks künstlich gemacht. Und wenn es wirklich ein gefährliches Ereignis gibt, dann wird es absichtlich aufgeblasen. Gerade zurzeit kulminieren die Schocks. Warum? Weil die globale Gesellschaft umgewälzt werden soll – und man die Menschheit daher in einen Dauerschockzustand versetzen muss. Deshalb dürfen wir alle gar nicht mehr zur Besinnung kommen. Aber sobald wir das durchschauen, geht es uns besser, und die Schocks zerplatzen wie ein Luftballon, an den man eine glühende Zigarette hält. Und diese glühende Zigarette ist dieses Buch: An passender Stelle werden wir der Schockstrategie der Herrschenden die Luft herauslassen, und diese Abschnitte sind wahrscheinlich die wichtigsten des ganzen Buches.
Also: Ich hoffe, es lohnt sich für Sie auch diesmal, dieses Buch zu lesen. Und ich danke Ihnen für den Kauf und Ihre treue Unterstützung.

Eine spannende und befreiende Lektüre wünscht Ihnen

Ihr Gerhard Wisnewski
München, am 30. November 2022

P.S.: Noch ein Hinweis zur Benutzung: In den Chronologien zu Beginn jedes Monats sind die in dem jeweiligen Monat behandelten Themen fett gedruckt. Themen, die im Rahmen eines anderen Kapitels behandelt oder erwähnt werden, tragen zusätzlich einen Seitenverweis auf das entsprechende Kapitel.

Einleitung

Was würden Sie davon halten, wenn jemand auf die Idee käme, Ihnen Meinungen zu »implantieren«? Oder Sie glauben zu machen, dass Schnee schwarz ist? Oder in Ihnen gar den Glauben an richtig oder falsch auszulöschen? Unmöglich? Unerhört? Nicht doch. Das alles sind Ideen, die spätestens seit den 20er-Jahren des vergangenen Jahrhunderts in Großbritannien kursierten und schließlich zur Gründung eigener Thinktanks und Institute führten, wie beispielsweise der Tavistock-Klinik und des Tavistock-Instituts für zwischenmenschliche Beziehungen. Gruselig, nicht? Und ob – denn diese Institute und ihr – 75 Jahre nach ihrer Gründung – heute weltumspannendes Netzwerk bestimmen seitdem zunehmend unser ganzes Denken und unsere Realität. Es ist das, was ich in einem früheren Jahrbuch als »Negative« beschrieben habe: Weltbilder, in denen alles auf den Kopf gestellt ist und wo schwarz weiß und weiß schwarz ist (siehe *verheimlicht – vertuscht – vergessen 2011*, Seite 9 ff.). Den Glauben an Recht und Unrecht wollte uns zum Beispiel ein Psychiater des britischen Tavistock-Instituts namens George Brock Chisholm austreiben, zufällig der erste Generaldirektor der »Weltgesundheitsorganisation« WHO. Also jener Organisation, die uns ab 2020 mit einer erfundenen Pandemie zu traktieren begann. Käuflich waren Institute wie Tavistock schon immer; von Anfang an wurden sie bezahlt – zum Beispiel von den Rockefeller- und Macy-Stiftungen. Heute wird die WHO unter anderem von dem Impfstoff-Tycoon Bill Gates finanziert. Tja – da muss man sich nicht wundern, wenn die Leute wie die Schafe zu den Impfstationen rennen, denn dafür wurden sie ja programmiert. Ein wichtiges Mittel dafür ist der Schock: Bilder von Menschen in Schutzanzügen zum Beispiel. Oder von Patienten auf Intensivstationen. Kurz: Mit der richtigen Angst kann man uns alles verkaufen: Kriege, Pandemien, Migrationsströme, Steuererhöhungen, »Lastenausgleiche« und anderes mehr. Man kann uns Meinungen genauso »implantieren« wie uns davon überzeugen, dass Schnee schwarz ist (so der britische Philosoph Bertrand Russell).

Tavistock oder Tavischock?

Wie es dazu kam, werden wir in dem entsprechenden Kapitel über das Tavistock-Institut erfahren (siehe 5. September). Oder sollte ich sagen:

Tavischock? Einer dieser Schocks ist natürlich der Ukraine-Krieg, mit dem uns ganz viel verkauft wird, sogar unser eigener Untergang. In diesem Buch müssen wir deshalb auch über den Krieg reden – oder über das, was dafür gehalten wird: über geplanten Krieg, künstlichen Krieg, gefakten Krieg, hybriden Krieg und anderes mehr. Das ganze Februar-Kapitel steht deshalb im Zeichen eines einzigen Tages, nämlich des 24., an dem Russlands bewaffneter Angriff auf die Ukraine begann (oder die »militärische Operation«, wie der russische Präsident Wladimir Putin das nennt). Die uns vorgesetzten Feindbilder sind wie immer einfach und klar – doch sind sie auch richtig? Oder etwa nur »implantiert«? Wer kämpft hier wirklich gegen wen, und wem nützt das alles? Wir werden es herausfinden und zu überraschenden Ergebnissen kommen.

Natürlich wollen wir auch wissen, wer eigentlich die vorgeschobenen Bauern in diesem Schachspiel sind, als da zum Beispiel wären die Waffennärrin Annalena Baerbock, die »grausame Eminenz« Marie-Agnes Strack-Zimmermann und Wolodymyr Selenskyj, der »unbeugsame« Kriegsherr der Ukraine. Die entsprechenden Kapitel werden dem nachgehen. Schließlich wollte man uns auch in diesem Jahr weismachen, dass wir zu viele Menschen auf der Erde sind und beging daher am 4. Mai Selbstmord – Quatsch: den »Erdüberlastungstag«. Botschaft: Mindestens jeder zweite Mensch ist hier überflüssig. Dabei ist »Selbstmord« gar nicht so weit hergeholt, denn die irdische *Titanic* steuert genauso bewusst auf den Untergang zu wie jene am 14./15. April 1912. Ja, der *Titanic*-Untergang vom 15. April 1912, der sich dieses Jahr zum 110. Mal jährt, ist geradezu eine Parabel auf unsere heutige Situation. Auch da gab es eine Legende, nämlich den Eisberg, während unsere heutigen Eisberge Corona und Putin heißen. In Wirklichkeit war die Brücke damals jedoch von Kriminellen besetzt, die das Schiff mit voller Absicht ins Verderben fuhren.

Darüber hinaus untersuchen wir die Hintergründe

- der überall propagierten Geschlechtsumwandlungen und deren eigentliches Ziel,
- der sogenannten Klimakleber und ihrer Verkehrsblockaden,
- des weltweiten Rummels um Prinz Andrew und sein angebliches Missbrauchsopfer Virginia Giuffre,
- von seltsamen Wetterphänomenen, wie zum Beispiel des Wechsels der Hauptwindrichtung mit dem Beginn des Ukraine-Krieges,
- des Olympia-Attentates am 5. September 1972, das sich nun zum 50. Male jährte,

- des bizarren Todes der bekannten US-Schauspielerin Anne Heche und vieles andere mehr.

Eine weitere Parabel auf unsere heutige Welt ist übrigens der sogenannte Massenselbstmord der Jones-Sekte im guyanischen Urwald, der sich am 18. November 2023 zum 45. Mal jähren wird. Es ist die Geschichte eines Dschungeldiktators, der in seiner Urwaldkolonie eine eigene kleine New World Order installierte und schließlich mit seinen Anhängern Selbstmord beging. Wer nicht mitmachte, wurde von amerikanischen Spezialkommandos beseitigt …

Dezember 2021

Thema des Monats

1.12. Hausdurchsuchung: Beweise nicht nötig

1.12. Hausdurchsuchung bei dem Autor Gerhard Wisnewski – **1.12.** In Stockholm wird der sogenannte Alternative Nobelpreis verliehen – **2.12.** Zapfenstreich für Bundeskanzlerin Angela Merkel – **6.12.** Der Landtag von Sachsen stellt eine »epidemische Notlage« fest – **7.12.** Die SPD, Die Grünen und die FDP unterzeichnen den »Ampel«-Koalitionsvertrag auf Bundesebene – **8.12.** Der Bundestag wählt Olaf Scholz zum Bundeskanzler – ***9.12. Coronageimpfte strahlen angeblich Bluetooth-Signal aus*** – **14.12.** In Berlin tagt der neu gegründete »Coronaexpertenrat« der Bundesregierung – **16.12.** Mit der Übergabe des letzten gebauten Airbus A380 an die Fluggesellschaft Emirates endet die Produktion dieses Flugzeugtyps – **21.12.** Die Doktor-Betrügerin Franziska Giffey wird Regierende Bürgermeisterin von Berlin – **30.12.** US-Freund Claus Kleber beendet seine Karriere beim *heute journal*

1. Dezember
Hausdurchsuchung: Beweise nicht nötig

Dieses Buch wird immer mehr selbst zum Thema. Kaum hatte ich die letzten Korrekturen am 30. November 2021 beim Verlag abgeliefert, schneite am nächsten Tag auch schon die Polizei bei mir herein. Mitten in der Vorweihnachtszeit. Wahrscheinlich wollten sie herausfinden, wie man ordentlich recherchiert. Als ich am 1. Dezember 2021 mit einem Handwerker zu meiner Wohnung zurückkehrte, hing da ein roter Zettel an der Tür: »Mitteilung über Wohnungsöffnung«: »Ihre Wohnung [...] wurde von der Polizei geöffnet. Dabei wurde das Türschloss geöffnet, und die neuen Wohnungsschlüssel wurden bei der örtlich zuständigen Polizeiinspektion hinterlegt [...]. Mit freundlichen Grüßen.« Ich staunte nicht schlecht. Und der Handwerker erst! Kopfschüttelnd zog er von dannen und fragte sich wohl, welche Art Kunden er da an Land gezogen hatte. Ich habe ihn nie wiedergesehen. Einen Wunschzettel hatte die Polizei auch geschrieben. Ich bekam ihn später auf der Polizeistation zu sehen: »Lieber Weihnachtsmann«, hieß es da, »wir hätten gern mal die EDV von diesem Wisnewski mitgenommen, um ihn auszuspionieren und ihm ordentlich etwas anzuhängen.« Quatsch – »Beschluss« stand da zu lesen: Ohne vorherige Anhörung werde »die Durchsuchung der Person und der Wohnung des Beschuldigten nach folgenden Gegenständen angeordnet: Mobiltelefon, EDV und Software nebst dazugehörigen externen Speichermedien (Server, USB-Sticks in offener oder versteckter Form, externe Festplatten, CDs, DVDs, Disketten und so weiter) sowie Hardware, die den Zugang zum Internet ermöglicht.« Tja, mit dieser Wunschliste wären die Beamten (und vor allem die Beamtinnen, natürlich!) wohl besser zu MediaMarkt gegangen. Denn bei mir gabs nichts. Alles »aus«. Nicht einmal einen mickrigen USB-Stick konnten die Spürnasen ergattern. Deshalb wurde das die wohl kürzeste Hausdurchsuchung aller Zeiten – und wahrscheinlich ein trauriges Weihnachten für die Polizei. Wie das?

Wenn Schritte unheimlich hallen ...

Nun, ganz einfach: Als die Beamten am 1. Dezember um circa 7:00 Uhr morgens an meiner Tür klingelten, wurden sie erst einmal ordentlich auf die Folter gespannt. Denn da niemand zu Hause war, mussten sie zunächst auf den Schlüsseldienst warten. Vermutlich deswegen konnte die Durchsuchung auch erst beginnen, nachdem endlich das Schloss aufgebohrt worden war: um 7:45 Uhr. Kaum schwang die Tür auf, hatten sie, da es noch dunkel war, wahrscheinlich erst einmal nach dem Lichtschalter getastet. Schon da mussten die tapferen Ordnungshüter (in diesem Fall Ordnungshüterinnen!) geahnt haben, dass dieser Tag nicht so verlaufen würde, wie sie sich das vorgestellt hatten. Schon dass niemand an die Tür gekommen war, war so eher nicht vorgesehen – denn normalerweise öffnet ja ein noch bettschwerer Beschuldigter oder Angehöriger, um dann schlagartig wach zu werden. Und als die wackeren Detektive (Pardon: -innen) nun den Lichtschalter betätigten, um endlich Licht ins Dunkel der finsteren Machenschaften des Autors zu bringen, tat sich gar nichts. Im fahlen Schein des Ganglichts sagte ihnen ein Blick auf ihre Füße, dass es hier nicht nur kein Licht gab, sondern sich hier auch nicht einmal ein Fußbodenbelag befand. Im unheimlichen Hall ihrer Schritte auf dem bloßen Estrich erkannten sie, dass die Wohnung komplett leer war. Auch das Stromnetz war nicht verkabelt. Im Schein der Taschen- oder Handylampen war die Durchsuchung dann auch relativ schnell beendet: Beginn 7:45 Uhr, Ende 8:00 Uhr, stand im Einsatzbericht. Kurz: Die Münchner Sherlocks hatten eine totale Niete gezogen, denn die Wohnung befand sich in der Renovierung: »Wohnung komplett leer: Nicht bewohnt«, vermerkt der Durchsuchungsbericht verschnupft. Bei der Durchsuchung war demgemäß »nichts Verdächtiges gefunden worden«.

»Wer ist dieses schmutzige ...schwein?«

Aber natürlich war ich erpicht darauf zu erfahren, was mir denn eigentlich vorgeworfen wurde. Also fuhr ich am nächsten Tag zur Polizei, wo mir zwei mehr oder weniger charmante Damen den Durchsuchungsbeschluss aushändigten. Und siehe da: Ich sollte den bayerischen Ministerpräsidenten Markus Söder beleidigt haben! Mit dem Beweis machten sie es ein wenig spannend und veranstalteten mit mir ein kleines Memory-Spielchen: Ich durfte nur einen ganz kurzen Blick auf einen Ausdruck werfen, höchstens ein paar Sekunden. Und was musste ich da sehen: den Ausdruck eines Telegram-Posts mit einem Bild von unserem geliebten Landesvater, wie er sich gerade eine FFP2-Maske überzog (oder abnahm – das konnte man natürlich nicht erkennen). Darunter stand in großen Buchstaben sinngemäß: »Wer ist dieses schmutzige ...schwein?« (wörtlich darf ich hier nicht zitieren – Ermittlungsakte). Und direkt darunter standen noch mein voller Name und meine Adresse, als hätte ich mit dieser Beleidigung gleich noch meine Visitenkarte abgegeben, damit einige Zeit später die Polizei bei mir hereinmarschieren konnte. Das Nächste, was an dieser Signatur auffiel: Es handelte sich ausschließlich um Absenderangaben, die im Internet zu finden waren und somit jedermann bekannt sein konnten: Name, E-Mail-Adresse und die Nummer eines Anrufbeantworters. Aber: keine Wohnanschrift, keine Büroanschrift – nichts. »Völlig logisch«, dachte sich jedoch die scharfsinnige Ermittlungsrichterin und schickte mir die Ordnungshüter auf den Hals. Doch als Grundlage für die Durchsuchung fanden sich in dem Beschluss keinerlei nähere Tatsachenfeststellungen oder Beweise. Es wurde nicht hinreichend dargelegt, woraus hervorgehen sollte, dass der beleidigende Post von mir stammen würde. Denn wenn im Internet ein Name benutzt wird, heißt das eben noch rein gar nichts. Die Urheberschaft muss schon so glaubwürdig sein, dass sie einen Einbruch in eine Wohnung rechtfertigt. Stattdessen meinte man laut Beschluss ganz genau zu wissen, dass ich damit meine Verachtung gegenüber Söder zum Ausdruck hätte bringen wollen. Aber auch dafür wurden in dem Beschluss keine Belege angeführt.

Herr Söder schreibt an Herrn Söder

Selbstredend waren meine Anwälte und ich auf die Akteneinsicht gespannt. Erst auf eindringliche Mahnungen hin ließ sich die Polizei herab, ihr sagenhaftes Beweismaterial zu präsentieren. Und ich muss sagen: Da kam ich aus dem Staunen gar nicht mehr heraus: Angezeigt hatte mich tatsächlich Markus Söder! Himself! Anfang Februar 2022 schrieb die Bayerische Staatskanzlei an das Bayerische Innenministerium (also letztlich Söder an Söder), Herr Söder wolle Strafantrag stellen. Herr Söder hatte dafür natürlich volles Verständnis und kam dem Wunsch von Herrn Söder umgehend nach. Demzufolge hätte ich ihn im November 2020 in einer Telegram-Gruppe gröblichst beleidigt! Und nicht nur ihn, sondern auch noch den Innenminister eines Bundeslandes. In der Telegram-Gruppe von zwei bekannten Querdenkern hätte ich Söder und seinen Politikerkollegen mit einer groben Schmähung bedacht, die ich hier nicht wörtlich wiedergeben darf. Jedenfalls war es eine Beleidigung von der Sorte, wie ich sie niemals von mir geben würde. Schon gar nicht öffentlich. Und ich war ziemlich fassungslos, wie man wegen eines solchen offensichtlichen Blödsinns meine Wohnung aufbrechen konnte, als sei ich ein gefährlicher Terrorist. Im Internet kann rein technisch gesehen schließlich jeder jeden beleidigen und die Schmähung dann mit einem x-beliebigen Namen unterzeichnen. Genauso wie irgendjemand einen Kanal mit den Namen der beiden erwähnten Querdenker eröffnen kann. Eine Begründung für eine Hausdurchsuchung ist das meiner Meinung nach nicht. Denn die drastische Maßnahme steht in keinem Verhältnis zur Dürftigkeit des Verdachts. Die beiden angeblichen Kanalinhaber hatten zum Zeitpunkt meiner Hausdurchsuchung denn auch schon längst ihrerseits Strafanzeige wegen des Missbrauchs ihrer Namen gestellt. Und ich konnte die Beleidigung schon deshalb nicht in dieser Gruppe veröffentlicht haben, weil ich dort gar keine Schreibberechtigung besitze – etwas, was offenbar weder Polizei und Staatsanwaltschaft noch die Ermittlungsrichterin bedacht hatten. Dann wäre die Durchsuchung nämlich bereits fraglich gewesen. Um eine Wohnung aufzubrechen, braucht es schließlich belastbare Verdachtsmomente. Bisher jedenfalls.

Damen mit Doktortiteln

Des Weiteren stieß ich in der Akte auf haufenweise Frauen in Gestalt von Polizistinnen, Staatsanwältinnen und Ermittlungsrichterinnen, die sich dieses Kriminalfalls angenommen hatten – natürlich versehen mit haufenweise Doktortiteln. Aber offenbar hatten die Damen und die Doktorhüte das Niveau der bayerischen Justiz nicht wirklich heben können, indem sie etwa irgendeine tragfähige Begründung für die Hausdurchsuchung hätten zusammenzimmern können. Ja, schlimmer noch: Der Akte zufolge sollte mein beleidigender Beitrag dort im November 2020 erschienen sein. Laut *tgstat.com*, einer Seite, die den Messenger Telegram statistisch auswertet, erschien der letzte Post dort allerdings bereits im August. Demnach konnte ich den Beitrag im November 2020 also überhaupt nicht veröffentlicht haben. Und wenn ich in der Lage war, diesen Umstand in 5 Minuten herauszufinden, sollte man doch erwarten, dass die Polizei das auch »ermitteln« konnte. Noch seltsamer war die Kanalbeschreibung, die die unbekannten (!) Telegram-Kanalbetreiber dem Kanal hinzugefügt hatten. In seiner eigenen Beschreibung benutzte er militärische Ausdrücke und erwähnte eine Verbindung zum Nachrichtendienst und zur Polizei. War das nur ein Witz, oder handelte es sich hierbei um einen Provokationskanal der Behörden, auf dem im Namen von bekannten »Querdenkern« Beleidigungen geäußert wurden, um sie hinterher strafrechtlich verfolgen zu können? Kurz: Um ein Ticket zur Durchsuchung ihrer Räumlichkeiten und zur Beschlagnahme ihrer EDV zu bekommen? Also Potemkinsche Dörfer unserer Polizei? Aber natürlich weiß jeder, dass diesen Kanal eine beliebige Person eröffnet und diese Beschreibung hineingeschrieben ha-

ben kann. Ich meinerseits würde nun keine Hausdurchsuchung bei der Polizei veranlassen.
Rekapitulieren wir:

1. Auf irgendeinem völlig unbekannten und dubiosen Kanal mit angedeuteten Bezügen zu Polizei und Geheimdiensten wird eine drastische Beleidigung gegenüber einem Politiker gepostet.
2. Unter der Beleidigung hat sich der vermeintliche Täter mit vollem Namen und weiteren (öffentlich verfügbaren) Absenderangaben zu der Beleidigung bekannt.
3. Das windige Verdachtsmoment dient als Ticket für eine Hausdurchsuchung und als Rechtfertigung für die Beschlagnahme der EDV.
4. Belastbare Beweise hat man also keine, diese soll erst die Hausdurchsuchung erbringen – und zwar egal, auf welchem Gebiet. Denn hat man erst einmal einige Gigabyte Daten, wird man schon etwas finden, so das Kalkül: völlig einerlei, ob das etwas mit der ursprünglichen Beleidigung zu tun hat. Vielleicht wird man auf den Datenträgern etwas anderes finden – zum Beispiel Raubkopien, verfassungsfeindliche Symbole, schwarze Konten, Indizien für Steuerhinterziehung oder was auch immer. Am besten natürlich Kinderpornografie.
5. Damit wäre der Ruf des Journalisten ruiniert.
6. Die windige Begründung für die Hausdurchsuchung interessiert dann niemanden mehr, weil diese zumindest im Nachhinein gerechtfertigt erscheint.
7. Die Beschlagnahme der gesamten EDV versetzt dem unliebsamen Medienvertreter auch technisch einen erheblichen Schlag, von dem er sich nur schwer erholen kann. Sämtliche Texte und Recherchen wären weg. Und auch ein Back-up würde nichts nützen, solange es sich am selben Ort befunden haben sollte – denn dann wird es natürlich ebenfalls beschlagnahmt.
8. Durch die »Sicherstellung« der gesamten EDV erhalten die Behörden Einblick in die komplette Arbeit und in alle Kontakte des Journalisten.
9. Sämtliche aktuellen Projekte des Beschuldigten würden stark beeinträchtigt oder zerstört.

Das alles sind schwere Grundrechtseingriffe und Eingriffe in die Pressefreiheit, und auf diese Art und Weise versucht man hierzulande, einen unliebsamen Journalisten zu vernichten. Ist das etwa die »Methode Söder«? Nur aufgrund des totalen Scheiterns der Hausdurchsuchung stehen die

Behörden nunmehr ohne Hosen da. Sie besitzen keinerlei brauchbare Beweismittel, um

a) die Hausdurchsuchung zu rechtfertigen,
b) den Vorwurf der Beleidigung zu belegen,
c) neue Vorwürfe zu konstruieren.

Womit ihre windige Begründung in den Mittelpunkt rückt. Und das ist auch der Grund, warum ich über meine Rechtsanwältin Beate Bahner Strafanzeige gegen die Ermittlungsrichterin erstattet hatte: wegen Verfolgung Unschuldiger, falscher Verdächtigung und allen anderen infrage kommenden Straftaten. Denn es kommt noch ein gewichtiger Umstand hinzu: Dass es sich bei der Telegram-Gruppe, die die Beleidigungen beinhaltete, um einen Fake-Kanal handelte, war den Ermittlungsbehörden bekannt. So schrieb die Staatsanwaltschaft Berlin schon im April 2021 an einen der angeblichen Betreiber, es gebe keine erfolgversprechenden Ermittlungsansätze, »um den Betreiber des Fake-Telegram-Kanals ausfindig zu machen«. Was die bayerischen Behörden nicht daran hinderte, auf Basis desselben Fake-Kanals Hausdurchsuchungen durchzuführen …

10. Dezember
Bluetooth: Tote telefonieren nicht

Einfach gruselig! An diesem Tag taucht auf dem Facebook-Kanal einer gewissen Tamarii Maohi ein Video mit folgendem Inhalt auf: Ganz am anderen Ende der Welt, in Französisch-Polynesien, hat sich die junge Frau in Begleitung ihrer Mutter auf den Weg zu einem Friedhof gemacht. Auf dem Kopf trägt sie einen traditionellen Blätterkranz. Zweck des Unternehmens ist festzustellen, ob Tote Bluetooth-Signale aussenden können. Seit einiger Zeit geht nämlich das Gerücht um, dass mit einem Coronaimpfstoff Geimpfte danach eine Bluetooth- oder MAC-Adresse haben, also eine Adresse, unter der man Geräte in einem Netzwerk findet: Computer, Kopfhörer, Smartphones und so weiter. Ohne diese MAC-Adresse könnte ein Apparat nicht in ein Netzwerk eingebunden werden. Und nun also auch Geimpfte? Oder gar Leichen? Denn angeblich hört das Phänomen auch mit dem Tod nicht auf! Stirbt also eine geimpfte Person, kann man ihre Bluetooth-Signale auch noch auf dem Friedhof empfangen.

Sie habe tausend Fragen im Sinn, sagt die junge Frau, darum habe sie sich mit ihrer Mutter hierher aufgemacht, um einen Test durchzuführen. Der Friedhof sei ideal, denn hier sei kein Mensch, kein Telefon und auch keine anderen Apparate, gar nichts. Anschließend schaltet sie die Bluetooth-Funktion ihres Handys ein, und siehe da: Das Gerät zeigt vier MAC-Adressen an, also offenbar vier Bluetooth-Sender (MAC = Media Access Control). Auf einem Friedhof sind das eigentlich vier zu viel – oder nicht? »Das wirft Fragen auf«, raunt die junge Dame bedeutungsvoll, »das ist nicht normal, das ist keine Impfung, das ist ein Experiment …«
Eine Reihe solcher Videos sorgte im Internet für Aufregung. Die Bluetooth-Adressen auf den Displays wirkten wie Nachrichten aus dem Jenseits und hatten das Zeug, rund um den Globus zu gehen. Schließlich sah alles sehr plausibel aus: Ein einsames Handy auf einem ansonsten menschenleeren Friedhof empfängt plötzlich mehrere MAC-Adressen … In einem anderen Filmchen spazierte ein Mann mit einem Handy im Anschlag über einen offenbar deutschen Gottesacker und starrte angestrengt auf den Bildschirm. Er war leer. Doch plötzlich, bei einem bestimmten Grab, erschien auf dem Handy-Display ein seltsamer Zahlencode: 60:6D:C7:7C:7C:B2. Es war der Code eines Bluetooth-Senders, wie er auch von Handys ausgestrahlt wird (MAC-Adresse).

Signale aus dem Jenseits?

Doch bis auf den Besucher war hier niemand mehr am Leben. Und Tote telefonieren bekanntlich nicht. Mich hat jedenfalls noch keiner angerufen. Auch eine Bluetooth-Box habe ich aus einem Grab noch nie wummern hören. »Wo kommt diese Adresse her?«, fragte der Mann also sich und seine Zuschauer. »Naja, es ist ja egal, wer es ist – aber: nicht von uns! Nicht von irgendeinem Bluetooth-Gerät hier drumrum – ich glaube nicht, dass da eins ist. Es kann nur von dieser verstorbenen Frau sein, die am 7. März verstorben ist … und schickt da noch eine MAC-Adresse.« Herrje! Zwar läuft heute jeder Lebende mit einem Bluetooth-Sender herum – aber nun auch noch die Toten? Das geht jetzt wirklich zu weit. Wobei die Verstorbenen natürlich gar nicht mehr laufen – aber auf Bluetooth wollen sie anscheinend nicht verzichten. Gespenstisch! Obwohl: Eigentlich ist das ja ein echter Fortschritt: Schluss mit all den Seancen und dem ganzen Hokuspokus, mit dem man bisher versuchte, Tote zu beschwören. Anrufen genügt!

Von wegen »Grabesstille« ...

Aber was ist wirklich dran an diesen Geschichten? Nehmen wir beispielsweise das eingangs zitierte Video der Polynesierin: Während sie behauptet, sich auf einem abgeschiedenen Friedhof zu befinden, entdeckt man in ihrem Filmchen in Wirklichkeit nicht das kleinste Merkmal einer Begräbnisstätte. Denn die filmende Mutter zeigt ihre Tochter ausschließlich vor einem unidentifizierbaren Hintergrund. In dem engen Bildausschnitt sieht man weder ein Grab noch ein Kreuz oder andere Attribute eines Friedhofs. Darüber hinaus erfährt man nicht den Namen des Ortes, an dem die Szene aufgenommen wurde – denn sonst hätte man diese bei Google Maps & Co. sehr leicht in Augenschein nehmen und feststellen können, wie der Drehort wirklich aussah. Überdies hörte man im Hintergrund das Leben pulsieren: Erst ratterte ein Moped vorbei, dann vernahm man Hupgeräusche und das Knirschen von Autoreifen auf einem Kiesweg und schließlich gackernde Hühner. Von Totenruhe und Grabesstille keine Spur. Die ganze »Atmo« klang nach Bebauung und Verkehr. Entweder sehen Friedhöfe in Polynesien ganz anders aus als hierzulande, oder wir befanden uns gar nicht auf einem Gottesacker. Tatsächlich erblickte man, wenn man genau hinsah, im Hintergrund auch Teile einer Bebauung.

»... mit eigenen Augen niemanden gesehen«

Fazit: Der Beweiswert des Videos war gleich null. Von einem wissenschaftlichen Versuch war es so weit entfernt, wie eine Rede von Karl Lauterbach von der Wahrheit. Denn wo Bebauung und Fahrzeuge sind, können heutzutage natürlich auch Bluetooth-Sender sein: Telefone, Kopfhörer, Smartwatches, Navigationsgeräte und anderes mehr. Von dem Handy der filmenden Mutter ganz zu schweigen. Schon dieses wäre die erste mögliche Bluetooth-Quelle.

Aber da wäre ja noch unser Mann vom Anfang! Der befand sich ja nun wirklich auf einem Friedhof! Und kurz bevor er sich dem erwähnten Grab genähert hatte, rief er noch einmal laut »Hallo, ist da jemand?!« über die Begräbnisstätte. Aber um ihn herum herrschte absolute Stille. Nichts und niemand gab einen Mucks von sich. Bis auf die MAC-Adresse, die er an dem genannten Grab nach einer Weile empfing. Diese könne »nur von dieser verstorbenen Frau sein, die am 7. März verstorben ist ...«. Aber auch das ist von einem wissenschaftlichen Versuch so weit entfernt wie eine Rede von ... Naja, Sie wissen schon. Zunächst einmal erfahren wir weder den Namen des Videofilmers noch den Ort des Friedhofs, sodass wir die Quelle und Umgebung nicht beurteilen können. Aber müssen wir das überhaupt? Denn wir haben in dem Video doch »mit eigenen Augen niemanden gesehen« (falls das überhaupt geht). Und geantwortet hat auf das »Hallo« ebenfalls niemand! Schließlich hat ein Bluetooth-Sender, wie man in jeder Bedienungsanleitung lesen kann, eine Reichweite von etwa 10 Metern, und wenn sich in diesem Radius niemand aufhält, ist da auch keiner, basta!

Die 1-Million-Dollar-Frage

Ein Problem besteht tatsächlich darin, dass die meisten Leute glauben, dass die Bluetooth-Reichweite wirklich lediglich 10 Meter beträgt – ganz einfach, weil das in den Bedienungsanleitungen vieler Bluetooth-Geräte so angegeben wird. Woraus der Fehlschluss resultiert: Wenn sich innerhalb dieser 10 Meter niemand befindet, der ein solches Gerät bei sich haben könnte, dann muss die Quelle des Signals wohl unter der Erde liegen. Dabei sind die berühmten 10 Meter nur die Mindestreichweite, die auch unter ungünstigsten Bedingungen erzielt werden kann. Um sicherzugehen, geben die Hersteller eine viel geringere Reichweite an, als sie in Wirklichkeit maximal betragen kann. Fragen wir also einmal die richtigen Experten, zum Beispiel die Entwickler der globalen Bluetooth-Standards von Bluetooth SIG Inc., einer weltweiten Gemeinschaft von mehr als 36 000 Unternehmen, die sich auf die Bluetooth-Standards geeinigt haben. Sie müssten es ja wissen. »Es gibt eine Menge Verwirrung in Bezug auf die Reichweite von Bluetooth«, sagt Mohammad Afaneh von Bluetooth SIG Inc. in einem Video, »und deshalb bin ich heute hier, um auf einige Missverständnisse einzugehen und die 1-Million-Dollar-Frage zu beantworten: Wie groß ist die Reichweite von Bluetooth? Die kurze Antwort ist: zwischen weniger als 1 Meter bis zu 1 Kilometer.« Wie bitte? Bis zu 1 Kilometer? Da haben wirs: Die 10 Meter sind also tatsächlich nur ein Mindestwert, der in den meisten Situationen erreicht wird. Es kann aber auch weniger sein oder aber viel mehr – zum Beispiel auf freier Fläche wie auf einem Friedhof, sodass man auch Signale aus viel größerer Entfernung empfangen könnte (Videoquelle: »Was ist die Reichweite der Bluetooth-Technologie?«, *www.bluetooth.com*).

Unübersehbare Zahl von Anwendungen

Auf der Website *bluetooth.com* kann man sich die Reichweite spezifischer Bluetooth-Typen berechnen lassen. Zum Beispiel beträgt sie bei dem Bluetooth-Low-Energy-125-Kilobit-Verfahren in freiem Gelände 90–125 Meter, in Büroumgebungen 17–23 Meter und zu Hause 33–45 Meter. Wenn man die Sendeleistung sehr niedrig ansetzt, kommt man auf die bekannten 12–15, abgerundet also 10 Meter. Verfügt man bei demselben Verfahren über höchste Sende- und Antennenleistungen, erzielt man eine Reichweite von bis zu 2 Kilometern. Nimmt man die Extreme weg, dann dürften die Reichweite-Angaben des oben zitierten Bluetooth-Experten für 95 Prozent der Bluetooth-Geräte zutreffen: zwischen 1 Meter und 1 Kilometer. Damit sind wohl die meisten Selbstversuche auf Friedhöfen und anderen vergleichbaren Freiflächen hinfällig. Außerdem müsste man dabei in Betracht ziehen, wo überall ein Bluetooth-Sender eingebaut sein könnte. Bluetooth ist schon längst nicht mehr ausschließlich Sache von Computern, Handys, Smartwatches und Kopfhörern. Selbst in der alternativen Medien- und Aufklärungsszene macht sich deshalb bereits Skepsis gegenüber den angeblichen »Bluetooth-Impfungen« breit. So unternahm die in Poing bei München lebende Aktivistin Angela Wrobel einen Waldspaziergang mit ihrer Familie, von der vier Personen geimpft waren. Ergebnis: Keine der vier Personen emittierte eine MAC-Adresse (siehe *YouTube*: »Geimpfte senden Bluetooth-Codes?!?«, 16.07.2022).

Die Fritz!Box im Nanoformat

Nicht doch: Schließlich gibt es doch noch ein berühmtes Video, gepostet von einem Jeffery Montgomery am 21. Mai 2021 auf Facebook. Überall, wo er hingehe, versuchten sich Bluetooth-Geräte mit ihm zu verbinden, sagt der Mann in dem Filmchen. Dabei zeige sein Handy den folgenden Gerätenamen an: »AstraZeneca_ChAdOx1-S« – also den Namen eines Impfstoffherstellers! Das Problem ist nur, dass jeder den Bluetooth-Namen seines Handys ändern kann (anders als die MAC-Adresse!). Zum Beispiel kann man im Betriebssystem Android unter dem Menüpunkt »Über das Telefon« auf den Gerätenamen zugreifen und einfach einen anderen eintippen. Schon kann das Telefon »AstraZeneca«, »Biontech« oder »Johnson & Johnson« heißen. Man spürt die Absicht und ist verstimmt: Das alles sind also keine Beweise für irgendetwas. Halt! Schließlich gibt es im Internet noch hochwissenschaftliche Studien, was es mit dem Bluetooth-Phänomen auf sich haben und was dahinterstecken soll. Als Goldstandard gilt beispielsweise die Abhandlung eines gewissen Mik Andersen, die in zahlreichen anderen Texten und Videos zitiert wird. Zur Erklärung des Phänomens der »sendenden Menschen« führt der Text tief in die Welt der Nanopartikel, also in eine Welt voller Teilchen, die wir nicht sehen können und die uns daher genauso paranoid machen wie Viren. Leute mit Elektronenmikroskopen können uns bekanntlich viel erzählen, genauso wie Leute mit Raumkapseln (siehe »Mondlandung«). Dieser Mik Andersen also hat ein eindrucksvolles Video produziert, in dem er die Hintergründe des Bluetooth-Phänomens ausführlich erklärt. Alles beruht demnach auf Graphen (sprich: »Grafehn«), einem Gitter aus Kohlenstoffatomen, das den Impfstoffen heimlich hinzugefügt worden sein und im menschlichen Körper allerlei Eigenaktivitäten entwickeln soll. Kaum gespritzt, beginne es »intrakorporale« Netzwerke aus allerlei »Nanogeräten« aufzubauen, darunter auch sogenannte Nanorouter – sozusagen die Fritz!Box im Super-Mini-Format. Das sei der Grund, warum nicht bereits der Impfstoff Bluetooth-Signale emittiere – weil sich nämlich alles erst im Körper »selbst organisiert«. Darüber hinaus soll das erklären, warum dann nicht alle mit einem Impfstoff Geimpften dieselbe MAC-Adresse haben – weil sich das »intrakorporale Nanonetzwerk« erst mithilfe der DNA des Geimpften eine unverwechselbare Identität verschaffe. Anschließend sende die »Fritz!Box« auch eine MAC-Adresse nach draußen, sodass es möglich sei, sowohl Daten aus dem Körper zu empfangen als auch Daten an den Organismus zu senden (siehe *odysee.com*: »Covid Vaccine Nanotechnology – The Intra Body Nano Network«, 15.08.2022).

Merkwürdige bizarre Gebilde

Angebliche elektronenmikroskopische Aufnahmen von merkwürdigen bizarren Gebilden, die aussehen wie die Ergebnisse des Bleigießens an Silvester, sollen diese Behauptungen untermauern. Widerspruch zwecklos, denn eine eindrucksvolle Literaturliste am Ende des Videos suggeriert höchste Wissenschaftlichkeit. Das Problem ist nur, dass das Video keine Fußnoten enthält, die bestimmte Behauptungen mit bestimmten Quellen verknüpfen würden, sodass man die jeweiligen Aussagen anhand der Quellen nicht nachprüfen kann. Sehr merkwürdig, denn wer dem Zuschauer die Quellen zur Verfügung stellen wollte, würde sie mit den entsprechenden Behauptungen verknüpfen. Des Weiteren ist diese wissenschaftliche Scheinautorität nur Schall und Rauch, da ein Mik Andersen gar nicht auffindbar ist. Der Name ist wohl ein Pseudonym, das Video wird von einer Computerstimme gesprochen, Andersens angebliche Website *corona2inspect.net* ist nicht zu erreichen, und sein Blog auf *blogspot.com* ist ebenfalls verschwunden – falls er jemals vorhanden gewesen sein sollte. Wer auch immer das Video produziert hat, zog es offenbar vor, nicht mit seinem Namen für diese »Erkenntnisse« geradezustehen. Bezeichnend ist auch, dass »Andersen« ebenfalls ein »Experiment« empfiehlt, das an die oben geschilderten Friedhofsbesuche erinnert und seine wissenschaftliche Glaubwürdigkeit damit zerstört.

Ein »wissenschaftliches Experiment«

Es »besteht darin, einen Straßenabschnitt mit wenig Verkehr und niedriger Geschwindigkeit zu finden, auf dem kein regulärer Fußgängerverkehr herrscht. Stellen Sie sich an einen sicheren Ort, von dem aus Sie den Fahrzeugverkehr in beide Richtungen der Straße beobachten können. Aktivieren Sie Ihr Bluetooth, und Sie werden feststellen, dass die geimpften Personen in ihrem Fahrzeug erscheinen, wenn sie sich der Stelle nähern, an der Sie sich befinden, und verschwinden, wenn sie sich entfernen.« Wie bitte? Diese Beschreibung des Experimentes nimmt das Ergebnis ja vorweg: Die MAC-Adressen werden auf Geimpfte zurückgeführt, obwohl das ja gerade zu beweisen wäre. Schließlich fahren heutzutage auch die meisten Autos mit Bluetooth herum. Eine weitere Kostprobe von Andersens Beweisführung besteht in dem Satz: »Wenn wir davon ausgehen, dass das MAC-Phänomen bewiesen ist, dann scheint es logisch, dass Impfstoffe für diesen Effekt verantwortlich sind.« Übersetzt heißt das:

1. Wenn man *annimmt* (»davon ausgeht«), dass das MAC-Phänomen bewiesen ist (also, dass Menschen MAC-Adressen übertragen),
2. dann *scheint* es logisch, »dass Impfstoffe für diesen Effekt verantwortlich sind«.

»Apocalypse PMC Corporation«

Eine weitere Expertin auf diesem Gebiet ist eine angebliche Medizinerin namens »Kira Smith«. Laut dem (umstrittenen) Wissenschaftsportal

ResearchGate beschäftigt sich Smith sowohl mit Bluetooth als auch mit Viren, zwei sehr weit voneinander entfernten Fachgebieten. Bei ResearchGate wird als ihre Referenz oder ihr Arbeitgeber eine »Apocalypse PMC Corporation« angegeben. Während »Apocalypse« wohl selbsterklärend ist, steht »PMC« für paramilitary corporation, also paramilitärisches Unternehmen. Googelt man »Apocalypse PMC Corporation«, stößt man wiederum ausschließlich auf Kira Smith. Andere Aktivitäten, als die Dame zu beschäftigen, scheint die Firma nicht zu verfolgen. Oder ist die Dame etwa selbst die Firma? Klickt man auf den angebotenen Link unter »Apocalypse PMC Corporation«, heißt es: »Seite nicht gefunden«. An anderer Stelle wird Smith als »Sicherheitsspezialistin für Sondereinsätze in der unkonventionellen Kriegsführung und im militärischen Nachrichtendienst« sowie »Special Tactics Team Leader« vorgestellt. Nur: Worin bestehen die »unkonventionelle Kriegsführung« und die »speziellen Taktiken«? Handelt es sich vielleicht um psychologische Kriegsführung mithilfe der Graphen- und Bluetooth-These?

Aus dem Diskurs katapultiert

Denn Fakt ist ja, dass die Bluetooth-These die kritische Öffentlichkeit intensiv beschäftigt. Das heißt: Die Leute reden und googeln sich die Köpfe heiß, was es damit wohl auf sich haben könnte. Zusätzlich katapultiert die bizarre Theorie deren Konsumenten und Vertreter weit aus dem öffentlichen und sogar privaten Diskurs, in dem solche Vorstellungen von anderen für vollkommen verrückt erklärt werden. Und letztlich lenkt sie von allen anderen Problemen ab, die die Impfstoffe ansonsten mit sich bringen.

Abseits der oben genannten seltsamen Personen und Papiere habe ich keine Forschungen über »selbstorganisierende Nanostrukturen« *und* Bluetooth-Sender gefunden. Mein Eindruck war, dass man schon glücklich ist, wenn sich sogenannte Nanotubes, also Kohlenstoff-Nanoröhren, zu größeren Leitungsnetzen zusammenschließen und eine LED zum Leuchten bringen, wobei die Energie mittels eines Tesla-Transformators von außen zugeführt werden muss. Demonstriert wurde das bisher meines Wissens auch nur in entmineralisiertem Wasser und nicht in Blut, wobei die LED natürlich konventionell hergestellt werden muss (also nicht via »Nanoröhren« oder Graphen). Wenn, dann geht es zumindest in diesem Versuch also nur um Leitungen, aber nicht um Funktionseinheiten wie LEDs, Bluetooth-Sender, Motoren oder Ähnliches. Ob ein Nanonetzwerk einen

Bluetooth-Sender »bauen« kann, ist also zu bezweifeln. Ich habe mehrere Autoren entsprechender Forschungspapiere angeschrieben, darunter beispielsweise Dustin K. James von der Rice University in Texas, Co-Autor des Artikels »Teslaphoresis of Carbon Nanotubes« (Bornhoeft u. a., *ACS Publications*, online, 13.04.2016). Antwort: »Meiner Meinung nach hat das, was im Internet dazu gesagt wird, überhaupt keinen Wahrheitsgehalt und kann nicht realisiert werden.«

Dunkelmänner und Phantome

Das Bluetooth-Graphen-Gebiet ist offenbar ein Tummelplatz für Dunkelmänner und Phantome. Es wirkt wie eine Desinformationskampagne, bei der ein künstlicher Aufreger geschaffen wird, um von ganz anderen Problemen mit den »Impfstoffen« abzulenken. Schließlich entschloss ich mich noch zu einem eigenen Test und machte mich mit einem zweifach geimpften Freund auf den Weg, um festzustellen, ob er ein Bluetooth-Signal aussendet oder nicht (bei den beiden Impfungen wird es übrigens bleiben, da er kurz danach beunruhigende Nebenwirkungen verspürte). Die Fahrt endete etwa 31 Kilometer westlich vom Münchner Zentrum in einem Wäldchen bei Etterschlag.

Impfung: 2 Mal Biontech
Koordinaten: 48.099364, 11.187558
Handy-Typ: XPERIA L1
Bluetooth-Scanner-App: iBeacon & BLE Scanner

Dieser Bluetooth-Scanner hatte sich bisher als sehr empfindlich erwiesen; in der Stadt zeigte er zig Bluetooth-Quellen an. Aber hier befanden sich die nächsten Häuser in etwa 800–1000 Meter Entfernung. Also hielt ich das Handy mit dem Bluetooth-Scanner direkt an meine Versuchsperson. Ergebnis: »No devices found« – »keine Geräte gefunden« …

Januar 2021

Thema des Monats

22.1. Missbrauchsskandal: der Prinz und das Mädchen

1.1. Verbot der Tötung männlicher Eintagsküken tritt in Kraft – **7.1.** Die Autobahn GmbH des Bundes meldet, dass die Rahmedetalbrücke zwischen Lüdenscheid-Nord und Lüdenscheid wegen Tragwerksschäden nie wieder befahren werden kann – ***13.1. Die Queen entzieht ihrem Sohn Prinz Andrew wegen eines Missbrauchsskandals in den USA alle militärischen Ehrentitel und königlichen Schirmherrschaften (siehe auch 22.1.: Der Prinz und das Mädchen)*** – **17.1.** Bundesjustizminister Marco Buschmann legt einen Gesetzentwurf vor, mit dem die Werbung für Schwangerschaftsabbrüche erlaubt werden soll – **20.1.** Ein Gutachten über sexuellen Missbrauch in der katholischen Kirche behauptet, der ehemalige Erzbischof und spätere Papst Benedikt XVI. habe in diesem Zusammenhang gelogen – ***20.1. Immer mehr Deutsche wandern aus – 22.1. Der Prinz und das Mädchen: Wie furchtbar war Prinz Andrew?*** – **24.1.** *Wikileaks*-Gründer Julian Assange darf vor dem Obersten Gerichtshof Großbritanniens Berufung gegen seine Auslieferung an die USA einlegen – ***29.1. Bündnis 90/ Die Grünen wählen Ricarda Lang und Omid Nouripour zu den neuen Bundesvorsitzenden nach Annalena Baerbock (siehe 9.5.) und Robert Habeck***

20. Januar
Auswanderer: Flucht vor dem Albtraum Deutschland

Neues Jahr, neues Glück. Viele Deutsche nehmen die Beine in die Hand, Kind und Kegel unter den Arm und verlassen ihre Heimat. »›Goodbye Deutschland‹ – das sagen immer mehr Menschen«, stand an diesem Tag in den *Expat News* zu lesen, einem »Nachrichten- und Serviceportal für Reisende, Expats und Auswanderer«. »Meine Wahrnehmung ist, dass es einen verstärkten Trend zur Auswanderung gibt – und zwar eine Auswanderung, die gesellschaftlich motiviert ist«, zitiert die Website an diesem Tag Rolf Schäfer von dem Wiesbadener Umzugsunternehmen Andreas Christ GmbH. »Normalerweise erhält er drei bis vier Anfragen pro Jahr von Personen, die Deutschland für immer den Rücken kehren wollen. ›In den letzten 12 Monaten waren es aber mindestens drei bis vier Anfragen pro Monat‹, berichtet Schäfer.« Und zwar nicht von Menschen, »die temporär und jobbedingt ins Ausland gehen, sondern in der Tat um Personen, die mit ihrem Leben in Deutschland unzufrieden sind und deshalb einen Neustart in einem anderen Land wagen wollen« (a.a.O., 20.01.2022).

Deutsche sehen in Deutschland keine Zukunft mehr

Kann nicht sein – denn wirft man einmal einen Blick in die Daten des Statistischen Bundesamtes, ist doch alles in Ordnung: 2021 verließen zwar 994 000 Menschen das Land, dafür zogen aber über 1,3 Millionen neu zu, macht unter dem Strich also gut 300 000 Neubürger! Na bitte: alles paletti. Stopp! Das Statistische Bundesamt hat das Ganze politisch unkorrekterweise noch weiter nach Nationalität aufgeschlüsselt: Während 2021 knapp 248 000 Deutsche dem Land den Rücken kehrten, zogen demnach nur 183 650 Teutonen (wieder) zu – macht ein Verlustgeschäft von rund 64 000 für die Deutschen, das höchste Minus seit 2017! Kein Wunder. Denn der rasante Absturz der einst führenden Industrienation treibt die eine hohe Lebensqualität gewöhnten Ureinwohner aus dem Lande. Die Gründe liegen auf der Hand: obskure Coronaschikanen, miserable Bildung, überbordende Bürokratie und Steuern, Demokratieabbau, kollabierender Mittelstand, millionenfache Einwanderung von Migranten, düstere Zukunftsaussichten. Immer mehr Deutsche fürchten: Deutsche haben in Deutschland keine Zukunft mehr. Und nun, 2022, werden die Kriegsgefahr und drohende Enteignung die Zahlen noch weiter nach oben treiben, steht zu vermuten.

Keine Experimente mehr!

Tatsächlich hat sich die Klientel der Umzugsfirmen inzwischen geändert: »Früher waren die Personen, die für immer von Deutschland weg wollten, eher vom Typus Abenteurer«, so Umzugsunternehmer Schäfer im Januar 2022. »Diesen konnte das Ziel auch gar nicht weit genug entfernt sein, beispielsweise gingen sie nach Kanada, Australien, Neuseeland oder in die USA.« Die heutigen Auswanderer suchen dagegen eher nach Sicherheit, Verlässlichkeit und einer stabilen Existenz mit hohem Lebensstandard, stabiler Politik und niedriger Inflation. Das heißt: All das, was es in Deutschland nicht mehr geben wird. Statt der Suche nach einem Traum steht nun die Flucht vor einem Albtraum auf dem Programm: dem Albtraum Deutschland. Gefragt seien beispielsweise Irland, Skandinavien oder die Schweiz. Das heißt: keine Experimente mehr! »Häufig wollen komplette Familien mit schulpflichtigen Kindern oder Kleinkindern ins Ausland gehen. Und es handelt sich dabei um einen Abschied für immer«, fällt Umzugsunternehmer Schäfer auf. »Diese Familien geben alles auf, ihr Haus, ihre Wohnung und das soziale Umfeld.« Kein Wunder, denn die Verhältnisse in Deutschland brennen den Leuten auf den Nägeln. Besonders für Kinder wird das Leben in Deutschland zur Qual – und damit auch für die Eltern: Im Kindergarten und in der Schule leidet der Nachwuchs unter sexueller Belästigung (»Aufklärung«), Indoktrination, Verblödung und Misshandlung durch rücksichtslose Coronamaßnahmen. Außerdem sind deutsche Kinder immer öfter in der Minderheit und werden vom Migrantennachwuchs bisweilen gemobbt. Rette sich, wer kann!

Expats sind verletzbar

Allerdings ist Auswandern oft kein Zuckerschlecken. Häufig warten auf solche Aussiedler in ihrer neuen Heimat harte Existenzkämpfe. Denn auch »Expats« (von englisch *expatriate* = »außerhalb des Vaterlandes«), wie sie auch kurz genannt werden, sind verletzbar. Oft begeben sie sich auf un- oder wenig bekanntes Terrain – manchmal ohne ausreichende Kenntnisse der Landessprache, der Gepflogenheiten und Gesetze. Damit befinden sie sich gegenüber den Einheimischen im Nachteil, aber auch gegenüber Landsleuten, die schon länger vor Ort sind. »Genauso, wie man ein Leben lang Zeit benötigt hat, um alle Facetten der Heimat, deren Rechte, deren Pflichten, Land und Leute (was ja alles zum sozialen Umfeld gehört), kennenzulernen, genauso lange und noch länger (rein sprachbedingt) benötigt man, um sich irgendwo in der Welt zurechtzufinden«, meinte zum Beispiel eine über 70-jährige Auswanderin aus Bayern. Zudem ist bekannt, dass viele Auswanderer auch ihr gesamtes Vermögen mit sich führen – und Aussiedler aus Deutschland gelten natürlich als besonders solvent.

Deutsche »Novizen« sind im Ausland daher eine begehrte Beute. Spätestens dann, wenn »Expats« selbst finanziell am Ende sind, setzt quasi eine Art »Kannibalisierung« ein, und es beginnt die Logik des Fressens und Gefressenwerdens: Verzweifelt und manchmal auch alkohol- und/oder drogenabhängig, suchen sich gestrandete Auswanderer gerade Neuankömmlinge als Opfer, die soeben mit frischem Geld und frischen Illusionen eingetroffen sind. Schnell gehen sie mit den »Novizen« eine kurze Symbiose ein, denn sie selbst brauchen Geld und die Neuen Hilfe.

Frisches Geld und frische Illusionen

Aber auch dann, wenn Nord auf Süd und Reich auf Arm treffen, sind Probleme programmiert. Wenn Menschen aus den nördlichen Wohlfahrtsstaaten ein neues Leben im sonnigen Süden suchen, wollen Einheimische dasselbe im Norden. Für viele Menschen in Drittweltstaaten stammen Auswanderer aus dem Norden noch immer aus dem gelobten Teil der Erde. Millionen politischer und wirtschaftlicher Flüchtlinge zieht es jedes Jahr in die USA oder nach Europa, speziell nach Deutschland, das weltweit immer noch einen guten Ruf genießt – und nun kommen plötzlich Deutsche in den Süden, um sich dort niederzulassen? Schwer zu glauben. Zumindest scheint ausgemacht, dass diese Einwanderer jede Menge Geld haben müssen und es ihnen nicht schaden würde, wenn man sie ein wenig erleichtert. Fakt ist: »Immer mehr Deutsche wandern aus«, schrieb die *Wirtschaftswoche* schon 2020. Dieser Trend hat sich, wie eingangs gesagt, inzwischen verstärkt. Aber Auswandern ist ein komplexes Problem, bei dem sehr viele Faktoren berücksichtigt sein wollen. Oft kommt man vom Regen in die Traufe. In den zurückliegenden beiden Coronajahren zog es die Leute zum Beispiel nach Paraguay. »Das schlagende Argument: In Paraguay erwarte die Deutschen die absolute Coronafreiheit«, schrieb die Deutsche Welle am 19. Januar 2022 (online). »[…] ein Neuanfang in einem Land, das auf Eigenverantwortung setzt und sich nicht wie die alte Heimat angesichts des Virus in eine angebliche Diktatur verwandelt hat. Die Menschenfischer vergessen dabei allerdings das Pandemiegesetz mit der Nummer 6699 zu erwähnen, das gerade erst wieder verlängert wurde«, so der Sender schadenfroh. Dieses schreibe eine Maskenpflicht in Innenräumen und auch draußen vor, »wenn der Abstand von 2 Metern nicht eingehalten werden kann«. Die Strafen laut DW: »Bis zu 30 Tage Sozialdienst, ein hohes Bußgeld und für Ladeninhaber die Schließung des Geschäftes zunächst einmal für 10 Tage.«

Schweden oder Schwarzer Kontinent?

»Und auch die Haltung gegenüber einer potenziellen Impfpflicht ist in Paraguay nicht so, wie es sich deutsche Coronaflüchtlinge vielleicht wünschen würden« (*Focus*, online, 25.01.2022). »Einer aktuellen Umfrage der Tageszeitung *La Nación* zufolge befürworten 71 Prozent der Einheimischen obligatorische Impfungen, das Gesundheitsministerium denkt bereits über eine solche Maßnahme nach.« Wer Lockdowns, Kontaktsperren, Masken und Impfen als Blödsinn oder Schikane betrachtet, der ist dafür auf dem Schwarzen Kontinent genau richtig: »Nirgendwo in Europa – auch nicht in den skandinavischen Staaten – sind die Einschränkungen für die Menschen so gering wie derzeit in Afrika. Nirgendwo in Europa sind die Impfquoten so niedrig wie in Afrika, wo bisher nur 8 Prozent der Menschen ›vollständig gegen Corona geimpft‹ sind. Und nirgendwo in Europa gibt es so wenige Coronainfektionen und -tote wie in Afrika«, berichteten die *Deutschen Wirtschaftsnachrichten* am 21. Februar 2022 (online). Für viele Deutsche, die seit dem vergangenen Jahr zum Beispiel nach Tansania gekommen sind, »war entscheidend, dass ihre Kinder sozusagen in einer normalen Welt ohne Masken und Impfungen aufwachsen sollen, was in Deutschland auf absehbare Zeit nicht möglich ist«. Aber: »Wer für seine Kinder einen international anerkannten Schulabschluss anstrebt, der muss sie auf eine meist sehr teure private oder internationale Schule schicken.« Außerdem drohe da ein Kulturschock: »Alles ist viel langsamer und lockerer. Auch an die Armut und das einfache Leben muss man sich gewöhnen.« Stromausfälle gehörten in weiten Teilen des Landes zum Leben dazu, weil Tansania stark auf Wasserkraft angewiesen sei.

Dann lieber doch in Europa bleiben? »Hier in Schweden ist das einfach nicht so ein riesiges und vor allem nicht so ein polarisierendes Thema«, sagt eine Tanja Vogel in einem Interview mit dem Redaktionsnetzwerk Deutschland über den damaligen Coronaterror. »Hier demonstriert niemand gegen die Maßnahmen, die Stimmung ist eher: ›Ist jetzt ein bisschen doof, aber da müssen wir halt durch.‹« Es gebe auch Einschränkungen, »die nicht mehr nur Empfehlungen sind. Die Restaurants etwa sind geöffnet, aber die Sitzplätze beschränkt. Und es wird empfohlen, soziale Kontakte zu vermeiden, wenn es nicht nötig ist« (online, 09.12.2020).

Lassen Sie uns über Flucht reden …

Aber machen wir uns da einmal nichts vor: Während die sogenannte Coronapandemie vorbei zu sein scheint, reden wir in Deutschland spätestens seit dem 24. Februar 2022 in Wirklichkeit über Flucht: Angesichts des Ukraine-Krieges, der zunehmenden Atomdrohungen und der sich rapide verschlechternden Lebensverhältnisse will man sich, seine Kinder und sein Geld retten. Schon droht aus der Auswanderer- eine hektische Fluchtbewegung zu werden, in deren Rahmen die Deutschen in alle Welt zerstreut werden könnten – eine Entwicklung, die manchen sicherlich allzu gut gefallen würde: Deutschland soll plattgemacht und vernichtet, seine Bevölkerung unterdrückt und vertrieben werden. Die gesteuerten Einwandererströme sprechen eine deutliche Sprache. Die Erklärung: Der Zweite Weltkrieg hat in Wirklichkeit nie aufgehört, sondern hat sich spätestens am 24. Februar in Weltkrieg Nummer drei verwandelt. Denn schließlich befand sich Deutschland nach 1945 nur im Nicht-Krieg und hat nie einen Friedensvertrag bekommen. Doch davon später mehr (siehe zum Beispiel 24. Februar: »Verteidigungsfall USA«). Fakt ist, dass der Themenkreis Auswandern neu gedacht werden muss: Statt um einen Umzug geht es nun um Flucht, statt um ein besseres oder sonnigeres Leben geht es ums Überleben. Und statt um eine individuelle Entscheidung geht es auch um eine Entscheidung für Deutschland: Wollen wir unser Land verteidigen, oder wählen wir die Diaspora? Schon vor 10 Jahren, also vor der Flüchtlingskrise und dem Ukraine-Krieg, sah die bereits oben zitierte, erfahrene und zurückgekehrte Auswanderin die Sache ganz klar: Statt sich andernorts eine Existenz aufzubauen, sollte man besser im eigenen Land kämpfen (*auswanderungsblog.blog.de*, 26.11.2012). »Geht eher mit eurem Veränderungswillen gegen die heutigen korrupten Politiker vor, verweigert denen die Stimme und helft den Einheimischen, ihr herrliches Vaterland zu erhalten und nicht durch die verschrobene Politik einer Handvoll Betrüger das Heimatland systematisch verscherbeln zu lassen – nur, damit unser hart erarbeitetes kleines Glück um uns herum an die Reichen und Superreichen verscherbelt und/oder verschenkt wird.« Wahr ist aber auch, dass wir uns inzwischen im Krieg befinden. Und die Entscheidungen, die man dabei trifft, kann einem niemand abnehmen …

22. Januar
Royals: der Prinz und das Mädchen

»Jeder wusste, dass Andrew furchtbar war«, klärte mich an diesem Tag eine Riesenschlagzeile der *Bild*-Zeitung über Prinz Andrew auf – Sie wissen schon: Queen Elizabeths Sohn und der »kleine Bruder« von König Charles III. Seit Jahren feiern die Medien Andrew als einen der Hauptbösewichte des Epstein-Maxwell-Sexskandals ab. Ja, der »Nebenskandal« um den Prinzen drohte zeitweise zum Hauptskandal zu werden, während die Maxwell-Epstein-Sache zunehmend in Vergessenheit zu geraten schien. Wie praktisch: Vielleicht kennen manche von Ihnen noch »Red Adair«, bürgerlich Paul Neal Adair (1915–2004)? Eine Zeit lang war er der berühmteste Feuerwehrmann der Welt. Mit Kleinkram beschäftigte er sich weniger, sondern eher zum Beispiel mit brennenden Öl- und Gasquellen. Letztere pflegte er durch Sprengstoffexplosionen zu löschen, wodurch der gesamte umgebende Sauerstoff verbraucht wurde und die Quelle erlosch. Nach dem Motto: Der eine Knall löscht den anderen aus. In etwa das geschah auch mit dem Epstein-Maxwell-Skandal durch die gehypte Affäre um Prinz Andrew. Wie Maxwell und Epstein soll auch Prinz Andrew Minderjährige zum Sex gezwungen und missbraucht haben: ein britischer Royal als Vergewaltiger und Missbraucher von Jugendlichen? Besser geht's gar nicht für die Medien: Das bedeutet jede Menge Klicks, jede Menge Auflage, jede Menge Geld und natürlich jede Menge Ablenkung. Darum spricht man im Gewerbe auch davon, solche Skandale »abzufeiern«. Im Mittelpunkt der Affäre steht eine gewisse Virginia Giuffre geborene Roberts: 2001, mit 17 Jahren, will Giuffre ihren späteren Aussagen zufolge schon seit einiger Zeit als Lustmädchen für Epstein und Maxwell gearbeitet haben, wobei sie auch drei Mal zum Sex mit Prinz Andrew gezwungen worden sei, einem Freund von Maxwell und Epstein. 2015 behauptete sie, von Prinz Andrew im Alter von 17 Jahren missbraucht worden zu sein. 2019 tauchten die Beschuldigungen erneut auf. Am 9. August 2021 reichte Giuffre Klage gegen Prinz Andrew ein. Heraus kam ein weltweiter Eklat, der fast das britische Königshaus gesprengt hätte. Im Januar 2022 wurde Prinz Andrew von der Queen degradiert und legte zahlreiche Ämter und Funktionen nieder. Den Epstein-Maxwell-Skandal ließ die Causa Giuffre auf jeden Fall in Vergessenheit geraten.

Der furchtbare Prinz

Aber Prinz Andrew war eben einfach »furchtbar«, so die *Bild*-Zeitung an diesem Tag. Puh – was konnte damit gemeint sein? Erst Sex mit Minderjährigen – und nun: Mord, Folter, Vergewaltigung? Oder kleine Kinder gegessen? Nicht doch. Andrews ehemaliges Dienstmädchen Charlotte Briggs, heute 47, hatte viel Schlimmeres zu berichten. Sie »war 21 Jahre alt, als sie im Januar 1996 ihre Arbeit im Buckingham Palace aufnahm«, so *Bild*. Um Gottes Willen – und dann? Anschließend sei sie als Dienstmädchen zu Prinz Andrew abkommandiert worden. Und was geschah danach? Na, ganz einfach: Andrew hatte Briggs gezwungen! Herrje! Wollen wir überhaupt wissen, wozu? »Er habe das Dienstmädchen gezwungen, vier Stockwerke hochzulaufen, um seine Vorhänge zu schließen«, während er direkt danebengesessen habe! Haarsträubend! Hatte er vielleicht einen kranken Fuß? Man weiß es nicht, aber weil Briggs »die Aufgabe nicht nach seinen Wünschen erledigte, meckerte der Prinz sie an: ›Kannst du verdammt noch mal nichts richtig machen?‹« Donnerwetter, das ist ja wirklich ein, ein, ein … schlecht gelaunter Prinz! Offenbar war Andrew ganz einfach ungenießbar – vielleicht sogar ein Ekel. Ist das schon alles gewesen? Denn immerhin war die heute 47-jährige Charlotte Briggs vor 26 Jahren ein ausgesprochen hübsches Mädchen. Doch von irgendwelchen Übergriffen des Prinzen hatte sie überhaupt nichts zu berichten. Nicht doch: Da war schließlich doch noch etwas, und das, so versicherte Briggs, »war kein Zuckerschlecken«. Na bitte: Wir haben es ja gewusst. Also, bitte anschnallen: »Ich musste die 72 Teddybären von Prinz Andrew der Größe nach anordnen.«

Anzeige, Anklage, Auslieferung?

Gruselig. Aber schrullig waren die Insulaner ja schon immer. Und sonst? Gab es auch ernsthafte Vorwürfe gegen Andrew? Dumme Frage: Weltweit waren die Medien doch voll von den Übergriffen des Epstein-Freundes – bis hin zum Sex mit Minderjährigen! Sogar vor dem FBI sollte das schwarze Schaf der Royals aussagen! Ja, manche hörten gar schon die

Handschellen klicken und sahen den Prinzen hinter schwedischen beziehungsweise amerikanischen Gardinen verschwinden! »Droht Prinz Andrew jetzt der Knast?«, fragte bereits hoffnungsvoll der *Stern*. »Diese Strafe könnte Prinz Andrew erwarten«, erweckte die *Schweizer Illustrierte* den Eindruck, der Prinz müsse bald »sitzen«, und regte so den Speichelfluss der Massen an. Es drohe ihm nun eine zweite »Anzeige«; die *Tagesschau* faselte gar von einer »Anklage« gegen Prinz Andrew, ja selbst eine »Auslieferung« an die USA war im Gespräch. Alles Humbug: Schlagzeilen zum Leser-Nepp. Erst in den Artikeln unter diesen Headlines stellte sich heraus: Anders, als Begriffe wie »Anklage«, »Anzeige« und »Auslieferung« suggerierten, gab es gar kein Strafverfahren gegen den Prinzen, sondern nur eine Zivilklage. Auslieferung, Anklage oder Knast drohten ihm zu keinem Zeitpunkt. Na so was! Wir dachten aber doch, dass … Eben: weil wir es denken sollten. Strafrechtliche Begriffe wurden absichtlich so mit zivilrechtlichen vermischt, dass der Eindruck entstehen musste, der Sohn der Queen werde bald im Gefängnis landen. Aufgeklärt wurde das Ganze quasi erst im Kleingedruckten. Auf diese Weise jazzten die Medien die Causa Andrew zum regelrechten Yellow-Press-Porno hoch. Während man also schon die Handschellen klicken hörte, konnte davon in Wirklichkeit gar keine Rede sein – unter anderem, weil die infrage kommenden Straftatbestände längst verjährt waren. Und zwar, weil Prinz Andrews angeblichem Opfer Virginia Giuffre alias Roberts es anscheinend nicht wichtig genug war, in der Sache Strafanzeige zu erstatten (CNN, online, 11.08.2021). Eigentlich merkwürdig angesichts ihres schrecklichen Martyriums. Normalerweise sollte man nach einem Missbrauch oder gar einer Vergewaltigung empört genug sein, um den Täter anzuzeigen. Aber wie böse Zungen behaupten, gibt es bei einem Strafprozess ja nichts zu verdienen. Anders als bei einer Zivilklage, bei der in den USA Millionen zu holen sind.

Puh – bin ich etwa ein Freund des Prinzen? Keineswegs, sondern ein Freund der Wahrheit, und die muss auch für Royals gelten, deren moralische Qualifikationen ich ansonsten natürlich nicht beurteilen kann. Was ist also dran an dem Bild des skrupellosen Lustmolchs, der 2001 die damals 17-jährige Virginia (= Jungfrau) Roberts befingerte oder gar missbrauchte? Laut ihrer Klage vom 9. August 2021 will Roberts (heute Giuffre) drei Mal zum Sex mit dem damals 41-jährigen Prinzen gezwungen worden sein.

1. London: gezwungen ungezwungen

Nummer eins: 2001, nach 2 Jahren Sexdiensten, hätten Epstein und Maxwell Roberts in einen Londoner Nachtklub mitgenommen, wo sie Prinz Andrew kennengelernt und mit ihm getanzt habe. Später, auf dem Weg zu Maxwells Wohnsitz in dem Londoner Nobelstadtteil Belgravia, habe Maxwell die damalige Roberts angewiesen, für Prinz Andrew »das zu tun, was du für Epstein tust«. Laut Giuffre wurden ihr dafür 15 000 Dollar geboten (*pagesix.com*, 05.01.2015). Mitten in der Nacht befanden sich die vier daraufhin in Maxwells Wohnung. In der ersten Etage, auf dem Treppenabsatz, machte Epstein ein Foto. Alle waren dabei sommerlich angezogen: Roberts teenie-gemäß in bauchnabelfreiem Top und enger Hose, Maxwell in einem ärmelfreien Pulli und der Prinz im weißen Hemd und in Jeans, den Arm um Roberts Hüfte gelegt. Dieses Erinnerungsfoto wurde von Giuffre als Beweis für ihren Missbrauch durch den Prinzen präsentiert: »Das folgende Foto zeigt Prinz Andrew, die Klägerin und Maxwell in Maxwells Haus, bevor Prinz Andrew die Klägerin sexuell missbrauchte« (*https://www.courtlistener.com/docket/60119368/giuffre-v-prince-andrew/* | Case 1:21-cv-06702 [,] Document 1 [,] Filed 08/09/21 [,] Page 8 of 15). Nun – das Ganze verhält sich in etwa so, als würde die Polizei ein Blitzfoto von Ihnen vorlegen und behaupten: »Der Beschuldigte, kurz bevor er eine rote Ampel überfuhr.« Daher muss man fragen: Gibt es auch Fotos, *während* Andrew die rote Ampel überfuhr beziehungsweise die 17-Jährige missbrauchte? Nicht, weil wir das prickelnd fänden, sondern weil ein Beweisfoto etwas von den behaupteten Tatbeständen zeigen sollte. Von Sachbeweisen für den behaupteten Vorgang gibt es jedoch keine Spur. Und von Zeugenaussagen auch nicht – denn Epstein ist tot und Maxwell schweigt wie ein Grab. Aber: »Unglücklicherweise für Andrew geht es nicht mehr so sehr um Beweise und Belege oder darum, was, wenn überhaupt, mit Virginia Giuffre passiert ist. Es geht nur um die öffentliche Wahrnehmung«, zitierte die britische *Daily Mail* einen Experten für das Königshaus (zitiert nach *Neue Zürcher Zeitung*, online, 03.01.2022). Und nach dem, wie Giuffre die Anbahnung des Treffens selbst beschrieben hatte, handelte es sich einfach um ein Geschäft: 15 000 Dollar gegen Sex. Und während sie später behauptete, wie furchtbar das alles gewesen sei, erklärte eine damalige »Kollegin« von ihr namens Carolyn Andriano, dass sie danach Kontakt mit Roberts gehabt habe: »Ich fragte sie: ›Warst du im Palast?‹ ›Nein, ich musste mit ihm schlafen.‹ Ich sagte: ›Was? Du willst mich auf den Arm nehmen!‹, und sie sagte: ›Nein, ich musste mit ihm schlafen.‹ Sie schien nicht verärgert darüber zu sein. Sie fand es ziemlich cool« (*The Daily Mail*, online, 07.01.2022).

Für mehr als eine Handvoll Dollars …

Eine ähnliche Erinnerung hatte auch ein Mitbewohner der damaligen Roberts. Denn anders, als manche vielleicht glauben, vegetierte Roberts als Epsteins »Sexsklavin« nicht etwa nackt und angekettet in einem Keller und aß aus einem Blechnapf, sondern lebte zusammen mit zwei anderen jungen Leuten in einer Zweizimmerwohnung in Palm Beach (*New York Daily News*, online, 01.03.2015). »›Sie ging nur raus, wenn sie zu Verabredungen ging‹, so [einer ihrer beiden Mitbewohner] Valladares gegenüber den *New York Daily News*. ›Sie sagte dann: ‚Ich muss zu meinem Millionärshaus gehen.' Sie ging für 1, 2 oder mehr Tage weg und kam dann mit Geld zurück.‹« Womit nicht widerlegt sei, dass Roberts Opfer eines Kinderschänders wurde, meinten ihre Anwälte. »Die Behauptung, dass unsere Mandantin diesen Missbrauch geduldet hat oder dass der Missbrauch in Ordnung war, weil sie dafür bezahlt wurde, lässt die Tatsache außer Acht, dass wir in den Vereinigten Staaten Gesetze haben, um minderjährige Kinder zu schützen, die von Erwachsenen manipuliert und sexuell missbraucht werden«, sagte Roberts/Giuffre-Anwältin Sigrid McCawley. Wobei der Ausdruck »Kind« auf die damalige Roberts sicher nicht zutrifft. Die Schilderungen klingen nämlich so, als sei das nicht nur Roberts freier Wille gewesen, sondern als habe sie das Ganze auch noch genossen. Crystal Figueroa, die Schwester des anderen Mitbewohners Anthony Figueroa, glaubte »nicht, dass jemand sie zu irgendetwas gezwungen hat«, zitierten die *New York Daily News* die Frau. Roberts Mitbewohner Valladares wiederum berichtete von einer gemeinsamen Fahrt zum Flughafen von Palm Beach: »In der Lobby des Flughafens sah er, wie sie in einen schwarzen Privatjet stieg. ›Sie war etwa eine halbe Stunde drin und kam dann mit ein paar Tausend Dollars zurück und sagte: ‚Lass uns feiern'‹, erinnert sich Valladares« (*New York Daily News*, ebenda). Zeitzeugen zufolge hatte Roberts aber auch noch eine andere Seite. Die oben erwähnte Carolyn Andriano behauptete, als 14-Jährige mit Maxwell und Epstein bekannt gemacht beziehungsweise verkuppelt worden zu sein – und zwar von Roberts. Denn Epstein und Maxwell schickten Roberts auch auf Mädchenfang. »Carolyn macht Virginia [Giuffre] dafür verantwortlich, dass sie überhaupt erst in die Fänge von Epstein und Maxwell geraten ist. Giuffre hat zugegeben, dass sie aktiv junge Mädchen für Epstein angeworben hat, was sie nach eigenen Angaben bitter bereut« (*Daily Mail*, online, 07.01.2022).

Leicht Mädchen besorgen oder leichte Mädchen besorgen

In Wirklichkeit spielte Roberts also selbst die Rolle der Zuhälterin in dem Spiel, angeleitet von Epstein und Maxwell – wie sie sagt. So habe Maxwell ihr bei einem Aufenthalt in Paris gezeigt, wie leicht man an Mädchen kommen kann: »[…] sie ging auf diese Französin zu, um mir zu zeigen, wie leicht es für sie war, Mädchen zu besorgen.« Sie selbst sei natürlich »nicht sehr gut darin« gewesen, behauptete Giuffre später. Was allerdings bestätigt, dass sie dabei mitmachte: »[…] es war Teil meiner Ausbildung, andere Mädchen anzuschleppen. Also ging sie [Maxwell] auf sie zu. Innerhalb von 5 Minuten hatte sie ihre Nummer, und das Mädchen kam später in der Nacht ins Hotel und bediente Jeffrey. Ich habe Ghislaine nicht mit ihr gesehen. Ich weiß nur, dass sie mir erzählt hat, was passiert ist, und Jeffrey hat mir erzählt, was passiert ist« (Giuffre vs. Maxwell, Deposition, Virginia Giuffre, 05/03/2016 [,] Case 1:15-cv-07433-LAP [,] Document 1090-32 [,] Filed 07/30/20). Was ganz so klingt, als hätten Maxwell, Epstein und Roberts hinterher über die verführten Mädchen »gefachsimpelt«. Bei einer Anhörung zitierten Maxwells Anwälte Crystal Figueroa, die Schwester von Roberts (Giuffres) früherem Freund Anthony Figueroa: Roberts habe sich bemüht, »Opfer für Epstein zu finden« (*https://populartimelines.com/timeline/Prince-Andrew-Duke-of-York*).

Opfer oder »Junior-Puffmutter«?

»Die Frau, die den Milliardär Jeffrey Epstein beschuldigte, sich an ihr vergangen zu haben, war keine Sexsklavin, so ihre ehemaligen Freunde gegenüber der *Daily News*. Stattdessen sei Virginia Roberts eine geldgierige Sexmietze gewesen, die mit ihrem Geld geprahlt und die schönen Dinge des Lebens genossen habe«, berichteten am 1. März 2015 die *New York Daily News* (online). Und: »Roberts, heute 31 Jahre alt, genoss vor 15 Jahren nicht nur ihre Rolle als Epsteins ›reisende Masseuse‹, sie rekrutierte und besorgte regelmäßig Mädchen für den verrückten Financier, sagen ihre alten Freunde.« Dem Bericht zufolge, der bis heute im Internet zu finden ist, war Roberts eine Art Junior-Puffmutter: »›Sie war so etwas wie die Chefnutte‹, sagte Philip Guderyon, der Roberts regelmäßig von und zu Epsteins Villa in Palm Beach, Florida, fuhr. ›Sie hatte etwa neun oder zehn Mädchen, die sie zu ihm brachte.‹« In der Zuhältersprache heißt das wohl, dass für Roberts neun bis zehn Mädchen »liefen«.

Ein Leben in Saus und Braus

Donnerwetter! Epsteins Fahrer »Guderyon und andere, die Roberts kannten, sagten, sie lebte in Saus und Braus: Vor ihrem 18. Geburtstag verdiente sie Tausende von Dollars im Monat. Sie kaufte sich schicke Kleider und fuhr in Epsteins Mercedes herum. ›Sie sah nie so aus, als wäre sie gefangen gehalten worden‹, sagte Guderyon. ›Sie und die anderen Mädchen gingen lächelnd mit ihren kleinen Badeanzügen hinaus, als kämen sie gerade vom Strand. Sie hatte dann etwa vier Riesen. Und dann nahm ich sie alle mit ins Einkaufszentrum, und sie ließen sich die Nägel machen.‹« Diese Berichte zeichneten »das Bild eines feierwütigen Teenagers«, so die *New York Daily News*, »der eifrig Sex gegen Geld verkaufte – wobei nichts darauf hindeutete, dass sie gegen ihren Willen handelte. Crystal Figueroa, deren Bruder in den frühen 2000er-Jahren mit Roberts zusammen war, sagte, die junge Verführerin habe sie oft um Hilfe gebeten, um Mädchen für Epstein zu finden. »Sie sagte zu mir: ›Kennst du irgendwelche nuttigen Mädchen?‹« (ebenda).

2. New York: implizite Drohungen?

Das zweite Mal will Giuffre in Epsteins New Yorker Haus Sex mit Andrew gehabt haben. Bei dieser Gelegenheit, im April 2001, habe Prinz Andrew die damals 17-Jährige, laut deren Anwälten seinerzeit »ein Kind«, gezwungen, sich auf Prinz Andrews Schoß zu setzen, während dieser sie berührte, so Giuffres Klageschrift gegen Prinz Andrew. Dabei sei die damalige Roberts unter ausdrücklichen oder stillschweigenden Drohungen von Epstein, Maxwell und/oder Prinz Andrew »dazu gezwungen worden, sexuelle Handlungen mit Prinz Andrew vorzunehmen, wobei sie den Tod oder körperliche Schäden an sich selbst oder anderen fürchtete«, schrieben ihre Anwälte in der Klageschrift. Aha – und wie haben Epstein und Maxwell sie bedroht? Etwa mit 15 000 Dollar? Oder haben sie ihr diesmal eine Waffe unter die Nase gehalten? Nein, sondern »aufgrund der mächtigen Verbindungen, ihres Reichtums und ihrer Autorität habe sie auch andere Konsequenzen für sich befürchtet, wenn sie Epstein, Maxwell und Prinz Andrew nicht gehorchen würde« (Case 1:21-cv-06702 [,] Document 1 [,] Filed 08/09/21, Seite 6). Demnach handelte es sich also nicht um eine explizite, sondern höchstens um eine implizite oder konkludente Drohung, ganz einfach, weil sich Roberts aufgrund der Macht und Bedeutung dieser Personen subjektiv *bedroht fühlte*. Vor einem Strafgericht wäre das alles nicht viel wert gewesen. Denn das subjektive Gefühl der Bedrohung kann schließlich jeder haben, auch Paranoiker, die sich vor einer Stubenfliege fürchten. Bisher sieht es eher so aus, als sei überhaupt kein Zwang nötig gewesen, um Roberts zum Sex mit älteren Herren zu überreden – sondern nur jede Menge Geld.

3. Little St. James: »Sie wehrte sich in keiner Weise«

Womit wir bei der angeblich dritten sexuellen Begegnung mit Andrew wären: auf Epsteins Karibik-Privatinsel Little St. James. Auch da will Roberts von dem Prinzen missbraucht worden sein. Wobei man sich fragt: Wenn man bereits mehrmals von einer Person oder Personen missbraucht worden war – würde man dann mit ihnen auf eine einsame Karibik-Insel fliegen, damit das Gleiche noch einmal geschieht? Auf eine Insel, die einem der Missbraucher gehörte und wo es weder Polizei noch eine unabhängige (Ab-)Reisemöglichkeit gab? Zwar gibt es diesmal immerhin einen Zeugen für sexuelle Handlungen, allerdings nicht für Vergewaltigung oder Missbrauch. Sondern ganz im Gegenteil. So will einer von Epsteins Bediensteten das »Vorspiel« zwischen den beiden mitbekommen haben: »Andrew soll sie geküsst, ihren Hintern betatscht und sich an ihr gerieben haben [...] Sie war jung und hatte kein Oberteil an. Sie waren mit dem Vorspiel beschäftigt. Er packte sie und rieb sich an ihr«, zitiert *Bild* den Zeugen, der »Prinz Andrew erneut schwer in Bedrängnis bringen« könnte. So, so. Richtig ist eher das Gegenteil. Denn einen Hinweis darauf, dass dies nicht einvernehmlich geschehen sei, gebe es nicht, räumte das Blatt ein. Vielmehr sagte der Mann: »Sie wehrte sich in keiner Weise« (*Bild*, online, 25.05.2020).

Minderjährig ist nicht gleich minderjährig

Und siehe da: Anders als unsere Medien dauernd insinuieren, ist einvernehmlicher Sex – rein juristisch betrachtet, nicht moralisch – mit »Minderjährigen« ja nicht automatisch verboten. Anders, als die Medien nahelegten, ist Minderjährigkeit beim Thema Sex mit Erwachsenen nicht das Hauptthema, sondern die sogenannte Sexualmündigkeit. Oder das sogenannte Schutzalter, bis zu dessen Ablauf Erwachsene keinen Sex mit Jugendlichen haben dürfen – danach aber schon. Sodass Jugendliche also meistens bereits vor der Volljährigkeit bestimmen dürfen, ob und mit wem sie ins Bett steigen wollen. Und in New York, wo Andrew die 17-jährige

Virginia vernascht haben soll, endet das Schutzalter mit 17. Das heißt, dass einvernehmlicher Sex eines Erwachsenen mit einer 17-Jährigen dort legal ist (vereinfacht gesagt, denn alles hängt bisweilen vom Einzelfall ab). Genau deshalb sagte auch Andrews Anwalt, die Klägerin Giuffre sei damals über dem für New York gültigen Schutzalter gewesen. Was richtig ist, weil ihr 17. Geburtstag bereits hinter ihr lag. In London (Großbritannien) beträgt das Schutzalter 16, sodass einvernehmlicher Sex mit der 17-Jährigen auch hier legal gewesen wäre. Erst auf den »Jungferninseln« (Virgin Islands), wo Andrew Roberts ebenfalls »vernascht« haben soll, und zwar einvernehmlich, beträgt das Schutzalter 18.

Von der Masseuse zur Masseurin

Wohlgemerkt geht es hier nicht um die Entschuldigung von sexuellen Kontakten zwischen Erwachsenen und Jugendlichen oder gar Sexualunmündigen, sondern eher um die Frage, warum man Prinz Andrew auf so dürftiger Grundlage unbedingt vernichten will. Aber wer ist eigentlich »man«? Irgendwelche dunklen Mächte? Oder einfach eine gerissene Frau, die a) geldgierig und b) rachsüchtig ist, weil es mit dem High-Society-Leben an der Seite eines britischen Prinzen nicht geklappt hat? Vielleicht sah sie sich schon als Prinzessin im Buckingham Palast? Schwärmerische Fantasien sind bei Teenagern schließlich nichts Ungewöhnliches. Stattdessen schickte Epstein sie mit 20 (2003) schon in Rente, erzählte Giuffre dem *Miami Herald,* nachdem er »sein Interesse an ihr verloren hatte, weil sie zu alt für ihn war« (BBC, online, 12.01.2022). Frauen sind da relativ empfindlich. Und was die »Rente« angeht, fiel diese anscheinend auch nicht gerade üppig aus. So habe sie den wohlhabenden Finanzier gerade noch davon überzeugen können, »ihr eine Ausbildung zur professionellen Masseurin zu bezahlen, er habe ihr dafür einen Kurs in Thailand vermittelt«. Von der Jetset-Masseuse zur profanen Muskelkneterin – ein tiefer Fall …

Nur wenige wissen auch, dass Giuffre 2009, lange nach den angeblichen Vorfällen 2001 und vor ihrem Prozess gegen Andrew, schon einmal eine halbe Million Dollar Entschädigung kassiert hatte, und zwar von Epstein. Bedingung: Sie musste dabei auf alle anderen Ansprüche verzichten, auch gegenüber »jeder anderen Person oder Einrichtung, die als potenzieller Beklagter infrage kommen könnte« (Case 1:21-cv-06702-LAK [,] Document 32-1 [,] Filed 10/29/21 [,] Page 2 of 12). Erkennbar ging es darum, jede, aber auch jede weitere Beschuldigung gegen irgendjemanden aus

Epsteins Umkreis auszuschließen, also auch Prinz Andrew. Denn zweifellos wäre er als eine »andere Person oder Einrichtung, die als potenzieller Beklagter infrage kommen könnte«, zu betrachten gewesen. Demnach hatte Giuffre auf exakt das, was sie am 9. August 2021 unternahm (nämlich Klage gegen Prinz Andrew einzureichen), bereits umfassend verzichtet. Aber 2021, als sie die Schmerzensgeldklage gegen Andrew einreichte, war diese halbe Million möglicherweise eben aufgebraucht. Da der Geldbedarf eines Klägers in diesem Zusammenhang jedoch keine Rolle spielt, hätte das Zivilverfahren gegen Andrew beendet werden müssen, bevor es überhaupt richtig begonnen hatte. Bleibt die eine große Ungewissheit: Warum hat sich Prinz Andrew im Februar 2022 (ohne Anerkennung einer »Rechtspflicht«; siehe oben) letztlich doch mit Giuffre geeinigt und ihr tatsächlich eine Millionenentschädigung gezahlt?

Nun, wie in diesem Kapitel klar geworden sein dürfte, standen die Medien voll hinter Giuffre. Die Fragen, die hier gestellt wurden, stellten sie in aller Regel nicht. Und es ging auch nicht nur um Andrew, sondern um das britische Königshaus als Ganzes, dessen Image schwer angeschlagen war. Prinz Andrew mag ein Schurke sein oder auch nicht. Die Frage, die hier interessiert, lautet »Qui bono?« – wem nützt es? In erster Linie natürlich Giuffre: Hatte sie schlicht und einfach verstanden, dass es noch lukrativer war, Epstein und seine Freunde zu verklagen, als mit ihnen zu schlafen? Möglicherweise. Aber könnte sie allein einen solchen globalen Medienhype entfachen? Wohl kaum. Da wäre eben noch etwas: Auffällig ist in diesem Zusammenhang, dass die Öffentlichkeit vor lauter Aufregung über den schlüpfrigen Prinzen die vielen anderen Namen vergessen hatte, die sonst noch auf der Liste von Jeffrey Epsteins Lolita-Flieger und in seinen Adressbüchern standen: Bill Clinton genauso wie Donald Trump, Bill Gates genauso wie (Astronaut und Senator) John Glenn, David Rockefeller genauso wie Édouard de Rothschild. Aufgrund des Rummels um Andrew diskutierte niemand mehr über diese Namen und ihre Rolle im Epstein-Skandal. Und das dürfte denn auch der tiefere Sinn der globalen Andrew-Kampagne gewesen sein, die zum großen Teil aus heißer Luft bestand. Ja, vielleicht war der Prinz sogar noch der Harmloseste auf diesen Listen. Wundern würde es einen nicht …

Februar 2022

Thema des Monats

24.2. Krieg: Russland startet Militäroffensive gegen die Ukraine

3.2. Nachdem Deutschland die Ausstrahlung des russischen Auslandssenders RT DE hierzulande verboten hat, entzieht das russische Außenministerium der Deutschen Welle die Sendeerlaubnis – **8.2.** Der amerikanische Senat bestätigt eine gewisse Amy Gutmann zur Botschafterin der USA in Deutschland – **9.2.** Die für Mitte März geplante Leipziger Buchmesse wird wegen der »unsicheren Pandemielage« zum dritten Mal abgesagt – **13.2.** Walter Steinmeier wird von der Bundesversammlung zum zweiten Mal zum Bundespräsidenten gewählt – **14.2.** Bei München stoßen zwei S-Bahn-Züge zusammen – ***18.2. In der bayerischen Landeshauptstadt beginnt die 58. Münchner Sicherheitskonferenz (siehe auch die Kapitel unter dem 24.2.)*** – **19.2.** Eine gewisse Domitila Barros aus Brasilien wird zur »Miss Germany« gewählt – ***21.2. Der russische Präsident Putin erkennt die ostukrainischen »Volksrepubliken« Donezk und Luhansk als eigenständige Staaten an (siehe auch 24.2.)*** – **21.2.** In den USA geht Donald Trumps Social-Media-Plattform Truth Social ans Netz – ***24.2. Russland marschiert in der Ukraine ein – 24.2. Qui bono? Wem nützt der Krieg? – 24.2. Deutschland: Verteidigungsfall USA***

24. Februar
Krieg: There's no business like show business ...

»Krieg in der Ukraine: Putins Angriff mitten in Europa«, schreit mich an diesem Tag eine Titelzeile des Redaktionsnetzwerkes Deutschland an (RND). Auch in allen anderen Medien überschlagen sich die Schlagzeilen: Putin hat die Ukraine angegriffen! »Verdammte Schweinerei«, denke ich und renne in die Küche, um als Erstes meine Borschtsch-Suppe wegzugießen. »Nie wieder Borschtsch«, beschließe ich. Totaler Borschtsch-Boykott. Und damit liege ich schließlich voll auf Linie, wie die folgenden Sanktionen des Westens zeigen werden – nur dass ich als Erster meinen Borschtsch weggegossen habe, will heute natürlich keiner mehr wissen. Spaß beiseite: Die etablierten Medien und Politiker sprachen unisono von einem »Angriffskrieg« Russlands. Die drei Schuldigen heißen Putin, Putin und Putin. Aber was heißt das schon – denn die Mainstream-Medien sind NATO-Medien, nach dem Zweiten Weltkrieg mit Lizenzen der Westalliierten gegründet und damit immer noch Teil der psychologischen NATO-Kriegsführung. Und jetzt machen sie eben ihren Job, der da heißt: Kriegspropaganda. »Einmarsch! Krieg!«, schrie mich auch die *Bild*-Zeitung an. Und: »Russland greift Ukraine an!« Wie ich schon früher einmal sagte: Sollte einmal die Welt untergehen, wird die *Bild*-Zeitung überleben. Sie hat einfach zu große Schlagzeilen. Aber zur Sache: Wie real ist dieser Krieg überhaupt? Seit dem über 20 Jahre alten Spielfilm *Wag the dog* wissen wir ja, wie man einen Krieg ganz ohne Waffen und nur mit ein paar Bildern inszenieren kann. Der Film-Plot: Der US-Präsident hat sich im Oral beziehungsweise Oval Office an einem Mädchen vergriffen, und alle Zeitungen haben die Story. Die in 11 Tagen stattfindende Wahl ist damit wohl perdu – doch da betritt »Mr. Alleskleber« das Weiße Haus, ein geheimnisvoller Spin-Doktor und PR-Experte, der die peinliche Angelegenheit aus den Schlagzeilen verdrängen und für den Präsidenten den Wahlsieg sichern soll. Und zwar mithilfe eines Krieges. Zusammen mit einem Hollywood-Produzenten lanciert er Nachrichten und gefälschte Videos in die Netzwerke, darunter ein herzzerreißendes Video von einem Mädchen, das mit einem Kätzchen im Arm aus dem angeblichen Kriegsgebiet flieht – natürlich alles komplett im Studio gedreht. Die Katze ist in Wahrheit eine Chipstüte, die später durch das Bild eines Kätzchens ersetzt werden soll. Ein paar Tage später ist die Nation von diesem Fake-Krieg wie hypnotisiert, und die peinliche Präsidentenaffäre wie »weggeblasen«.

»Krieg ist Showbusiness«

Haha – ein Spin-Doktor und ein Hollywood-Produzent lancieren einen virtuellen Krieg in die Medien?! Wer glaubt denn so was? Nun, in der Realität von 2022 war ein Filmproduzent höchstpersönlich Präsident *und* Kriegsherr, nämlich Wolodymyr Selenskyj, der darüber hinaus auch als Regisseur und Drehbuchautor tätig war. Wichtige Schlüsselfiguren seiner Regierung entstammen ebenfalls der Filmindustrie. »Selenskyjs TV-Produktionsfirma ›Kvartal 95‹ wurde plötzlich zur wichtigsten Kaderschmiede des Landes« (Deutsche Welle, 20.05.2020). Der Leiter des Präsidialamts, Andrij Jermak, und der Chefberater Serhij Schefir kommen ebenso aus dem Dunstkreis um Selenskis Produktionsfirma Kvartal 95, wie »der mächtige Geheimdienstchef Iwan Bakanow. Die Präsidialverwaltung ist durchsetzt mit ehemaligen Werbern und Drehbuchautoren«, so die *Neue Zürcher Zeitung* (online, 03.05.2022). Ja, nicht nur das. Glaubt man manchen Berichten, wurde das Land regelrecht von der Film- und Fernsehindustrie übernommen: So »mussten die Ukrainerinnen und Ukrainer schnell erkennen«, dass »neue Eliten« im Wesentlichen aus engen Freunden und bisherigen Geschäftspartnern des Präsidenten aus dem Showbusiness bestehen:

- Dutzende Parlamentsabgeordnete der Regierungspartei »Sluha Narodu« (»Diener des Volkes«),
- Top-Beamte in der Kanzlei des Präsidenten, im Sicherheitsrat und anderen Behörden; ja sogar
- der Leiter des Inlandsgeheimdienstes SBU.

Kritische Fernsehkanäle wurden von dem »Helden Selenskyj« dagegen verboten. Donnerwetter: Ist Krieg tatsächlich Showbusiness, wie es in *Wag the dog* heißt, und ist dies etwa ein Krieg nach Drehbuch?

Die Lüge ist schneller als die Wahrheit

Die Wahrheit ist: Heute, im Zeitalter des Internets und von *YouTube*, ist ein Hollywood-Studio zwar nützlich, aber man braucht es nicht unbedingt. Denn momentan liegen Kriegs- oder Katastrophenszenen quasi auf der Straße – beziehungsweise im Internet. Man muss nur zugreifen. Wurde das fliehende Mädchen mit dem Kätzchen beziehungsweise mit der Chipstüte auf dem Arm in *Wag the dog* noch gedreht, kann man heute beliebige Clips aus dem Internet nehmen und einfach umdefinieren. Mit einer neuen Definition kann man ein Bild und die von ihm ausgelösten Emotionen steuern wie ein Boot mit einem Ruder – wie in Coronazeiten die immer gleiche Intensivstation, die je nach Bedarf verschiedenen Ländern zugeordnet wurde.

Lügen wie Leuchtspurmunition

Nehmen wir zum Beispiel den 24. Februar, also das Datum des russischen Einmarsches. Da pfiffen uns massenweise umdefinierte Videoschnipsel wie Leuchtspurmunition um die Ohren:

- ein zerschossenes Haus aus Donezk, das als zerstörtes Gebäude in Charkiw ausgegeben wurde,
- angreifende russische Jets, die in Wirklichkeit dem Videospiel *Armor 3* entstammten,
- eine massive Explosion in der Ukraine, die in Wirklichkeit eine explodierende Tankstelle in Sibirien war,
- ein alter Mann, der in Kiew am Straßenrand liegende Tote betrauerte, getötet angeblich von den Russen (*La Stampa*). In Wirklichkeit stammte die Szene aus Donezk, nachdem es von ukrainischen *Tochka-U*-Geschossen getroffen worden war,
- das angeblich von russischen Truppen zerstörte »einst berühmte ukrainische Hotel *Mir*« (»Frieden«), das sich in Wirklichkeit als das serbische Resort-Hotel *Vrnjacka Banja* entpuppte, das auf Investoren für die Sanierung wartet,
- zerstörte Fahrzeuge und Leichen eines angeblich russischen Konvois, dessen tote Besatzung sich als ukrainisch herausstellte (das Namensschild eines der getöteten Soldaten war auf Ukrainisch geschrieben worden),
- drei Feuerwehrleute mit verrußten Gesichtern, angeblich erschöpft vom Kampf gegen russische Bombenbrände, die sich als australische Feuerbekämpfer herausstellten – aufgenommen im Jahr 2019,
- antirussische Demonstranten mit dem Foto eines verzweifelten kleinen Mädchens neben seiner angeblich von Russen getöteten Mutter – in Wirklichkeit ein Standbild aus dem Film *Brest Fortress* aus dem Jahr 2010,
- das Bild eines etwa 10-jährigen Mädchens in einem Krankenbett, das seine Eltern durch russische Kriegsverbrechen verloren haben soll,

dessen Vater aber bald darauf meldete, er und seine Frau seien wohlauf und am Leben.

(Quellen: *YouTube*: »Faktencheck: 5 Fakes vom Ukraine-Krieg«, 27.02.2022, und »Ukrainian Fakes 2: Brainwashing«, 01.04.2022)

Niemand hat die Absicht, Krieg zu führen!

Donnerwetter – wenn einem da nicht der Boden unter den Füßen schwankt! Das Bild des Krieges, sofern es überhaupt existierte, begann zu verschwimmen wie eine Fata Morgana in der Wüste! Ja, aus ein paar Bausteinen kann sich heute jeder seinen eigenen Krieg zusammenbasteln! Aber natürlich desinformierten auch die Russen: Noch am 6. Februar 2022 zum Beispiel, 18 Tage vor dem Angriff, behauptete die Kreml-Sprecherin Maria Sacharowa, es werde keinen Krieg geben: »In dieser Woche wurden wir wieder einmal Zeuge der anhaltenden Informations- und Politkampagne des Westens, die den Mythos der russischen Bedrohung, eines bevorstehenden Angriffs unseres Landes, angeblicher Pläne Moskaus und so weiter verbreitet«, hieß es darin. Und: »All der Unsinn, den Sie selbst in den Medien unserer ausländischen westlichen Partner lesen. Die Geschichte über die angebliche russische ›Bedrohung‹ der Ukraine, die Verschärfung der internationalen Lage – all das steht im Widerspruch zur realen Situation und zum gesunden Menschenverstand, der gebietet, die westliche, vor allem angelsächsische Hysterie zu beenden und die Lage so schnell wie möglich zu normalisieren« (*anti-spiegel.ru*, 06.02.2022). Da müssen bereits sämtliche Vorbereitungen für die russische Offensive abgeschlossen gewesen sein.

Eine logische Lüge

Aber in der Logik der Militärs ist diese Lüge logisch: Denn natürlich muss man einen Angriff abstreiten, bis er stattfindet. Militärs (und Geheimdienste) haben kein gespanntes, sondern ein reziprokes Verhältnis zur Wahrheit: Alles, was man tut, wird bestritten, und alles, was man unterlässt, wird felsenfest behauptet. Kurz: In einem Krieg kann das Publikum nicht wissen, was wahr ist, denn jeder Krieg ist zum großen Teil ein Krieg der Illusionen. Und die Lüge ist keine Folge des Krieges, sondern seine Voraussetzung. Demzufolge ist auch die Wahrheit kein Opfer der Kampfhandlungen, sondern schon lange vorher gestorben.

Sonst gäbe es nämlich gar keinen Krieg. Denn jeder Krieg basiert auf Lügen, und jeder gerechte Frieden basiert auf Wahrheit. Die Öffentlichkeit wird fast ausschließlich belogen, denn was sie erfährt, erfährt auch der Feind. Weshalb Öffentlichkeit und Feind für Militärs und Geheimdienste ein und dasselbe sind. Das meiste, was in einem Krieg an die Öffentlichkeit gelangt, muss deshalb zwangsläufig falsch oder verdreht sein. Nur wenn die Kriegsparteien wieder Wahrheit zulassen, können sie sich verständigen. Frieden und Wahrheit korrespondieren genauso wie Lügen und Krieg. Dem Ende des Krieges nähert man sich nur, wenn die Wahrheit wieder eine Chance bekommt. Aber während der Krieg der Vater aller Dinge ist, ist der Frieden die Mutter aller Rüstungspleiten. Daher haben die Rüstungsindustrie und die von ihr gekauften Politiker kein Interesse an der Wahrheit, weil man daran nichts verdienen kann. Also müssen Menschen weiter belogen und gegeneinander aufgehetzt werden, bis sie glauben, dass ein *Leopard-2*-Panzer die Lösung ist. Dann hat das Marketing funktioniert. Daher bestehen mindestens 50 Prozent eines Krieges aus Lügen – wir wissen nur nicht, welche 50 Prozent. Und wenn der Krieg vorbei ist, kann man auch nicht wissen, was wahr ist, denn dann werden die Lügen des Siegers zur Geschichtsschreibung …

24. Februar
The Grand Chessboard: Strategie gegen Russland

Alarm! Gestern hat Russland der Ukraine den Krieg erklärt, und heute wird geschossen! Das ist zwar nicht wahr – denn weder hat Russland der Ukraine den Krieg erklärt, noch umgekehrt. Jedenfalls nicht formal. Sondern Russland hat den Begriff »Krieg« vermieden und stattdessen eine »spezielle Militäroperation« angekündigt, was wohl deeskalierend wirken sollte. Das Ziel ist laut dem russischen Präsidenten Wladimir Putin der Schutz der Donezk- und Luhansk-Republiken vor angeblich ständigen Angriffen der Ukraine und die Entwaffnung sowie die »Entnazifizierung« der Ukraine. Also in etwa das, was Putin mehr oder weniger verzweifelt schon zuvor gefordert hatte, worüber aber niemand mit ihm verhandeln wollte: nämlich die Neutralität des Landes als Puffer zwischen Ost und West. »Gleichzeitig sehen unsere Pläne nicht vor, ukrainische Gebiete zu besetzen. Wir haben nicht die Absicht, jemandem etwas mit Gewalt aufzuzwingen.« Allerdings ist eine Entwaffnung und »Entnazifizierung« natürlich nur mit Gewalt zu haben. Aber die Frage aller Fragen, mit der viele Menschen überhaupt nicht klarkommen, lautet: Wer ist denn nun wirklich der Schuldige an diesem Krieg?

Wer hat zuerst mit Sand geworfen?

Bis jetzt sieht es aus wie der alte Kindergartenstreit um die Frage, wer zuerst mit Sand geworfen hat – wobei der Krach wahrscheinlich nicht erst mit dem Sandwurf begonnen hat. Vermutlich konnten sich die Streithähne schon zuvor nicht leiden. Und vielleicht hat der eine den anderen bereits vorher einmal gezwickt? Wer wollte das angesichts dieser Lage schon gleich wissen? Ich selbst habe deshalb lange überlegt, wie ich dieses Kapitel über den »Ukraine-Krieg« anfangen soll:
Mit …

- dem **21. Februar 2022**, als Russland die beiden ostukrainischen Volksrepubliken offiziell anerkannte und das Minsker Abkommen für erledigt erklärte?
- dem **20. Februar 2022**, als Selenskyj bei der Münchner Sicherheitskonferenz zwischen den Zeilen seiner Rede die Atomwaffenfreiheit der Ukraine infrage stellte?
- dem **18. Februar 2022**, als die OSZE bereits Geschützdonner im Donbas meldete?
- dem **Januar 2022**, als verschiedene diplomatische Versuche zur Lösung des Konflikts keinen Erfolg hatten?
- dem **Dezember 2021**, als Russland seine Kernforderung nach einem Verzicht auf eine weitere NATO-Osterweiterung wiederholte?
- dem **November 2021**, als Putin angeblich große Truppenkontingente an der Grenze zur Ukraine aufmarschieren ließ?

Oder was war der Auslöser? Womit fing der verflixte Konflikt denn nun an? Als …

- im **September 2017** das Assoziierungsabkommen zwischen der Ukraine und der EU in Kraft trat, was Russland auf die Palme brachte?
- im **Juli 2017** die »prorussischen Separatisten« in Luhansk und Donezk »Kleinrussland« als neuen Staat ausriefen?
- im Jahr **2014** der russlandfreundliche Präsident Wiktor Janukowytsch im Zuge der vom Westen unterstützten sogenannten Euromaidan-

Proteste abgesetzt wurde und nach Russland floh, während mit Arsenij Jazenjuk ein NATO-freundlicher Ministerpräsident installiert wurde?

- im Jahr **2014** in der Ostukraine von Russland angeblich eine malaysische Passagiermaschine abgeschossen wurde (Flug MH17; siehe *verheimlicht – vertuscht – vergessen 2015*, Seite 265)?
- im Jahr **2010** der russlandfreundliche Wiktor Janukowytsch erneut ins Präsidentenamt gewählt wurde?
- im Jahr **2004** der Kampf um die ukrainische Präsidentschaft zwischen prowestlichen und prorussischen Kandidaten einen ersten Höhepunkt erreichte und der russlandfreundliche Janukowytsch im Rahmen der sogenannten Orangenen Revolution aus dem Amt gedrängt wurde?

Oder etwa als **1989** die Mauer fiel?

Eine Einladung nach Osten

Aber wie der US-Politikprofessor Jack Rasmus schrieb (siehe unten): »Erklärungen, die nur auf unmittelbaren Einzelereignissen basieren, werden von den Mainstream-Medien und den politischen Kräften dahinter leicht manipuliert.« Die Geschichte und ihr Kontext erklärten dagegen »alles«. Also fangen wir an: Bis 1989 war die Weltlage im Großen und Ganzen relativ stabil gewesen. Die beiden großen Blöcke hielten sich gegenseitig in Schach. Wegen der wechselseitigen Atomdrohung nannte man es auch »Gleichgewicht des Schreckens«. Denn es war zwar schrecklich, aber immerhin ein Gleichgewicht. Mit der Auflösung der Sowjetunion und dem Fall der Mauer geriet diese Balance jedoch völlig aus den Fugen. Die Sowjetunion räumte das Feld und entließ ihre Republiken in die Freiheit. Und während Europa die neue Freiheit des Ostblocks und die Deutschen ihre Wiedervereinigung feierten, wurde damit der Grundstein für den nächsten Krieg gelegt. Zwar herrschte nach dem Ende des Ostblocks zunächst Entspannungseuphorie vor, doch die Zeichen standen nur vordergründig auf Frieden und Versöhnung. Denn während sich die Menschen freuten und Historiker sogar *Das Ende der Geschichte* gekommen sahen (so der Buchtitel des US-Geschichtswissenschaftlers Francis Fukuyama), lag bereits Unheil in der Luft. Dieses Unheil hieß »Machtvakuum«: Der ganze große Osten lag am Boden. Für den Westen war der Fall der Mauer und die Auflösung des Ostblocks daher eine Einladung Erster Klasse. Die Überreste der russischen Sicherheitsarchitektur (Sowjetunion und Warschauer Pakt) schwammen herum wie die Trümmer eines großen Schlachtschiffes. Und warum sollte man ein Schlachtschiff beziehungsweise eine Burg, deren Mauern man soeben gesprengt hatte, nicht auch erobern? Warum hätte Achilles Troja verschmähen sollen, nachdem ihm Odysseus das Tor geöffnet hatte? Eben! Aber stattdessen gab man den entblößten Burgherren das Versprechen, nicht in die osteuropäische Festung einzumarschieren, wenn sie zuvor Ostdeutschland herausrücken würden. 1990 habe der amerikanische Außenminister James Baker zur deutschen Frage erklärt, das NATO-Bündnis werde seinen Einflussbereich »nicht einen Inch weiter nach Osten ausdehnen«, falls die Sowjets der NATO-Mitgliedschaft eines geeinten Deutschlands zustimmen würden. »Demnach habe der US-Außenminister den sowjetischen Staatschef [Gorbatschow] gefragt: ›Wäre Ihnen ein vereinigtes Deutschland außerhalb der NATO, unabhängig und ohne US-Streitkräfte, lieber, oder würden Sie ein Deutschland im Rahmen der NATO bevorzugen, begleitet von der Zusage, dass sich die Jurisdiktion der NATO nicht 1 Zentimeter ostwärts von ihrer jetzigen Position bewegt?‹ Und Gorbatschow hat laut Baker geantwortet: ›Jedwede Ausdehnung der NATO wäre sicherlich inakzeptabel‹« (*Focus* [online], 22.02.2022). Alles klar also – das war demnach nicht nur »ein Versprechen«, sondern ein Vertrag: Das wiedervereinigte Deutschland darf in die NATO, wenn diese nicht weiter nach Osten ausgedehnt wird.

Als Russland in die NATO wollte

So weit, so bekannt: Diese Abmachung gilt weithin als Rechtfertigung für russische Kritik an der NATO-Osterweiterung. Weniger bekannt ist, dass Russland diese Abmachung quasi selbst in die Tonne trat. Denn siehe da: Am 20. Dezember 1991 erklärte der russische Präsident Boris Jelzin einen russischen NATO-Beitritt zum »langfristigen politischen Ziel« (*faz.net*, 25.05.2021). Ein bisschen zu viel mit dem damaligen US-Präsidenten Bill Clinton gebechert, darf man vermuten. Aber durch den Zusammenbruch der Sowjetunion war Russland so geschwächt, dass der Westen dabei war, das Land ohne einen Schuss Pulver in seinen Einflussbereich zu ziehen. Während der Präsidentschaft des Alkoholikers Boris Jelzin (Präsident von 1991 bis 1999 und Saufkumpan von Bill Clinton) sank das Bruttoinlandsprodukt um 40 Prozent, 1998 erklärte Russland gar den Staatsbankrott. In der Ära Jelzin begannen die USA, das Land unter politische, militärische und wirtschaftliche Kontrolle zu bringen. So hatten sich US-Ölkonzerne bereits große Teile der quasi herrenlosen russischen (Öl-)Industrie unter den Nagel gerissen. Mit anderen Worten: Das amerikanische Krokodil hatte bereits den ganz fetten Brocken im Maul. Es musste eigentlich nur noch den Kiefer zuklappen. Der restliche Ostblock wäre dann lediglich der Nachtisch gewesen. Noch auf einer Deutschland-Reise im Jahr 2000 sagte Clinton, Russland gehöre in die NATO: »Kurz vor seiner Reise nach Moskau warb er grundsätzlich für eine Aufnahme Russlands in die NATO und die Europäische Union. ›Es dürfen Russland gegenüber keine Türen geschlossen werden – nicht die NATO-Türen, nicht die EU-Türen‹, sagte Clinton am Freitag in einer Rede zur Verleihung des Karlspreises in Aachen« (*Handelsblatt*, online, 02.06.2000). Und wenn wir jetzt einmal Jelzins »langfristig« in Jahre umrechnen, hätte es heute, 31 Jahre später, durchaus so weit sein können. Der Rest des Warschauer Pakts ist ja praktisch bereits in der NATO (bis auf wenige Ausnahmen wie die Ukraine).

Die Todsünden des Wladimir P.

Dummerweise klemmte dem Krokodil da jemand einen Stock in den Rachen: Wladimir Putin, der noch von Jelzin 1999 zum Ministerpräsidenten ernannt worden war, etwas, was US-Freund Jelzin später als »Fehler« bezeichnen sollte. Nach Jelzins Rückzug am 31. Dezember 1999 übernahm Putin vollständig die Kontrolle als Präsident und begann die politische und wirtschaftliche Reorganisation Russlands. Nach über 70 Jahren Sowjetunion, die mit dem totalen Zusammenbruch des Landes endeten, gründete er Russland politisch und wirtschaftlich praktisch neu: Er wertete den Rubel ab, entmachtete Oligarchen und drängte private (amerikanische) Unternehmen, die sich dort bereits breitgemacht hatten, aus dem Energiesektor. Sonst würde das russische Öl heute den USA gehören, und Russland hätte kaum Ressourcen, um sich zu behaupten und auf eigenen Füßen zu stehen. Aber war das nett? Nein, das war gar nicht nett – fanden zumindest die Amerikaner. Ab jetzt war Putin für sie der Teufel in Person. Der Russe hatte ihnen quasi die Aussicht auf den gesamten Erdball geklaut, einen Großteil davon wieder auf eigene (russische) Beine gestellt und dem globalen Gleichgewicht damit einen großen Gefallen getan. Doch das Imperium schlug zurück: »Inzwischen sind aber 14 Länder des ehemaligen Ostblocks sowie der früheren Sowjetunion Mitglied der NATO«, schrieb der *Focus* (online, 22.02.2022). Und »es ist leicht zu verstehen, warum Putin und Russland sich von der NATO in Osteuropa und im Baltikum zunehmend eingekreist fühlten, da die von den USA angezettelten und unterstützten Kräfte in Georgien, Weißrussland und Kasachstan die Grenzen des Landes destabilisierten«, so der oben erwähnte US-Politologe Jack Rasmus (*globalbridge.ch*, 21.05.2022). Diese Strategie sah ein Blinder mit dem Krückstock. Sogar der Papst: Selbst Franziskus gab der NATO im Mai 2022 »eine Mitschuld an Putins barbarischem Angriffskrieg. Die NATO-Osterweiterung bezeichnete der Papst als ›Bellen‹ der NATO vor Russlands Tür. Er würde zwar nicht so weit gehen zu sagen, dass die NATO-Präsenz in den Nachbarländern Moskau ›provoziert‹ habe. Aber: Sie habe die Invasion ›vielleicht erleichtert‹« (*Bild*, online, 04.05.2022). Wenige Wochen später wurde plötzlich über den Rücktritt des Papstes spekuliert. Natürlich aus »Altersgründen« (*Blick*, online, 20.06.2022).

Die einzige Weltmacht

Drängt man einen Bären in die Ecke, wird er demnächst zurückschlagen. Auch den USA war klar, dass Russland eine rote Linie würde ziehen müssen, wenn es nicht in weiteren 10, 20 oder 30 Jahren von der Landkarte verschwinden oder nur noch als Zombiestaat existieren wollte (wie Deutschland und andere). Und trotzdem (oder deswegen) setzten die USA ihre Einkreisungspolitik fort – mit absehbaren Folgen. Der letzte Teil des Drehbuchs für diesen Krieg wurde daher nicht in Russland, sondern in den Vereinigten Staaten geschrieben, zum Beispiel 1997 in dem Buch *The Grand Chessboard* des US-Geostrategen Zbigniew Brzeziński: »Aus Sorge vor einem Wiedererstarken Russlands nach dem Fall des Eisernen Vorhangs plädierte der führende Geostratege früh für eine NATO-Osterweiterung, die ursprünglich auch die Ukraine einbezog« (*Tagesspiegel*, online, 22.02.2022). »Da die EU und die NATO sich nach Osten ausdehnen, wird die Ukraine schließlich vor der Wahl stehen, ob sie Teil einer dieser Organisationen werden möchte«, so Brzeziński in *The Grand Chessboard*. Der deutsche Titel trifft den Machtanspruch der USA noch besser: *Die einzige Weltmacht*. »Es ist davon auszugehen, dass sie, um ihre Eigenständigkeit zu stärken, beiden beitreten möchte, wenn deren Einzugsbereich einmal an ihr Territorium grenzt und sie die für eine Mitgliedschaft notwendigen inneren Reformen durchgeführt hat.« Im Vorfeld der russischen Offensive vom Februar 2022 war der Westen also dabei, den Pufferstaat Ukraine mit allen Mitteln in sein Machtgeflecht hineinzuziehen – während Russland dabei war, den Osten der Ukraine an sich zu binden.

Wie das Drehbuch im Detail aussah, konnte man unter anderem einem Bericht des militärischen Thinktanks RAND Corporation entnehmen, der zu drei Vierteln vom amerikanischen Staat finanziert wird. Unter den Mitarbeitern finden beziehungsweise fanden sich so illustre Gestalten wie die Kriegstreiber Donald Rumsfeld und Condoleezza Rice. Der Titel des Berichts lässt denn auch keine Missverständnisse aufkommen: »Russland überdehnen und aus dem Gleichgewicht bringen« (»Overextending and Unbalancing Russia«, RAND Corporation, Januar 2019). Und zwar durch …

- Neupositionierung von Bombern in Schlagdistanz zu wichtigen russischen strategischen Zielen,
- Stationierung zusätzlicher taktischer Nuklearwaffen an Standorten in Europa und Asien,
- Verstärkung der Seestreitkräfte der USA und ihrer Verbündeten und deren Präsenz in Russlands Operationsgebieten (Schwarzes Meer),
- Abhaltung von NATO-Kriegsübungen an den Grenzen Russlands,
- Rückzug aus dem INF-Vertrag (Intermediate Nuclear Forces).

Andere übersetzten das mit »How to destroy Russia« (*Syrian Arab News Agency*, online, 30.06.2022). Der Bericht untersucht, wie die Vereinigten Staaten und ihre Verbündeten Optionen in verschiedenen Bereichen verfolgen könnten, »um Russlands Wirtschaft und Streitkräfte zu schwächen sowie das politische Ansehen des Regimes im In- und Ausland zu beschädigen« (*antiwar.com*, 28.03.2022). »Der Westen hat Russland den totalen hybriden Krieg erklärt«, hatte daher auch der russische Außenminister Lawrow erkannt (*rnd.de*, 14.05.2022).

Das Werk der USA

Der Krieg ist also letztlich ein Werk der Vereinigten Staaten – sage nicht ich, sondern das erklärte der Sprecher des US-»Verteidigungsministeriums«, John Kirby, im Gespräch mit *Fox-News*-Moderator Neil Cavuto: »Die Regierung Biden hat schon lange vor der Invasion Waffen geliefert. Die erste Milliarde Dollar, die der Präsident für die Ukraine bereitstellte, beinhaltete auch tödliche Waffen. Und das war, bevor Putin beschloss, einzugreifen. Außerdem haben wir sehr offen und ehrlich darüber gesprochen, was wir bei den Russen beobachten konnten. Und der letzte Punkt, den wir meiner Meinung nach nicht so sehr im Auge behalten, wie wir es sollten, Neil, ist die Ausbildung und der Aufwand, der in den vergange-

nen 8 Jahren betrieben wurde, um die Ukrainer auf diese Art von Krieg vorzubereiten. Die Vereinigten Staaten, Kanada, Großbritannien und andere Verbündete halfen den Ukrainern bei der Ausbildung in den Bereichen Führung kleinerer Einheiten, Kommando und Kontrolle sowie operatives Manövrieren … Das war kein Zufall … Das war das Werk der USA und so vieler Verbündeter« (*Fox News*, online, 10.05.2022).
Das heißt: Die USA und ihre »Verbündeten« arbeiteten seit Jahren auf diesen Krieg hin (*Fox News*, online, 22.05.2022), und die Ukraine ist nichts weiter als ein Spielball angloamerikanischer und der sie umgebenden Kräfte, die das Land behandeln wie einen Fußball, wobei das Tor Russland heißt …

24. Februar
Qui bono: Wem nützt der Krieg?

Ist Wladimir Putin eigentlich Joe Bidens bester Mann? – Hallo? Was ist denn das für eine Frage?! Wie kommt man denn auf so etwas? Na, ganz einfach: Seit mindestens 20 Jahren hatten die USA in die Ukraine investiert: Putsche, Militärhilfe, Militärberater und Waffen. Immer wieder hatte man Russland auch provoziert – in der Ukraine, doch auch anderswo. Aber nie wollte Putin einen Waffengang wagen. Zum Mäusemelken! Dabei war doch alles angerichtet! Aber am 24. Februar knallten in der Ukraine endlich die Geschütze und in Washington die Sektkorken. Endlich war der Mann einmarschiert und hatte de facto einen Krieg gegen das Land begonnen. Genauer: Er hatte den schon lange schwelenden Konflikt in einen offenen Krieg verwandelt, in dem endlich Raketen und andere Geschosse flogen.

Shitstorm gegen Putin

Schampus? Blödsinn: In Washington, Berlin, London und Paris herrschte doch helle Empörung: »Das ist ein Überfall auf ein unabhängiges, souveränes Land. Er ist durch *nichts* und durch *niemanden* zu rechtfertigen«, schimpfte Bundeskanzler Olaf Scholz in einer Fernsehansprache. Der britische Premierminister Boris Johnson war »entsetzt über die schrecklichen Ereignisse in der Ukraine« (*SRF Online*, 24.02.2022). »Frankreich verurteilt entschieden die Entscheidung Russlands, Krieg gegen die Ukraine zu führen«, erklärte der französische Staatspräsident Emmanuel Macron (Deutsche Welle, online, 24.02.2022). Und US-Präsident Joe Biden verurteilte »das Vorgehen von Russlands Präsidenten Putin auf das Schärfste […], ›Putin ist der Aggressor. Putin hat den Krieg gewählt, und jetzt muss er die Konsequenzen tragen‹«, so Biden (*rnd.de*, 25.02.2022). Kein Zweifel: Die westlichen Eliten waren stinksauer auf den russischen Präsidenten. Politiker und Medien entfesselten einen wahren Shitstorm gegen Putin und feuerten, was die verbale Artillerie hergab: Despot, Aggressor, Diktator, Massenmörder, Schlächter und anderes mehr.

Die Ernte wird eingefahren

Alles Theaterdonner: Das Ganze wirkte phrasenhaft und x-mal recycelt. Denn genauso hatte man auch schon Slobodan Milošević, Saddam Hussein, Muammar al-Gaddafi und Baschar al-Assad tituliert, bevor man ihre Länder überfiel, die Staatschefs entmachtete und oft auch ins Jenseits schickte. Dabei hatte Putin doch eigentlich alles richtig gemacht und endlich den bestellten Krieg geliefert. Und nun begann man im Westen, die Ernte einzufahren. Schon am 7. Februar, also kurz vor der russischen Offensive, listete der amerikanische Politologieprofessor Jack Rasmus zehn Gründe auf, »warum die US-Eliten daran interessiert sein könnten, dass Russland in die Ukraine einmarschiert«: »Die US-Medien, die Regierung Biden und die US-Kriegsfalken im Kongress behaupten, sie wollten Putin und Russland von einer Invasion abhalten. Aber was sie sagen und was sie tun, ist nicht dasselbe.« Denn wie schon gesagt: In der Politik gibt es immer einen guten Grund und einen wahren Grund. »Vieles deutet darauf hin, dass die USA und die NATO eine Konfrontation wollen, solange es sich um einen Stellvertreterkrieg zwischen Russland und der Ukraine handelt, dem sie tatenlos zusehen, den Flächenbrand mit Waffen anheizen und dabei andere US-NATO-Ziele erreichen können« (*The World Financial Review*, online, 07.02.2022). Nämlich die folgenden:

1. Die NATO wiederzuvereinigen und die US-Hegemonie über das Bündnis zu stärken.
2. Deutschland dazu zu bringen, Nord Stream 2 zu stoppen; Europa dazu zu bringen, stattdessen US-Gas zu kaufen; die US-Erdgasexporte nach Europa zu steigern und dadurch eine Angebotsverknappung in den Vereinigten Staaten herbeizuführen, um Preiserhöhungen für

US-Inlandsgas und daraus resultierende US-Gewinne zu rechtfertigen.

3. Einen Vorwand zu schaffen, um noch mehr Truppen und moderne Waffen ins Baltikum (Estland, Lettland, Litauen) und nach Osteuropa (Polen, Rumänien) zu schicken.
4. Mehr wirtschaftliche Zugeständnisse von der Ukraine für US-Geschäfte im Austausch für mehr und bessere US/NATO-Waffen zu erhalten.
5. Wachsende politische Unterstützung für die USA zu generieren; in Moldawien aktiv zu werden, um die russischen Unterstützer zu vertreiben und ein US-Marionettenregime über das ganze Land zu installieren.
6. Größere Anstrengungen zur Destabilisierung von Belarus und Kasachstan zu rechtfertigen.
7. Den Rückenwind für die Demokraten vor den Zwischenwahlen im November 2022 zu erhöhen.
8. Eine weitere Erhöhung des Verteidigungshaushaltes durch den Kongress zu begründen.
9. Einen Vorwand zu schaffen, um gegen prorussische Unterstützer vorzugehen: Venezuela, Nicaragua und wieder Kuba.
10. Die Effektivität der neuesten US-Waffen gegen russische Streitkräfte und die Effektivität russischer Waffen gegen die USA zu testen, ohne Russland direkt konfrontieren zu müssen; Offenlegung der Cyberfähigkeiten Russlands.

Die Plünderung Europas

Meine Güte – welch eine politische und finanzielle Ernte! Während andere von »Krieg« redeten, schrieb denn auch der RT-Deutsch-Autor Wladimir Prochwatilow: »Die Vereinigten Staaten haben mit der Plünderung Europas begonnen« (*de.rt.com*, 04.05.2022). Wie wahr. Wie immer gewannen die Vereinigten Staaten den Krieg schon am Anfang und nicht erst am Ende. Denn zu Rasmus' zehn Punkten kommt ja noch einiges hinzu (wobei Überschneidungen möglich sind):

- schwunghafter Waffenhandel,
- Ablenkung und »Erklärung« von anderen Problemen (Inflation, Wirtschaftskrise etc.),
- Vertuschung und Ablenkung der/von den Coronaverbrechen,

- »Erklärung« der Finanzkrise,
- Vertuschung der Hintergründe des Finanzcrashs,
- Ablenkung der Wut auf die Person Putin,
- Errichtung eines Regimes der Angst,
- Disziplinierung der Bürger,
- Rechtfertigung von antidemokratischen Maßnahmen,
- gegebenenfalls Installation eines Notstandsregimes,
- Reinwaschung des Präsidenten Selenskyj vom korrupten Politiker zum Helden,
- Verbesserung der Beitrittschancen der Ukraine zur EU und NATO,
- Annäherung zwischen Ukraine und USA,
- NATO-Beitritt von Schweden und Finnland,
- Stärkung der Führungsrolle der USA (vergleiche dazu die Ereignisse und Folgen des 11. September 2001),
- Untermauerung der Existenzberechtigung der amerikanischen Hegemonie in Europa,
- Bedeutungssteigerung der sogenannten Schutzmacht USA,
- Stärkung von US-Präsident Joe Biden,
- Schulterschluss und Disziplinierung der NATO-Staaten,
- Zerstörung der Beziehungen zwischen Deutschland und Russland,
- Schaffung eines De-facto-Kriegszustandes zwischen Deutschland und Russland,
- Neuordnung einer neuen und lukrativen bipolaren Welt,
- gegebenenfalls Aufbau einer neuen Demarkationslinie und eines neuen Eisernen Vorhangs zwischen Ost und West,
- Abschneiden Deutschlands von russischen Rohstoffen (zum Beispiel durch Stopp der Pipeline Nord Stream 2),
- Erhöhung der Rüstungsetats (zum Beispiel dem Deutschlands),
- höhere Zahlungen Deutschlands an die NATO,
- Sicherstellung der Finanzierung für den noch relativ neuen US-Vasallen Ukraine,
- Lieferung von amerikanischem statt russischem Gas an Deutschland,
- dramatische Schwächung des traditionellen Erzfeindes Deutschland (der erhöhte Kosten für Waffen, Energie, Flüchtlingsversorgung und so weiter schultern muss),
- totale Ausbeutung Deutschlands (Waffenkäufe, Rohstoffpreise etc.),
- letztlich Vernichtung Deutschlands und damit der gesamten EU.

Wow! Haben Sie schon einmal ein solches Schweizer Messer gesehen – mit mehreren Dutzend Klingen? Einfach genial. Aber nicht nur das: Die

Vorteile bezogen sich nicht etwa nur auf die USA als Staat. Vielmehr klingelte es ganz konkret in den Kassen einzelner Politiker. »Der Krieg zwischen Russland und der Ukraine ist super profitabel, und einige amerikanische Kongressabgeordnete haben damit ein Vermögen verdient.« – »Wie der *Business Insider* berichtet, profitieren einige Mitglieder des US-Kongresses persönlich von Russlands Krieg gegen die Ukraine. Mindestens achtzehn Abgeordnete oder ihre Ehepartner halten Aktien von Raytheon Technologies und Lockheed Martin, die die Waffen herstellen, die die westlichen Verbündeten der Ukraine zur Bekämpfung der russischen Invasoren schicken« (*TFIGlobal,* 13.03.2022). Tja, wenn es Putin nicht gegeben hätte, hätte man ihn glatt erfinden müssen …

24. Februar
Falsche Freunde: Verteidigungsfall USA

Dass in der Ukraine Ost und West aufeinanderprallen, haben wir ja nun verstanden. Und dass der Krieg hauptsächlich das Ergebnis amerikanischer Geostrategie ist, ebenfalls. Was ich dagegen bisher nur angedeutet habe, ist, dass die USA einen Zweifrontenkrieg führen – zum einen gegen Russland, zum anderen gegen Deutschland und Europa: »Neben dem offenen Krieg gegen Russland führe Washington auch einen verdeckten gegen die Europäische Union«, sagte der RT-Deutsch-Autor Wladimir Prochwatilow. »Im Rahmen des Pentagon-Konzepts eines Multidomänenkrieges wird ein Informations-, Bewegungs(-Kampf)- und Ressourcenkrieg gegen Russland geführt. Das ist kein Geheimnis. Jedoch ahnt bisher noch niemand etwas über den geheimen Krieg der USA gegen die Europäische Union« (*de.rt.com*, ebenda). Oder wie es die »Young Global Leaderin« des WEF und damalige Kanzlerkandidatin Annalena Baerbock bei einer Wahlveranstaltung am 26. Mai 2019 formulierte: »Lasst uns dieses Europa gemeinsam verenden!« Und das Zentrum der Europäischen Union, und damit das Ziel der US-Bemühungen, ist nun einmal Deutschland.

»Balance of Powers« vom Feinsten

Was in diesem Zusammenhang ebenfalls nur wenige wissen: Der Weltkrieg ist schließlich noch gar nicht vorbei. Nicht umsonst gibt es auch noch keinen Friedensvertrag für Deutschland. Denn noch sind die Alliierten mit Deutschland nicht fertig. Dass Deutschland und Mitteleuropa seit 77 Jahren im Frieden gelebt hätten, ist nicht wahr. Sondern nur im Nicht-Krieg. Der Krieg ist quasi nur ausgesetzt, jedenfalls der heiße Krieg. Genau genommen begann der Dritte Weltkrieg jedoch schon am 9. Mai 1945, also am Tag nach der deutschen Kapitulation. Der erste Tag des sogenannten Friedens oder Waffenstillstands war der Beginn des dritten Krieges gegen Deutschland und Russland. Kurz darauf wurden beide Länder nämlich im sogenannten Kalten Krieg aufeinandergehetzt und die Menschen mit atomaren Untergangsszenarien terrorisiert. Die Rüstungsindustrie verdiente dabei Abermilliarden. Nach einem Zwischenhoch, in dem Westdeutschland als Überflussgesellschaft und »Schaufensterstaat« präsentiert wurde, wurde gegen Deutschland nach 1989 ein hybrider Krieg angezettelt, also ein Krieg, in dem alles zur Waffe werden kann. Aktuell geht es um die Energiewende, das Abschneiden einheimischer und ausländischer Energieträger, die biologische und psychologische Sterilisierung der Bevölkerung, die Vernichtung des Bildungssystems und vieles andere mehr. Natürlich wird dies von den Medien totgeschwiegen, weil die von den Westalliierten gegründete und gesteuerte Presse nun einmal Teil des Problems und nicht Teil der Lösung ist.

Den Brexit verstehen …

Nunmehr verstehen wir auch endlich den Brexit. Historisch gesehen haben die Briten einen vereinten Kontinent schließlich traditionell gefürchtet wie der Teufel das Weihwasser. Der Eintritt Großbritanniens in die Europäische Wirtschaftsgemeinschaft (EWG) 1973 (und damit später in die EU) war daher eigentlich ein Sakrileg in der Geschichte der Insel. Denn ihre Politik bestand seit jeher darin, sich vom Kontinent zu distanzieren (»splendid isolation«) und einen vereinten Kontinent mit allen Mitteln zu verhindern – wobei Deutschland ab dem 19. Jahrhundert wegen seiner sich herausbildenden kontinentalen Vormachtstellung Großbritanniens schlimmster Feind war. Da die Briten einen starken Kontinent, besonders unter deutscher Vorherrschaft, also fürchteten, taten sie alles, um die Staaten auf dem europäischen Festland zu destabilisieren und zu vernichten. Man nannte das auch »Balance of Powers« – ein vornehmer Ausdruck für Ränkespiele, Intrigen, Kriege und millionenfaches Blutvergießen. Neben dem ständigen Konflikt mit Russland bestand der nach dem Zweiten Weltkrieg verfolgte Plan darin, die Europäer mit den Deutschen zu einem Paket zu schnüren und mit einem Mühlstein namens Euro versehen in den Sumpf zu werfen. Dabei wollte Großbritannien aber natürlich nicht mit absaufen. Deshalb wurde es auch von vornherein nicht Teil der Eurozone und zog sich nach 47 Jahren plangemäß aus der EU zurück, wie jemand, der rechtzeitig von Bord der *Titanic* geht – ganz wie ihr berühmter Landsmann J. P. Morgan das tat. Der Brexit war demnach schon vor 47 oder mehr Jahren geplant, denn es war ja auch nicht anzunehmen, dass Großbritannien auf Dauer einen Spagat zwischen der EU und seinem Busenfreund USA würde vollführen wollen, mit dem man zwei Weltkriege gewonnen und die Welt umgestaltet hatte. Und so wächst nun wieder zusammen, was zusammengehört. »Der Brexit befeuert die wirtschaftliche und militärische Partnerschaft zwischen England und den USA«, schrieb das (in Deutschland gesperrte) Nachrichtenportal *RT Deutsch* am 1. Juli 2022. »Mit der steten Forderung, die Sanktionen gegen Russland auszuweiten, schaden sie jedoch auch der EU und insbesondere dem einstigen Exportweltmeister Deutschland.« Genau darum geht es ja. Und: »Um die wirtschaftliche und energiepolitische Sicherheit der Angelsachsen steht es derweil deutlich besser.« Klar.

Ein Mann, der sich ins Knie schießt

Sanktionen, Öl- und Gasboykott, Waffenlieferungen und Geldspritzen für die Ukraine: Seit Putins Einmarsch in die Ukraine gleicht Deutschland einem Mann, der gezwungen wird, sich andauernd ins Knie zu schießen. Oder wie es der Blog *Meinungsfreiheit 2.0* formulierte: »Deutschland ist eine hochgradig suizidale Klapse. Hier überlegt man sich gerade, ob man den Kopfschuss auf der linken oder der rechten Schläfe aufsetzen soll. Eine spannende Debatte […]. Es gibt in den zurückliegenden Jahrzehnten wohl keine einzige Entscheidung deutscher ›Eliten‹, die im originär deutschen Interesse war.« Wie wahr. Ich würde sogar der Aussage zustimmen, dass zum Beispiel die NATO geschaffen wurde, um die Russen draußen, die Amerikaner drinnen und die Deutschen unten zu halten. Verschwörungstheorie? Vielleicht. Allerdings eine von Lord Hastings Lionel Ismay, dem ersten Generalsekretär der NATO, geäußerte (North Atlantic Treaty Organization: Lord Ismay, *www.nato.int*, ohne Datum).
Vor allem die britische Presse hetzte Deutschland seit dem Kriegsbeginn in der Ukraine gegen Russland auf. »Es besteht kein Zweifel daran, dass die 30 Jahre nach 1991, in denen Deutschland dank billiger Energie gedeihen konnte, während seine Diplomaten nett zu Putin waren, vorbei

sind«, freute sich der *Observer*. Und: »Sicher ist auch, dass Deutschland gerade ein böses geopolitisches Erwachen erlebt. Berlin kann sich seiner weitreichenden Führungsverantwortung, insbesondere in Sachen europäische Sicherheit, nicht länger entziehen.« Nur der tumbe Deutsche kann das für eine Ehre halten. Denn »Führungsverantwortung« heißt: Deutschland an die Front, und zwar ganz vorne. »Auf diese Fragen angesprochen, sagte Scholz vergangene Woche, dass seine größte Sorge ein Atomkrieg mit Russland sei.« Logisch, denn es sieht ganz so aus, als wollten die britischen und amerikanischen Strategen Deutschland in Putins Höllenfeuer verheizen. Schon im Kalten Krieg galt Deutschland als das »theatre«: das Schlachtfeld für einen Atomkrieg … Diese Sorge sei also »überaus vernünftig«, spöttelte der *Observer*. »Aber man kann auch zu vorsichtig und zu eigennützig sein – und Scholz ist weit davon entfernt, hier die richtige Balance zu finden« (laut *Compact*, Nr. 4/2022). Bitte genau lesen: Sich vor einem Atomkrieg scheuen, ist also »eigennützig«. Gewiss aber ist ferner: Kommt es zu einem katastrophalen Waffengang oder zu sonstigen Katastrophen, wird Deutschland am Ende als der Schuldige dargestellt. Denn Deutschland ist der Müllabladeplatz für die gesamte Schuld des Planeten.

Mobilität als Luxusgut

Mit den Worten »Putin verliert Deutschland« feierten auch die USA Deutschlands Aufrüstung, schrieb das Magazin *Focus* und zitierte damit das *Wall Street Journal* (*Focus*, online, 02.03.2022). Ein großer Sieg für Angloamerika. Denn aufgrund des Ukraine-Konflikts reißen sämtliche wirtschaftlichen und freundschaftlichen Verbindungen zwischen Europas Technologiezentrum und dem östlichen Markt und Rohstoffzentrum – es geschieht also das, was Angloamerika seit über 100 Jahren herbeisehnt. So verlangen die USA, dass sich Deutschland von russischem Gas unabhängig macht – und dafür teures US-Flüssiggas kauft. Deutschland wolle 3 Milliarden Dollar in den Bau neuer Hafenanlagen investieren, um drei bis sieben Mal so teures Flüssigerdgas aus den USA zu kaufen, rechnete der US-Ökonom Michael Hudson den Irrsinn vor. »Amerika besiegt Deutschland zum dritten Mal in 100 Jahren«, so Hudson (*michael-hudson.com*, 28.02.2022). Während die Spritpreise in Deutschland explodieren, fallen sie in Italien und Ungarn »unter (!) Vorkriegsniveau«, so das Nachrichtenmagazin *Compact*. Und: »Während in Deutschland individuelle Mobilität zunehmend zu einem Luxusgut wird, das sich immer weniger Bürger leisten können, sind die Spritpreise in anderen Ländern im Vergleich zum Zeitraum unmittelbar kurz vor dem Kriegsbeginn sogar noch gefallen (!). Die Kriegstreiber stürzen Deutschland in den Abgrund« (*Compact*, online, 08.05.2022). »Wie können Sie beweisen, dass Sie Deutschland vertreten, nicht die Vereinigten Staaten?«, wurde Bundeswirtschaftsminister Habeck bei einem Besuch der Ölraffinerie im brandenburgischen Schwedt gefragt, die bislang russisches Öl verarbeitete (*Die Welt*, online, 10.05.2022). Natürlich kann Habeck (wie Baerbock ebenfalls ein »Young Global Leader« des WEF) das nicht beweisen, denn richtig ist schließlich das Gegenteil. Wie heißt es doch schon in der *Bibel*: »An ihren Früchten also werdet ihr sie erkennen« (Mt 7, 20). Und Habecks Früchte, das steht fest, sind für Deutschland toxisch. Wie antwortete er doch auf die Frage, was er zu dem Begriff »Volksverräter« denke: »Das ist ein Nazibegriff. Es gibt kein Volk, und es gibt deswegen auch keinen Verrat am Volk« (*funk.net*, 13.04.2018). Und damit kann natürlich auch Habeck selbst kein Volksverräter sein. So einfach ist das.

Verteidigungsfall USA

Der Krieg in der Ukraine ist also nur der sichtbare Teil einer äußerst vielschichtigen und sehr alten Entwicklung und des Versuchs, Europa neu zu ordnen, indem Deutschland und Russland geschwächt und voneinander abgeschnitten werden, während die Profite der USA und ihrer wahren Verbündeten steigen sollen (Rüstung, Flüssiggas etc.). Ob Putin dieser Strategie mit seinem Angriff nun bewusst den Weg geebnet hat oder nicht: Fakt ist, dass die USA ihn endlich da haben, wo sie ihn schon seit Jahren haben wollten, um aus ihm einen monumentalen Sündenbock zu machen. Denn die Vorteile dieses russischen Angriffs auf die Ukraine sind für die USA und Großbritannien finanziell und geopolitisch unübersehbar. Der Ukraine-Krieg Putins ist der entscheidende Auslöser einer ganzen Kaskade von Effekten, die fast alle hauptsächlich den USA und ihren Freunden nützen (siehe oben). Man kann davon ausgehen, dass die Vereinigten Staaten diesen Krieg und seine Folgen seit vielen Jahren geplant haben und ihn auch schon früher hätten führen wollen. Man denke an große Provokationen wie die angebliche Vergiftung des russischen FSB-Überläufers Alexander Litwinenko (siehe *verheimlicht – vertuscht – vergessen [v – v – v] 2007*, Seite 29 ff.) in London, an den angeblichen Abschuss der malaysischen Verkehrsmaschine in der Ostukraine 2014, der Russland in die Schuhe geschoben wurde (siehe *v – v – v 2015*, S. 265 ff.), und an die

Vergiftung des Überläufers Sergej Skripal und seiner Tochter 2018 (siehe *v – v – v 2019*, Seite 63 ff.). All das brachte Russland und die Ukraine (und damit den Westen) schon seinerzeit nahe an einen ernsten Konflikt. Der jetzige Ukraine-Krieg ist jedoch multifunktional und letztlich und ganz von oben betrachtet ein Krieg der USA gegen den Rest der Welt. Denn die Folgen werden wahrscheinlich die gesamte Welt betreffen. »Für die russische Deutung, dass der Krieg in der Ukraine aus Sicht der USA und ihres Adlatus Großbritannien ein Weltordnungskrieg sei, gibt es auch jenseits russischer Propaganda gute Argumente«, so die *Junge Freiheit* (online, 07.05.2022). Eben. Und für Deutschland heißt das: Wir befinden uns hier (noch) nicht im Krieg mit Russland, auch wenn wir uns dazu alle Mühe geben, sondern mit den USA. Es ist ein einseitiger Krieg, denn die eine Partei hat davon nicht einmal die geringste Ahnung – und wenn doch, dann weiß sie nicht, wie sie sich dagegen wehren soll …

Thema des Monats

17.3. Ukraine-Krieg: Wer ist eigentlich Wolodymyr Selenskyj?

1.3. Vor den Azoren sinkt das Autotransportschiff *Felicity Ace* mit 4000 Fahrzeugen des deutschen Volkswagen-Konzerns an Bord – ***2.3. 141 von 193 Staaten der UNO verurteilen den Einmarsch Russlands in der Ukraine (siehe auch 24.2. und andere)*** – **5.3.** Eines der beiden Schiffe der Antarktis-Expedition von Ernest Shackleton, die 1915 gesunkene *Endurance*, wird gefunden – ***7.3. Auf den Philippinen wird das Mindestalter für Geschlechtsverkehr von 12 auf 16 Jahre angehoben (siehe auch »Der Prinz und das Mädchen«, S. 37)*** – **14.3.** In der Frankfurter Paulskirche erhalten die Impfstoff-Mixer Katalin Karikó, Uğur Şahin und Özlem Türeci den Paul-Ehrlich-und-Ludwig-Darmstaedter-Preis – ***17.3. Ukraine-Krieg: Wer ist eigentlich Wolodymyr Selenskyj? – 27.3. Waffenlobby: die grausame Eminenz***

17. März
Ukraine: Wer ist eigentlich Wolodymyr Selenskyj?

Im Bundestag herrscht feierliche Stimmung. Das Plenum ist erstaunlich gut besetzt. Manchen TV-Einstellungen zufolge scheint kaum ein Platz frei zu sein. Was ist los: Gibt es irgendetwas umsonst? Vielleicht eine Diätenerhöhung? Nein, alles lauscht den Worten eines Mannes auf dem großen Videobildschirm, der für einen Gastredner im Deutschen Bundestag erstaunlich leger gekleidet ist. Bei seiner Ansprache vor der deutschen Volksvertretung trägt er weder Schlips noch Kragen. Sondern ein braunes Hemd. Oder war es vielleicht braun-grün? Schwer zu sagen: Die nachlässige Kleidung soll jedenfalls den Ernst der Lage verdeutlichen, in der sich der Mann befindet – als spräche er direkt aus dem Schützengraben. So trat er zuvor schon in vielen Parlamenten der Welt auf, gerade gestern erst im US-Kongress. Der Mann ist Wolodymyr Selenskyj, der Präsident der Ukraine, die seit 24. Februar 2022 einer russischen Militäroffensive ausgesetzt ist.

Der Helden-Präsident

Die Welt hat also einen alten Schurken, nämlich Wladimir (Putin), und einen neuen Helden, nämlich Wolodymyr (Selenskyj), was ebenfalls Wladimir heißt, nur auf Ukrainisch. Die beiden Namensvetter sind sich jedoch spinnefeind. Und während der eine verteufelt wird, wird dem anderen überall auf dem Planeten der ganz große Bahnhof bereitet: »Selenskyj ist inzwischen auch international auf allen Kanälen«, konstatierte der Mitteldeutsche Rundfunk auf seiner Website (27.03.2022). »Der Präsident hat seit Kriegsbeginn 150 Reden gehalten«, hat der Schweizer *Blick* mitgezählt (*blick.ch*, 22.05.2022). Tatsächlich: Selenskyj bequatschte jeden, der bei drei nicht auf dem Baum war. Selenskyj war einfach überall zugeschaltet:

- bei der Frankfurter Buchmesse,
- bei der Vernissage der Weltkunstschau der Biennale in Venedig,
- bei der Grammy-Verleihung (3. April),
- zum Weltkriegsgedenken am 8. Mai,
- in einer Videoansprache an die Knesset,
- im US-Kongress,

- im britischen Unterhaus,
- im französischen Parlament,
- im italienischen Parlament,
- im UN-Sicherheitsrat in New York,
- bei einer außerordentlichen Sitzung des EU-Parlaments,
- beim Weltwirtschaftsforum,
- bei einer Solidaritätsdemonstration für die Ukraine in Bern,
- per Live-Schaltung während der Demonstrationen in mehreren europäischen Städten, unter anderem in Frankfurt, Paris, Bratislava, Vilnius, Prag und Tiflis.

Wohl noch nie hatte ein Präsident eine solche virtuelle »Roadshow« veranstaltet. Selenskyj schurigelte die fremden Volksvertretungen wie ein ungeduldiger Lehrer begriffsstutzige Schulklassen. Und all diese Parlamente und Gremien spielten brav mit und feierten den ukrainischen Machthaber mit Standing Ovations. Glaubt wirklich jemand, dass dies Zufall war? Unwillkürlich erinnerte dies an die gleichgeschalteten Regierungen während der Coronakrise. Kein Zweifel: All diese Parlamente wurden auf Linie gebracht, und ihre Türen wurden von ganz oben geöffnet – global. Speziell die Auftritte vor dem US-Kongress und der Knesset werden schließlich nicht jedem ermöglicht.
Selenskyj ist nicht nur der globale Held der Stunde, sondern plötzlich auch eine globale Führungsfigur, die fremden Staaten und Präsidenten die Leviten lesen kann. Motto: Selenskyj bittet nicht nur, er fordert auch: Waffen, Geld und Sanktionen gegen Russland. Und Vorwürfe macht er seinen jeweiligen Gastgebern ebenfalls: »Selenskyj warf Deutschland vor, daran mitgewirkt zu haben, die Ukraine Russland auszuliefern. Als Beispiel nannte er das lange Festhalten an der Ostsee-Pipeline Nord Stream 2 und die Weigerung des Westens, der Ukraine eine Mitgliedschaft in der NATO zu ermöglichen.« Wieder werde versucht, in Europa ein ganzes Volk zu vernichten (*bundestag.de*, 17.03.2022). Die Deutschen meinte er damit natürlich nicht, sondern Deutschland müsse im Konflikt mit Russland eine Führungsrolle einnehmen (Wolodymyr Selenskyj: »Deutschland muss Führungsrolle einnehmen«, *bundestag.de*, ohne Datum). Was habe ich gesagt: Da ist sie wieder, die deutsche »Führungsverantwortung«, die auch schon vom britischen *Observer* gefordert wurde. Deutschland solle in diesem Krieg gefälligst vorangehen – mit welchem Ziel, ist klar: Um an der Front verheizt zu werden. Obwohl sich Selenskyj dabei auch noch auffallend im Ton vergreift, genau wie sein deutscher Botschafter Melnyk, erntet er überall Begeisterung. Im Bundes-

tag gibt es sogar Standing Ovations für seine Suizidforderung an Deutschland. Verrückter hat sich wohl noch kein Parlament verhalten. Aber wie gesagt: Wir können ganz beruhigt sein. Es gibt keine Volksverräter, weil es nämlich gar kein Volk gibt! »›Sein Krisenmanagement machte Selenskyj binnen kurzer Zeit zu einer Heldenfigur‹, schreibt die ukrainische Essayistin und Verlegerin Kateryna Mishchenko« (*mdr.de*, 27.03.2022). »Aus dem Bürger Selenskyj ist der Held Selenskyj geworden, der jeden Tag im grünen T-Shirt so unerschrocken wie verletzbar vor sein Volk und die Welt tritt, um Mut zu machen, um für Hilfe zu werben, um Waffen zu erbitten und um [für] den Beitritt zur Europäischen Union zu kämpfen« (*Focus*, online, 04.03.2022). »Die Geschichte hat Selenskyj an einen Platz gestellt, der ihm nur eine Wahl lässt – nun auch Geschichte zu schreiben.« Sehr gut – und zwar schon bevor sie überhaupt stattfindet, denn schließlich befinden wir uns hier in der Film- und Drehbuchindustrie. Für die *Bild*-Zeitung ist Selenskyj ganz einfach »der Helden-Präsident« (online, 01.03.2022).
Wie hat es Selenskyj eigentlich so weit gebracht? *Wikipedia* behauptet, »Selenskyj kam in der Industriestadt Krywyj Rih (russisch Kriwoi Rog) im Südosten der damals noch sowjetischen Ukraine (Oblast Dnipropetrowsk) in einer russischsprachigen jüdischen Familie zur Welt«. Nach dem Gymnasium begann er als Trivialclown beziehungsweise Kleinkünstler und gründete eine Kabarettgruppe namens »Kvartal 95« (»Wohnblock 95«), aus der später eine ganze Fernsehproduktionsgesellschaft entstand. 2006 nahm er an dem Tanzwettbewerb *Tantsi z zirkamy* teil, einem Franchise-Ableger des amerikanischen Talmi-Spektakels *Dancing with the stars*. Produziert wurde die Show von dem TV-Sender 1+1 des (laut *Wikipedia*!) jüdischen Medienzaren Alexander Yefymovych Rodnyansky, einem Cousin von Boris Fuchsmann, dem seinerzeitigen Vizepräsidenten des Jüdischen Weltkongresses und Präsidenten der Jüdischen Gemeinde der Ukraine. Der Sender 1+1 war praktisch die Wiege und der Laufstall des Komödianten und kommenden Präsidenten Selenskyj. Später gehörte die TV-Station dem jüdischen Oligarchen Ihor Kolomojskyj, der Selenskyj zur nationalen Heldengestalt hochpäppelte. Aber lassen wir das – offenbar sieht *Wikipedia* überall Juden am Werk.

Auftragsmorde und Entführungen?

Kolomojskyj wiederum ist ein Großindustrieller, Milliardär und Oligarch, der Staatsbürgerschaften sammelt wie andere Leute Briefmarken. Und zwar bisher die der Ukraine, Zyperns und Israels: »In der Verfassung steht, dass die doppelte Staatsbürgerschaft verboten ist. Aber die dreifache ist nicht verboten«, so Kolomojskyj bauernschlau (*welt.de*, siehe unten). »Ihor Kolomojskyj ist ein aktives Mitglied der jüdischen Gemeinde seiner Heimatstadt« und natürlich »Philanthrop« – schreibt wer? Na, wer wohl. *Wikipedia*! Demnach finanzierte Selenskyis Ziehvater »den Bau eines der größten jüdischen Gemeindezentren in Osteuropa mit, das 2012 eröffnete Menorah Center in Dnipropetrowsk (heute Dnipro). Er spendete dafür rund 100 Millionen Euro. Im Jahr 2011 gründete er gemeinsam mit Wadym Rabinowytsch den proisraelischen, englischsprachigen Fernsehsender Jewish News One sowie das European Jewish Parliament.« Wie gesagt: Bitte jetzt keine antisemitischen Verschwörungstheorien – wie zum Beispiel auch die, dass Kolomojskyjs ukrainisches Bankhaus PrivatBank »Ende 2016 wegen Betrugs und zum Schutz des ukrainischen Finanzsystems verstaatlicht« worden sei (Quelle: Sie wissen schon). Von den Russen sei Selenskyj-Ziehvater Kolomojskyj »wegen Verdachts auf Auftragsmorde und Entführungen […] international zur Fahndung ausgeschrieben« worden, so *Die Welt* (online, 30.03.2015).

Ein anerkannter Kreditexperte

Dabei ist Kolomojskyj nichts weiter als ein anerkannter Kreditexperte. Zum Thema Tilgung meinte er zum Beispiel: »Nur Feiglinge zahlen Schulden zurück« (*Die Welt*, ebenda). Das heißt: So reden eigentlich nur Gauner, und zwar solche, die keine Strafe zu befürchten haben. Über seine Banken soll er jene Privatarmeen finanziert haben, deretwegen der ganze Ärger unter anderem begonnen hatte: das berüchtigte Asow-Regiment, das durch seine Nazi-Verehrung und sein brutales Vorgehen im Ukraine-Konflikt seit 2014 von sich reden gemacht hatte. »Das rechtsextreme ukrainische Freiwilligenregiment ›Asow‹ kämpft seit 6 Jahren gegen die Annexion der Ostukraine durch Russland. Europaweit rekrutiert es Neonazis für den Kampf an der Front«, schrieben die politisch völlig unverdächtigen *Belltower News* der politisch höchst verdächtigen Ex-Stasi-Mitarbeiterin Anetta Kahane. Und: »Aus dem ideologischen Bezug zum Nationalsozialismus macht das Regiment keinen Hehl. Sein Abzeichen ist eine stilisierte Wolfsangel, welche es mit der rechtsextremen ukrainischen Swoboda-Partei teilt. Partei und Regiment eint zudem die Verehrung Stepan Banderas, eines NS-Kollaborateurs und Kriegsverbrechers. Im Hintergrund des Logos ist oftmals eine schwarze Sonne, ein

Zeichen der SS, zu sehen« (online, 12.08.2020). Der Partisanenführer Stepan Bandera, der im Zweiten Weltkrieg auf der Seite der Deutschen kämpfte, liegt übrigens auf dem Münchner Waldfriedhof begraben, wo seine letzte Ruhestätte im April 2022 mit ukrainischen Fahnen und Blumen geschmückt wurde.

»Was Kolomojskyj so gefährlich macht«

Früher einmal, bevor seine pseudopolitische Kreatur Selenskyj ihre Rolle fand, hatten unsere Medien über Kolomojskyj wenig Vorteilhaftes zu berichten: »Er besitzt ein Milliardenvermögen und wähnt sich über dem Gesetz«, schrieb *Die Welt* 2015 (ebenda). »Was Kolomojskyj so gefährlich macht, war bereits Mitte des Vorjahres in einem internen Papier deutscher Nachrichtendienste zu lesen [...]. Der kolossale finanzielle Einfluss« des Selenskyj-Ziehvaters habe es ihm schon damals erlaubt, der »Führung des Landes praktisch seine Spielregeln zu diktieren«, heißt es darin. Ab 2015 wurde auf Kolomojskyjs Sender 1+1 für Selenskyj eine erstklassige Präsidentenwahlkampagne gestartet. In deren Rahmen durfte Selenskyj den Präsidenten zunächst einmal spielen – in der Serie *Diener des Volkes*. Darin verkörperte er etwas, wonach sich die Ukraine zutiefst sehnte – nämlich einen ehrlichen Staatschef. In *Diener des Volkes* stellte er einen durch und durch sympathischen Lehrer dar, der in einem Video gegen die grassierende Korruption wettert und daraufhin »entgegen allen Erwartungen zum Präsidenten der Ukraine wird« (arte, online, ohne Datum). Die TV-Serie nahm somit Selenskyjs wirkliche politische Laufbahn vorweg, seine Präsidentschaftskampagne fand praktisch in der Fernsehserie statt, mit zeitweise 20 Millionen Zuschauern. So machte sich der Komödiant mit Präsidentengehabe vertraut, während die Ukrainer umgekehrt mit Selenskyj bekannt gemacht wurden: Bevor sie ihn 2019 dann mit 73 Prozent wirklich wählten, wurden sie über mehrere Jahre hinweg mit einem grundehrlichen Märchenpräsidenten Selenskyj bestrahlt.

»Diener des Volkes«

Ja, die Ausstrahlung der dritten Staffel mit dem Titel *Choice* [= Wahl] begann praktischerweise kurz vor dem Start des Wahlkampfs im Frühjahr 2019. In der Staffel wurde Selenskyj endgültig zum großen Volkshelden aufgebaut, der trotz Verhaftung und Attentat unerschrocken gegen die um sich greifende Korruption kämpft, bis er schließlich einen finanziellen Zusammenbruch der Ukraine verhindert und das Land vereint. Kurz: zum Nationalhelden wird. Die Medienexpertin Diana Duzyk stellte fest, dass die Ausstrahlung der Serie vor den Wahlen »Teil des Wahlkampfs« gewesen sei (Deutsche Welle, online, 04.04.2019). Die Wahrheit ist: Eine bessere Kandidatenwerbung wurde noch nie erfunden. Selenskyjs Wahlkampagne suche »an Genialität ihresgleichen« fand auch das Magazin *Cicero.* Und: »Seit 2015 spielt Selenskyj die Hauptrolle in der populärsten ukrainischen Serie *Diener des Volkes*, in der ein einfacher Geschichtslehrer plötzlich Präsident wird. Gerade in dieser Woche ist die dritte Staffel der Serie angelaufen. Und am Tag vor den Wahlen wird der Sender einen Dokumentarfilm über einen anderen Schauspieler zeigen, der Präsident wurde: Ronald Reagan. Gesprochen wird der Film von […] Wladimir Selenskyj […].« Womit die Figur Selenskyj auch mit dem populären US-Präsidenten Reagan verschmolz. »Dass Selenskyjs Serie auf dem Sender des Oligarchen Igor Kolomojskyj läuft, legt den Verdacht nahe, dass der Schauspieler lediglich eine Puppe in den Händen des Oligarchen ist […]« (*Cicero*, online, 28.03.2019). Verschwörungstheorie! Denn das hieße ja auch, dass Selenskyj seit mindestens 2015, dem Startjahr der Serie, zum Präsidenten auserkoren wurde – wahrscheinlich noch viel früher, denn eine solche Serie bedarf natürlich jahrelanger Vorbereitung. Das kann doch kein Mensch glauben! Na gut: Wahrscheinlich ist es deshalb auch reiner Zufall, dass der populäre, ebenfalls einen sehnlichen Wunsch der Ukrainer repräsentierende Serientitel *Diener des Volkes* zum Namen seiner politischen Partei gemacht wurde. Dabei ist das nicht einmal falsch – die Frage ist nur, welches Volk gemeint ist.

Überall Juden am Werk?

Denn woher kam eigentlich dieser Gutsherrenton? »Kein ukrainischer Führer habe zuvor so unverblümt mit dem Westen gesprochen«, sagte die Kommunikationsberaterin Yaryna Klyuchkovska (*newstextarea.com*, 27.02.2022). Um nicht zu sagen: tolldreist. Tatsächlich fragte man sich, wer hier die Chuzpe hatte, so vor den globalen Parlamenten zu sprechen: ein Schauspieler, der vom Größenwahn geschüttelt wurde? Oder vielmehr eine Bauchrednerpuppe, durch die ganz andere globale Kräfte sprachen? »Ist der Clown nur eine Puppe?«, fragte sogar das Mainstream-Politmagazin *Cicero* (online, 28.03.2019). Fest schien jedenfalls zu stehen: Der Mann genießt Unterstützung von ganz oben. Doch was ist auf diesem Planeten eigentlich »oben«? Die Amerikaner? Die Briten? Die Freimaurer? Die Rothschilds? Die Illuminaten? Oder etwa doch – Gott bewahre! – die Juden? Aber das ist natürlich Quatsch: Zwar scheint, wie *Wikipedia* behauptet, Selenskyj tatsächlich Jude zu sein. Zwar spielten Juden auch eine zentrale Rolle in seiner Karriere – wie ebenfalls *Wikipedia* behauptet. Zwar freute sich auch die *Jüdische Allgemeine,* »die Ukraine wird bald neben Israel das einzige Land der Welt mit einem jüdischen Präsidenten und einem jüdischen Premierminister sein« (online, 23.04.2019). Zwar machte Präsident Selenskyj (ebenfalls laut *Wikipedia*) 2020 das jüdische Neujahrsfest Rosch ha-Schana zum Nationalfeiertag der Ukraine. Zwar wurde Selenskyj (ebenfalls laut *Wikipedia*) in den Fernsehsendern eines jüdischen Oligarchen hochgepäppelt (Kolomojskyj). Aber das alles beweist eben nicht, dass Selenskyj eine jüdische »Puppe« ist, sondern dass das populäre Online-Lexikon *Wikipedia* ein Hort antisemitischer Verschwörungstheorien ist. Und außerdem: Ich bin natürlich für Selenskyj – wie die meisten Deutschen bin ich einfach für jeden, der oben ist.

Vom Versager zum Helden

Aber Moment! Vor Kurzem war Selenskyj doch noch ganz unten: ein Versager, ein Blindgänger, eine Niete! Kann sich daran denn niemand mehr erinnern? »Selenskyjs Sieg ist Ausdruck eines kranken politischen Systems«, befand die *Süddeutsche Zeitung* (online, 22.04.2019) über den jüdischen Politiker. »Korrupt wie eh und je« sei die Ukraine, schimpfte die »Alpen-*Prawda*« auch noch am 25. Februar 2021 und beklagte Selenskyjs »Unwillen zu echten Reformen«. Ein »peinliches Netzwerk« entdeckte auch die *Berliner Zeitung* am 16. Oktober 2021 unter Selenskyj, »unabhängige Institutionen« gebe es »weiterhin nicht«, tadelte wiederum die SZ (ebenda). Was wieder einmal beweist, dass man Journalisten an- und ausknipsen kann wie eine Stehlampe. Oder wie einen Armleuchter. Nach Putins »Angriffskrieg« wirkte Selenskyj nämlich plötzlich wie reingewaschen. Die russische Attacke war wie eine Katharsis für den Mann: In dem Moment, als Russland in der Ukraine einmarschierte, mutierte der frühere »Korruptus« und Versager plötzlich zum unantastbaren Heilsbringer.

Ein Segelboot in der Flaute

Aber dafür, also für die Rolle als Kriegsheld, bedurfte es erst einmal einer bestimmten Wartezeit. Nach Selenskyjs Wahl 2019 herrschte zunächst Ernüchterung: »2 Jahre vorsichtiges Agieren«, sah der Deutschlandfunk. »Die Zwischenbilanz seiner Regierung« falle eher »bescheiden aus«. »Anfänglicher Schwung ging schnell verloren«, zitierte der Sender Tetjana Schewtschuk vom ukrainischen Zentrum für Korruptionsbekämpfung (online, 15.04.2021). Kurz: Der erwartete Ruck blieb aus. Der neue Präsident hielt sich im Wesentlichen bedeckt und setzte keine großen Akzente – ganz ähnlich wie George W. Bush vor dem 11. September 2001: Vor den Attentaten auf das World Trade Center und das Pentagon herrschte Flaute in Bushs Amtszeit, als würde der damals neue US-Präsident auf irgendetwas warten. Ja, angesichts seines linkischen Verhaltens und der vielen verbalen Fehlleistungen drohte sich Bush junior zur internationalen Lachnummer zu entwickeln. Im Internet schossen Websites wie *bushisanidiot.com* wie Pilze aus dem Boden. Aber es war nur die Ruhe vor dem Sturm, während der der Pinocchio wartete, dass ihm jemand Leben einhauchen würde. Und das geschah am 11. September 2001. Plötzlich hatten Bush und die USA ihre Bestimmung gefunden. Und die lautete Krieg. Die Anschläge waren das Startsignal für die Waffengänge gegen Afghanistan, den Irak und andere »Terrorstaaten«. Plötzlich hatte Bush etwa sechzig »Schurkenstaaten« im Visier – von den USA einmal abgesehen natürlich, denn in den Spiegel schauen die US-Regierungen nicht so gern. Ganz ähnlich lief es nun bei Selenskyj. Zunächst agierte er wie jemand, der nicht so recht wusste, welche Richtung er einschlagen sollte. Die neue Präsidentschaft dümpelte etwa 2 Jahre lang vor sich hin, bis der 24. Februar 2022 kam, als Russland in die Ukraine einmarschierte. Erst damit fand Selenskyj seine Rolle und Bestimmung zugleich. Kurz:

- Beide, Bush und Selenskyj, wurden für einen Krieg installiert.
- Beide, Bush und Selenskyj, warteten auf diesen Krieg und bekamen ihn dann auch.
- Und beider Länder wurden natürlich »angegriffen«.

Was denn sonst? Der (behauptete) Aggressor ist schließlich nie der (wahre) Aggressor. Alles andere wäre etwas für Anfänger. Und Anfänger sind die USA nun einmal nicht.

Krieg, Krieg und nochmals Krieg

Bei seiner Rede vor dem US-Kongress 2022 erinnerte Selenskyj die Amerikaner an Pearl Harbor 1941 und den 11. September 2001. Schon das war genau genommen eine Frechheit: Der Staatschef einer eigentlich unbedeutenden Macht glaubt, die amerikanischen Volksvertreter an zentrale Wendepunkte ihrer Geschichte erinnern zu müssen. Aber der Bezug auf diese beiden Ereignisse bedeutete: Selenskyj will Krieg, Krieg und nochmals Krieg. Denn der Überfall der Japaner auf den Hawaii-Hafen Pearl Harbor war das Startsignal für den Eintritt der Vereinigten Staaten in den Zweiten Weltkrieg. Der 11. September 2001 war der Auftakt für mehrere völkerrechtswidrige und blutige Kriege der USA gegen militärisch weit unterlegene, nicht aggressive Mächte (Afghanistan, den Irak, Libyen). Der Bezug auf diese beiden Ereignisse barg jedoch eine unbeabsichtigte Ironie, denn beide Kriegsgründe wurden von den Amerikanern selbst inszeniert beziehungsweise zugelassen. Selenskyj, der nette und etwas tolpatschige Lehrer aus der TV-Serie *Diener des Volkes*, verwandelte sich jedenfalls plötzlich in einen furchterregenden Kriegsherren. Dabei war das nicht der Deal: Denn Selenskyj wurde für sein Versprechen der Korruptionsbekämpfung gewählt. Dem kam er nicht nur nicht nach, sondern er tat das genaue Gegenteil: Krieg ist nämlich der Gipfel der Korruption.

»Sie wurden nicht vom Himmel aus getötet ...«

Doch zurück zum 17. März und Selenskyjs Rede im Deutschen Bundestag, wo er um Unterstützung durch Deutschland »bat«: »Wenn Sie sich daran erinnern, was für Sie die Berliner Luftbrücke bedeutete, die umgesetzt werden konnte, weil der Himmel sicher war. Sie wurden nicht vom Himmel aus getötet, so wie es jetzt in unserem Land geschieht [...].« Nun ja, bis auf die paar Hunderttausend bis Millionen Deutsche, die in Dresden, Hamburg und anderen deutschen Städten bei lebendigem Leibe durch Brandbomben gegrillt wurden. Aber das waren ja nur Deutsche, also ein quasi vernachlässigbares Thema. Und auch heute kann man Deutschland wieder an der Front verheizen. Selenskyj will das ebenso: »Warum stellte sich heraus, dass Staaten in Übersee uns näher sind als Sie?«, fragte er vorwurfsvoll. »Es ist schwer, die Ukraine zu verteidigen, Europa zu verteidigen. Ohne das, was Sie tun können«, legte er nach und mahnte: »Was Sie tun können, um nicht auch nach diesem Krieg beschämt zurückzublicken [...]. Denn was bedeutet sonst die historische Verantwortung für das, was vor 80 Jahren geschah, was bis heute gegenüber dem ukrainischen Volk nicht gesühnt wurde?« Ein kleiner Wink mit dem Zaunpfahl: Man könnte ja noch immer Reparationen verlangen: Vorwärts, oder wir verlangen Geld.

Das Böse regiert die Welt

Nach der anmaßenden und beleidigenden Rede flog Selenskyj nicht etwa aus dem Bundestag (beziehungsweise wurde ihm nicht der Monitor abgestellt). Sondern die »Volksvertreter« des geschmähten und todgeweihten Volkes begrüßten ihre Rolle als Opferlamm und spendeten dem dreisten Einpeitscher wie gesagt Standing Ovations. Denn hier sprach eben nicht das Retortenbaby Selenskyj, hier sprachen die Chefs. Und die verkündeten durch den Mund von Selenskyj schon einmal ihre endgültigen Pläne für die Ukraine: »Wir werden wie ein großes Israel sein«, wurde Selenskyj in der *Jüdischen Allgemeinen* zitiert, und »wir sollten [dann] nicht überrascht sein, wenn wir Vertreter der Streitkräfte oder der Nationalgarde in Kinos und Supermärkten oder bewaffnete Menschen sehen.« Die Israelis, zitierte das Blatt weiter, »seien während ihrer ganzen Geschichte von Feinden umringt gewesen und existierten trotzdem weiter. Die Ukraine werde es Israel diesbezüglich nachtun, so der Präsident, der selbst Jude ist« (online, 06.04.2022). Was sich so anhört, als ob sich die Ukraine in einen jüdischen Polizei- und Militärstaat verwandeln und ein ständiger Unruheherd zwischen Ost und West werden soll, im ständigen Krieg und Streit mit seinen Nachbarn.
Aber das ist natürlich Blödsinn. Wie auch der folgende angebliche Sachverhalt: Laut Google-Übersetzer bedeute Selenskyjs Name in der englischen Transkription »zele nsky volodo myr«: »Das Böse regiert die Welt.« Unfassbar, nicht wahr? Dies ist heute zum Glück nicht mehr zu sehen. Schon kurze Zeit später reagierten die Online-Übersetzer nicht mehr auf die Phrase. Sowohl bei Google-Übersetzer als auch bei *translate.eu* und *deepl.com* wurde die Wortfolge »zele nsky volodo myr« plötzlich ignoriert und im Zielfenster ganz einfach unübersetzt wiedergegeben: »zele nsky volodo myr«. Sofort trat auch die Wahrheitsfeuerwehr auf den Plan, nämlich die »Fakten-Checker« der Nachrichtenagentur *Reuters*: »Selenskyjs Name lässt sich nicht mit ›Das Böse regiert die Welt‹ übersetzen«, stellte die Agentur klar (online, 12.10.2022). Unglücklicherweise aber wurde der Vorgang mehrfach dokumentiert, unter anderem

03

auch in Bildschirmvideos. Dabei wurde der peinliche Übersetzungsvorgang Schritt für Schritt aufgezeichnet:

1. zele = schlecht
2. zele nsky = teuflisch
3. zele nsky volodo = böser Herr
4. zele nsky volodo myr = das Böse regiert die Welt

Auch nach der Lösch- beziehungsweise »Berichtigungsaktion« auf den Übersetzer-Portalen ergab die Eingabe »zele« zum Beispiel auf der Internetseite *Deutsch Ukrainisch Übersetzung online* (*https://www.webtran.de/ukrainian/*) zumindest noch »das Böse«. Und gibt man auf der Google-Hauptseite den Suchbegriff »Übersetzer« ein, bietet die Suchmaschine auf der Ergebnisseite zuoberst zwei kleine Eingabefenster an, in denen man zumindest ein, zwei Sätze übersetzen kann: Während die gesamte Phrase »zele nsky volodo myr« dabei ignoriert wird, wird »zele« immer noch mit »schlecht« und »zele nsky volodo« mit »böser Herr« übersetzt (Stand: Oktober 2022). Ob diese Übersetzung auch korrekt ist, steht auf einem anderen Blatt; darüber mögen sich Experten für die ukrainische Sprache streiten. Ich glaube, das ist natürlich reiner Unsinn: »Der ukrainische Präsident ist zur moralischen Instanz für die Welt geworden«, hatte schließlich die früher so kritische *Süddeutsche Zeitung* inzwischen herausgefunden (*sueddeutsche.de*, 28.02.2022). Zuvor, im Cache, hatte die Überschrift sogar noch folgendermaßen gelautet: »Ukraine: Wolodymyr Selenskyj war schon lange ein Held« (laut *dushanwegner.com*, 01.03.2022). Eben. Und dem möchte ich mich aus vollem Herzen anschließen.

27. März
Waffenlobby: die grausame Eminenz

An diesem Morgen stand ich unwillkürlich stramm: »Wehrhaftigkeit, Wehrwilligkeit, Wehrfähigkeit, das bedingt einander«, zitierte der *Münchner Merkur* eine Politikerin mit einem schwer zu merkenden Namen: »Wenn ich ein Land wehrfähig mache, also die Bundeswehr entsprechend ausrüste, muss auch der Wille da sein, im Ernstfall das Land zu verteidigen« (online, 27.03.2022). – »Jawohl!«, war ich versucht zu rufen – aber dann stand ich doch erst einmal wieder bequem. Seit dem Beginn des

Ukraine-Krieges ist diese grausame Eminenz vom TV-Bildschirm nicht mehr wegzudenken. Aber wer ist eigentlich diese Strack-wer? Nun, an dieser Stelle nur so viel: Die Dame ist eine jener Personen, die den großen Waffenkartellen beim Plündern der Staatskasse hilft. Und damit beim Plündern jedes einzelnen Bürgers.

Alle Räder rollen für den Sieg

Denn nachdem die Impfindustrie ihr großes Fressen hinter sich hatte, beziehungsweise gerade mal eine Pause einlegte, saß nun ein anderes fettes Kartell am Futternapf: die Rüstungsfabrikanten. Wie schon in George Orwells Roman *1984* beschrieben, werden die Menschen von diesem Kartell ausgebeutet, bis sie nur noch in ärmlichen Verhältnissen leben. Die Waffenhersteller brauchen einen Krieg wie der Einzelhandel Weihnachten. Und im Frühling und Sommer haben Outdoor-Aktivitäten nun einmal Hochkonjunktur: Flugzeuge, Drohnen und Panzer sind Saisonware und müssen bei Sonnenschein und blauem Himmel losgeschlagen werden. Während im Winter gewöhnliche Erkältungen in Corona umgelogen werden, werden im Frühjahr natürliche Kooperationspartner wie Russland zu Feinden umgelogen. Immer schön verkehrt herum, lautet die Devise. Der frühe Kriegsbeginn am 24. Februar war optimal: Die gesamte Freiluftsaison war damit für die Kampfhandlungen reserviert. Verkaufsgespräche mussten schließlich auch noch geführt und Lieferungen abgewickelt werden. So konnte es ja auch leicht April oder Mai werden, bis es heißen würde: Alle Räder rollen für den Sieg – und zwar für den Sieg der (US-)Waffenindustrie. Und so bevölkerten plötzlich nicht mehr die Drostens, Faucis, Montgomerys und andere Pharmagespenster die Bildschirme, sondern die Sekundanten der Rüstungsindustrie, die die Menschen nicht mit dünnen Injektionsnadeln um die Ecke bringt, sondern gleich mit Gewehrläufen und dicken Panzerrohren voll Blei pumpt.

Von Vampiren und Blutsaugern

Besonders rührig ist da ein anämischer Vampir mit einer gewissen Ähnlichkeit zu Christopher Lee. Der – beziehungsweise die – Arme ist schon ganz blutarm: Ihr Gesicht ist fast so kalkweiß wie die Haare, sodass man Angst bekommt, sie könnte im Sonnenlicht zu Asche zerfallen. Und auf ihrem offiziellen Foto sind ihre Lippen verdächtig rot. Nun fällt mir auch der Name wieder ein: Marie-Agnes Strack-Zimmermann, führende Rüstungslobbyistin und Vorsitzende des Verteidigungsausschusses im Bundestag, wo die Waffenindustrie mit am Tisch sitzt. Während uns Drosten und Konsorten eine Krankheit einredeten, wollen uns diese Leute einen Krieg verkaufen. Und wenn diese Vampire erst einmal zu saugen beginnen, wird es blutig. Natürlich nicht für sie, sondern für andere: auf dem Schlachtfeld. Denn dass dort Blut fließen wird, ist sicher. Und natürlich Geld. Dabei ist auch unser Staatshaushalt schon weitgehend blutarm. Finanziell gesehen wird daher »Blut« gesaugt, das es gar nicht gibt, quasi »fiktives« oder »Fiat-Blut«.

Eine Mords-Party

Oder wie die Politiker das nennen: »Sondervermögen«. Das gibt es nämlich auch nicht. Oder, so der Deutschlandfunk etwas ehrlicher: »Sonderausgaben« (online, 03.06.2022). Nicht doch: Nur wenn man das »Sondervermögen« nennt, wird aus Ausgaben plötzlich ein »Vermögen«. Gut, wie? So ähnlich wie »Minuswachstum« (für Schrumpfung), Vorwärtsverteidigung (für einen Angriffskrieg) und »Fiktion der Nichteinreise« (für bereits eingereiste Asylbewerber in einem »Transitzentrum«). Tja, unsere Politiker sind diesbezüglich kreativ. Sogenannte Sondervermögen sind Haushaltshintertürchen, die zusätzliche Ausgaben und gegebenenfalls Kredite jenseits des Bundeshaushalts erlauben. Auf diese Weise wurde der Haushalt des Bundesverteidigungsministeriums im Frühjahr 2022 einfach mal verdreifacht: Zu den 50 Milliarden Verteidigungsetat kamen noch einmal 100 Milliarden »Sondervermögen« (= Kredite) hinzu. In Wirklichkeit sind es also Schulden. Der Rüstungsindustrie ist das egal, denn wenn das Geld auf ihre Konten fließt, sind es ja Einnahmen: »Ukraine: Die Rüstungsgiganten der Welt verdienen im Stillen Milliarden«, so *The Conversation*, ein akademisch unterstütztes Nachrichtenportal, dessen Berichte von Journalisten und Wissenschaftlern gemeinsam geschrieben werden. Und: »Die russische Invasion in der Ukraine ist wegen ihrer ungerechtfertigten Aggression weithin verurteilt worden […]. Weniger diskutiert wird die fast eine halbe Billion Dollar (381 Milliarden Pfund) schwere Rüstungsindustrie, die beide Seiten mit Waffen beliefert, und die beträchtlichen Profite, die sie daraus ziehen wird. Der Konflikt hat bereits zu einem massiven Anstieg der Verteidigungsausgaben geführt. Die EU kündigte an, Waffen im Wert von 450 Millionen Euro (375 Millionen Pfund) zu kaufen und an die Ukraine zu liefern, während die USA zusätzlich zu den über 90 Tonnen Militärgütern und 650 Millionen US-Dollar allein im vergangenen Jahr 350 Millionen US-Dollar an Militärhilfe zugesagt haben« (online, 09.03.2022). Eine »Mords-Party« sozusagen.

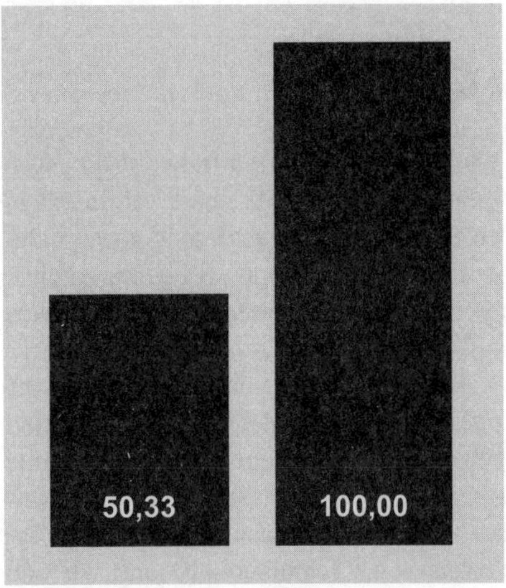

Verdreifachung des Wehr-Etats (in Milliarden Euro): Bundeswehrhaushalt und Bundeswehr-»Sondervermögen«

Übrigens: Die oben genannten Pharmafreunde sind natürlich alles Ehrenmänner – so auch Strack-Zimmermann. In den vergangenen Jahren war er beziehungsweise sie als Stellvertretende Vorsitzende der FDP auf Bundesebene jedoch ein politischer Ladenhüter. »Politische Insider kannten sie, aber sonst?«, fragte *t-online.de* am 23. Juni 2022. Deswegen wird es Zeit, sich einmal mit dieser Dame zu beschäftigen. Ihre Heimat ist der Mutterboden des Kanonenkonzerns Rheinmetall: Düsseldorf, wo sie von 2008 bis 2014 Erste Bürgermeisterin spielen durfte. Mit Erfolg: Bei der Bundestagswahl 2017 erhielt die FDP in ihrem Wahlkreis mit fast 20 Prozent das beste Zweitstimmenergebnis der »Freien Demokraten« in Deutschland. »Wer mit Marie-Agnes Strack-Zimmermann durch Düsseldorf spaziert, könnte glauben, mit einem politischen Popstar unterwegs zu sein«, beobachtete *t-online.de* am 23. Juni 2022. »Alle paar Minuten schallt es ihr im rheinischen Dialekt entgegen: ›Frau Strack-Zimmermann, lösen Sie den Lindner ab!‹, ›Frau Strack-Zimmermann, werden Sie doch Bundespräsidentin!‹, ›Frau Strack-Zimmermann, gut, dass es Leute wie Sie gibt!‹.« Das würde die Rüstungsindustrie wahrscheinlich auch sofort unterschreiben. Aber ob diese Menschen auch jubeln würden, wenn sie wüssten, was Strack-Zimmermann sie kostet: jede Menge Geld und irgendwann vielleicht auch das Leben – jedenfalls das Leben, das sie bisher kannten. Schließlich dürfte die Aufrüstung der Ukraine und die Verwicklung in den Krieg mit Russland für Deutschland nicht ohne Folgen bleiben.

Waffen, Waffen und nochmals Waffen

Was natürlich längst vergessen ist: Dabei war die Frau früher strikt gegen Waffenhilfe für die Ukraine. Noch Ende Januar 2022 hatte sie in einem Phoenix-Interview »den aktuellen Kurs der Bundesregierung gegen mögliche Waffenlieferungen an die Ukraine verteidigt« (Phoenix, online, 27.01.2022). »Wir haben verabredet, keine schweren Waffen in diesen Konflikt zu schicken, um diesen Konflikt nicht zu erhöhen«, sagte Strack-Zimmermann. »Bilder von der Verladung von deutschen Panzern für die Ukraine wolle man nicht produzieren.« Dann kam der Ukraine-Krieg, und plötzlich war die Gute wie ausgewechselt. Mit einem Mal war die Dame der Meinung, dass die Deutschen viel zu langsam kaufen, nämlich Waffen. Auf dem Rüstungsstrich heißt das nicht Anschaffen, sondern »Beschaffen«. »Wir beschaffen zu langsam, wir schreiben alles aus, wir sind viel zu detailverliebt, wir machen immer deutsche Lösungen, dabei gibt es auf dem Markt Produkte, die man so kaufen kann«, so Strack-Zimmermann (laut Deutschlandfunk, online, 06.03.2022). Nach dem Motto: Kauft den anderen Bündnispartnern endlich irgendetwas ab, egal was. Auf dem Strich ist man nicht wählerisch. »Die Vorsitzende des Verteidigungsausschusses, Marie-Agnes Strack-Zimmermann, plädierte für deutlich mehr Entschlossenheit in der Sicherheitspolitik«, meldete am 27. März 2022 die *Süddeutsche Zeitung*. Und »Entschlossenheit« heißt übersetzt: Waffen, Waffen und nochmals Waffen – je mehr, desto entschlossener.

»Putin ist ein Massenmörder«

Seit in der Ukraine die Waffen sprechen, spricht auch Strack-Zimmermann, und zwar ununterbrochen:

- »Ukraine-Krieg: Strack-Zimmermann fordert mehr Waffen« (*Frankfurter Rundschau*, 10.06.2022),

- »Strack-Zimmermann fordert schnelle Genehmigung für deutsche Panzer aus Spanien« (*Der Spiegel*, 07.06.2022),
- »Strack-Zimmermann verlangt Klartext im Zusammenhang mit Waffenlieferungen an die Ukraine« (*presseportal.de*, 23.04.2022).

Ja, in Sachen Knarren hat Strack-Zimmermann die Führung übernommen und sitzt gleichzeitig als Vorsitzende des »Verteidigungsausschusses« im Bundestag. Keine 100 Meter Luftlinie von dort entfernt »haben zahlreiche Lobbyrepräsentanzen großer Rüstungsunternehmen ihren Sitz« (*rnd.de*, 16.09.2019). Während Kanzler und Verteidigungsministerin zagen und zaudern, redet die Dame Klartext und schreckt auch vor Volksverhetzung nicht zurück – jedenfalls aus meiner Sicht: »Wladimir Putin ist ein Massenmörder« (SWR2, online, 28.06.2022). Aber das macht nichts, denn falls Sie es noch nicht bemerkt haben sollten: Gesetze sind in Deutschland zunehmend ohne Relevanz, jedenfalls wenn sie unsere »Eliten« betreffen könnten.

Mitte April schließlich reiste sie »gemeinsam mit dem Chef des Auswärtigen Ausschusses, Michael Roth, und dem Vorsitzenden des Europaausschusses, Anton Hofreiter, in die Ukraine«, berichtete *t-online.de*. Eine interessante Mischung. Nach der Butterfahrt in die Ukraine war die Reisende in Sachen Waffen nicht nur wie ausgewechselt, sondern auch unverwundbar. Wahrscheinlich hatte sie mit denselben Chefs Kontakt wie Selenskyj, die hauptsächlich im Befehlston sprechen: »Strack-Zimmermann forderte damals: Waffenlieferungen, jetzt« (*t-online.de*, 23.06.2022) und legte dem Kanzler gleich mal den Rücktritt nahe. »Für die, die diese Rolle nicht annehmen wollen, sage ich: Dann sitzen sie möglicherweise im falschen Moment am falschen Platz.« Vielleicht habe Scholz »Ladehemmung«, ahnte sie forsch (ntv, 12.04.2022). »Es war politisches Harakiri«, so *t-online.de* – »als Mitglied der Regierungskoalition. An so etwas kann schnell mal die eigene Karriere zerschellen« (ebenda). Nicht bei Strack-Zimmermann. In der Ukraine hatte sie wahrscheinlich den Biss der Bisse erhalten und war fürderhin ebenfalls unverwundbar wie ein Vampir. Denen muss man, um sie außer Gefecht zu setzen, bekanntlich einen Pflock in ihr kaltes Herz rammen. Denn tot sind sie ja schon. Spaß beiseite – es passierte: nichts. »Kein Schaden für Strack-Zimmermann, aber auch keine Waffenlieferungen«, schrieb *t-online.de*. Doch von irgendwem hatte sie in der Ukraine das Okay erhalten, Olaf Scholz vor sich herzutreiben: Also machte sie weiter und lud den Kanzler zu einer Tasse Blut zu sich in die Gruft beziehungsweise in den Verteidigungsausschuss vor. Aber siehe da: Noch bevor Scholz in der schaurigen Kammer Rede und Antwort stehen musste, verkündete er plötzlich: »Die Waffen werden nun geliefert.« Vor dem Verteidigungsausschuss sei es dann richtig gemütlich geworden, beziehungsweise »eher eine Formsache« gewesen, so *t-online.de*: »Strack-Zimmermann hatte ihr Ziel erreicht.« Na dann »Prost!«.

Mit guten Freunden auf du und du

Sieht man sich die Vernetzungen von Frau Strack-Zimmermann an, wundert einen das keinen Bissen beziehungsweise kein Bisschen. So sitzt sie beispielsweise im Förderkreis Deutsches Heer (FKH): »Dem Verein gehören über einhundert Unternehmen aus Rüstungsindustrie und verwandten Wirtschaftszweigen an, wie auf der Vereinsseite einzusehen ist. Das Brisante daran: Neben Rüstungslobbyisten und Offizieren gehören – Lobbycontrol zufolge – ebenfalls sechs Bundestagsabgeordnete aus dem für Rüstungsfragen zuständigen Verteidigungsausschuss dem Förderkreis an« (*nd-aktuell.de*, 16.09.2019). Darunter auch Strack-Zimmermann: »Diese seien durch die Weitergabe interner Informationen hilfreich für die Rüstungslobby und könnten Einfluss auf Vergabeverfahren nehmen [...]. Vizepräsident des Vereins ist derzeit der Abgeordnete Oswin Veith (CDU)« (*nd-aktuell.de*, ebenda). Obschon eine Marketingabteilung der Waffenindustrie, ist der FKH ein gemeinnütziger Verein (e. V., Vereinsregisternummer VR 6971). Oder sollte ich sagen: »gemein nützlich«? Zwar darf ein eingetragener Verein eigentlich keinen wirtschaftlichen Zwecken dienen (»nicht-wirtschaftlicher Verein«). Aber »Zweck des Vereins«, heißt es auf der FKH-Website, »ist die Förderung gemeinschaftlicher Interessen der Mitglieder gegenüber Staat und Gesellschaft, Wirtschaft und Wissenschaft [...]«. Und die »gemeinschaftlichen Interessen« sind nun mal schnell beschrieben: Geld, Geld und nochmals Geld. Die rund 200 Mitglieder des FKH rekrutieren sich fast ausschließlich aus Rüstungsunternehmen. Im Mitgliederverzeichnis fänden sich Rheinmetall, Krauss-Maffei Wegmann, EADS, Diehl und Renk. »Dem Verein gehören aktive und ehemalige Offiziere, Bundestagsabgeordnete und hochrangige Vertreter der deutschen Rüstungsindustrie an« (*Die Welt,* online, 24.08.2005).

Privilegierter Zugang zu Abgeordneten

»Die Einbindung von Parlamentariern, zu denen auch Mitglieder des Verteidigungs- und Haushaltsausschusses gehören, in den Förderkreis

Deutsches Heer (FKH) verschafft der Rüstungsindustrie einen privilegierten Zugang zu Personen, die über die Höhe des Verteidigungshaushalts und die Bewilligung von militärischen Großprojekten entscheiden«, heißt es bei *Lobbypedia*. Und: »Die Lobby-Aktivitäten des FKH reichen von Info-Lunches und Parlamentarischen Abenden bis hin zur Organisation von Symposien und der Betreuung von gemeinsamen Auftritten auf Rüstungsmessen. Mit dem Arbeitskreis ›Young Leaders‹ des FKH sollen junge Führungskräfte aus Politik, Wirtschaft und Heer schon frühzeitig vernetzt werden.« Schließlich ist Strack-Zimmermann noch bei der Deutschen Atlantischen Gesellschaft aktiv, natürlich ebenfalls ein steuerbegünstigter e. V. Woher der Wind dort weht, ist anhand der Windrose im Logo nicht schwer zu erraten: Es ist das Logo der NATO, nur etwas anders eingefärbt. Und dann wäre da noch die Deutsche Gesellschaft für Wehrtechnik (DWT): »Hier arbeitet sie im Präsidium unter anderem mit den Verantwortlichen folgender Rüstungskonzerne zusammen: Lockheed Martin, Thyssen-Krupp, Airbus, Daimler, Rheinmetall, Krauss-Maffei Wegmann, Diehl und der französischen Thales-Gruppe. Somit ist sie bestens vernetzt mit der Rüstungslobby, und so ist es nur verständlich, dass diese Frau beständig die Lieferung von Panzern und so weiter in die Ukraine fordert« (*kla.tv*, online, 30.04.2022). Für Abrüstung und Verhandlungen mit Russland habe sie »überhaupt kein Verständnis. Kein Einsatz von Waffen, kein Ende des Krieges« (*Frankfurter Rundschau*, online, 10.06.2022) Ach ja, stimmt: Es gibt ja nicht nur Kriege, sondern auch noch Menschen, die von Kriegen betroffen sind. Und natürlich kämpft Strack-Zimmermann nur für die Menschen in der Ukraine. »Während wir hier debattieren, sterben Tausende Menschen«, erklärte sie ungeduldig beim Nachrichtensender der *Welt* (24.04.2022). Und das soll auch so bleiben. Schließlich will sie Waffen mitten in ein Kriegsgebiet liefern – je mehr, desto besser …

Thema des Monats

11.4. Lastenausgleich: Politiker bereiten Enteignung vor

7.4. Aufgrund von Berichten über russische Menschenrechtsverletzungen in der Ukraine setzen die Vereinten Nationen Russlands Mitgliedschaft im UN-Menschenrechtsrat aus – **7.4.** Nordrhein-Westfalens Umweltministerin Ursula Heinen-Esser (CDU) tritt nach dem Skandal um ihr Fehlen während der Flutkatastrophe vom Juli 2021 zurück – ***11.4. Lastenausgleich: die Grenze zwischen Mein und Dein*** – **11.4.** Anne Spiegel, während der Ahrtal-Katastrophe Umweltministerin von Rheinland-Pfalz, tritt wegen damaliger Versäumnisse von ihrem aktuellen Amt der Bundesfamilienministerin zurück – ***14./15.4.*** **Titanic*****: mit Volldampf ins Eisfeld*** – **20.4.** Die umstrittene Co-Vorsitzende der Linken im Bundestag, Susanne Hennig-Wellsow, tritt von ihrem Amt zurück – ***23.4. Kurz nach dem Einmarsch Russlands in die Ukraine ändert sich in Mitteleuropa plötzlich die Hauptwindrichtung – 24.4. Hubschrauber: fliegende Banane oder fliegende Gurke?*** – **29.4.** Boris Becker wird in London wegen finanzieller Unregelmäßigkeiten zu 2 Jahren und 6 Monaten Haft verurteilt

11. April
Lastenausgleich: die Grenze zwischen Mein und Dein

11. April. Hmm – die Sonne scheint, die Vögel zwitschern: Zum ersten Mal nehme ich wieder in meinem Lieblingsbiergarten Platz! Ohne Maskenpflicht, ohne 2- oder 3G. Ganz normal! Und da ist ja auch der Chef! Lange nicht mehr gesehen – wie geht's? Ach, ihm ginge es gut, meint er und nimmt mich beiseite: 300 000 Euro Entschädigung habe er bisher für die Coronazeit bekommen, raunt er. Donnerwetter! Noch während ich mich für ihn freue, wird mir schwindlig – denn das ist ja nur ein Lokal: ein mittelgroßes Café/Restaurant mit einem kleinen Biergarten. Die Zahl der zu entschädigenden Gaststätten muss aber in die Hunderttausende gehen, von den anderen Betrieben und Großkonzernen, die während der »Pandemie« ebenfalls unter Stilllegungen oder Kundenschwund litten, ganz zu schweigen. Wenn ein kleines bis mittleres Café/Restaurant 300 000 Euro erhalten hat – was ist dann mit dem Rest der Wirtschaft? Nun, allein der Lufthansa zum Beispiel wurde mit 9 Milliarden Euro unter die Arme gegriffen, rechnete die *Tagesschau* bereits am 16. August 2021 vor. Diese Gelder waren der Hauptgrund, warum keine einzige Branche gegen den zerstörerischen Coronairrsinn aufbegehrte – weder die Gastronomen noch die Einzelhändler oder eben die Fluggesellschaften: weil die gesamte deutsche Wirtschaft vom Staat gekauft wurde – mit Schweigegeld. Wer aufgrund der Umsatzrückgänge und staatlichen Hilfen plötzlich vom Staat abhängig war, der hielt lieber den Mund und ging auch nicht demonstrieren. Bei den Demonstranten traf man dann wohl vorwiegend diejenigen, die nicht vom Staat finanziert wurden.

Vollkasko-Abzocke

Zu den milliardenschweren Hilfen kommen noch die Gesundheitsschäden durch die Nebenwirkungen der nicht regulär zugelassenen Impfstoffe: Denn dafür haftet nicht etwa der Hersteller, sondern der Staat. Die Pharmaunternehmen haben mit den Regierungen eine Vollkasko-Abzocke vereinbart: Alle Gewinne bleiben letztlich bei den Unternehmen, fast alle Risiken beim Staat. Und über die Nebenwirkungen der neuen mRNA-Impfstoffe existieren alarmierende Zahlen. Laut einer Auswertung der »Europäischen Datenbank gemeldeter Verdachtsfälle von Arzneimittelnebenwirkungen« vom 9. April 2022 wurden dort bis dahin 1,7 Millionen

Fälle von Nebenwirkungen registriert, darunter eine halbe Million schwere Nebenwirkungen und 27 000 Todesfälle (»Tagesreport schwerwiegender Nebenwirkungen der Covid-19-Impfungen«, *impfnebenwirkungen.net*, 08.04.2022). Da Ärzte und Behörden betroffenen Patienten die Impfung als Ursache regelmäßig auszureden versuchen, werden die wenigsten Nebenwirkungen gemeldet – ihre Dunkelziffer dürfte daher vermutlich sehr viel höher sein. »Warum lasst ihr euch von euren Regierungen ermorden?«, fragte der Virologe Professor Sucharit Bhakdi gar verzweifelt (*report24.news*, 09.04.2022, siehe auch Kapitel über Jonestown, 18. November). Tatsächlich rollt da ein menschlicher und finanzieller Tsunami auf uns zu.

Die Grenze zwischen Mein und Dein

Kurz: Vor unserem Staatsschiff baut sich eine Monsterwelle auf, wie sie auf See zuweilen ebenfalls auftritt und auch das größte Schiff umwerfen kann. Dabei sind das nur die Lasten der sogenannten Coronapandemie – also in Wirklichkeit die Kosten für einen nie da gewesenen Raubzug der Pharmaindustrie sowie die Aufwendungen für einen völlig unnötigen totalitären Shutdown der Wirtschaft. Seit Ende Februar 2022 kommen dazu noch direkte und indirekte Kosten der deutschen Einmischung in den Russland-Ukraine-Konflikt in Höhe von Hunderten von Milliarden Euro, angefangen bei Waffenlieferungen und Finanzhilfen über die Aufnahme von Flüchtlingen bis hin zu den indirekten Kosten durch Sanktionen. Mit anderen Worten: Der deutsche Staat wird von den Unternehmen sowie seinen »Freunden« und »Verbündeten« ausgeplündert. Da gibt es schließlich etwas zu holen – und der Staat, das sind nun einmal wir. »Das Geldvermögen der privaten Haushalte in Deutschland belief sich zum Ende des zweiten Quartals 2021 auf rund 7325,3 Milliarden Euro«, also auf 7,3 Billionen Euro, rechnete das Statistische Bundesamt vor. Was auch der Grund sein dürfte, warum die Bundes- und Landesregierungen das Geld hinauswerfen, als gäbe es kein Morgen: weil sie das Vermögen der Bürger in ihren Köpfen längst beschlagnahmt haben. In den Gehirnen der Korporatisten aus Politik und Wirtschaft ist eine entscheidende Grenze längst gefallen: die Grenze zwischen Mein und Dein. Zum Beispiel beim World Economic Forum: »Du wirst nichts besitzen und zufrieden sein.« Wohlgemerkt: »Du« – nicht »wir«. In Anbetracht der verheerenden Probleme – Pardon: Herausforderungen – ist völlig klar, wer die Zeche zahlen muss: diejenigen, die noch Geld und Vermögen haben, nämlich die

Bürger, die noch nicht vom Staat abhängig sind. Was man jetzt noch braucht, sind nur noch die richtigen Zapfhähne, um dieses riesige Geldfass öffnen zu können. Und dann wird es heißen: Ozapft is!

Blankoscheck im Grundgesetz

Nicht doch! Zwar heißt es im Grundgesetz: »Eigentum verpflichtet. Sein Gebrauch soll zugleich dem Wohle der Allgemeinheit dienen.« Aber Angst braucht deshalb niemand zu haben, denn schließlich schränkt das Grundgesetz ja ein: »Eine Enteignung ist nur zum Wohle der Allgemeinheit zulässig.« Na bitte! Was also soll die Panikmache? Aber Moment: Das »nur« schränkt ja nicht ein, sondern ist in Wahrheit ein Blankoscheck. Denn was dient nicht alles dem Wohle der Allgemeinheit? Genau: eigentlich alles. Vorsichtig eruiert die Politik deshalb zurzeit verschiedene Konzepte, um an noch mehr Geld der Bürger heranzukommen. Wobei es eben nicht nur um Bargeld geht, sondern um alle Vermögensklassen. Neben »Grundgesetz« tragen diese Geldhähne Namen wie »Vermögensabgabe«, »Lastenausgleich«, »Steuern«, aber auch »Inflation« und andere mehr. Dabei ist allerdings Leisetreten angesagt: Man will das scheue Wild schließlich nicht in die Flucht schlagen. Genauer: in die Kapitalflucht. Nein: Die goldenen Hirsche beziehungsweise Kälber sollen, bitteschön, arglos auf den Lichtungen verharren. Soll heißen: auf den Konten. Nehmen wir zum Beispiel ein »Fachgespräch«, das die Unionsfraktion im Deutschen Bundestag am 23. Juni 2021 veranstaltete – unter einer Überschrift, die garantiert keinen unbedarften Bürger aufschreckte: »Bilanz der Vertriebenenpolitik«. Vertriebene? Wer möchte denn so etwas hören? Verstaubter geht's doch gar nicht! Doch direkt darunter stand plötzlich zu lesen: »Deutschland diskutiert Strategien zur wirtschaftlichen Bewältigung der Coronapandemie – der größten Herausforderung seit dem Zweiten Weltkrieg […].« Hoppla – was macht denn die Coronapandemie bei der Vertriebenenpolitik? Und während man noch darüber nachdenkt, stolpert man schon in den nächsten Nebensatz hinein: »[…] dabei steht auch die Forderung nach einem neuen Lastenausgleich im Raum.«
Donnerwetter! »Lastenausgleich« ist ein Spiel, bei dem die Herrschenden im großen Stil Geld verbrennen und die Bürger hinterher im ebenso großen Stil enteignen, um die gewaltige Zeche zu bezahlen. Unter dem Deckmantel der »Gerechtigkeit«, versteht sich – oder eben des »Ausgleichs«. Das sogenannte Lastenausgleichsgesetz wurde am 14. August 1952 verabschiedet, um die Lasten des Zweiten Weltkrieges einigerma-

ßen gerecht auf die Bevölkerung zu verteilen. Denn schließlich wurden die einen durch die Politik der in- und ausländischen Eliten ausgebombt und/oder vertrieben, während die anderen ihr Vermögen retten konnten. Da das sehr viel mit Schicksal und nur wenig mit eigenem Verschulden zu tun hatte, beschloss man, diese Belastungen auszugleichen und die Vermögenden zur Kasse zu bitten. Diese mussten schlappe 50 Prozent ihres festgestellten Besitzes in einen Fonds einzahlen, aus dem der andere Teil der Bevölkerung entschädigt wurde. Damit es nicht so wehtat, wurden die Zahlungen über 30 Jahre hinweg auf 120 vierteljährliche Raten gestreckt, woraus sich eine Belastung von 1,67 Prozent pro Jahr ergab. Bei einem Vermögen von 500 000 Mark wären das 8350 Mark pro Jahr gewesen, summa summarum also 250 000 (= 50 Prozent von 500 000).

Ein Gesetz wird wach geküsst

Da der Zweite Weltkrieg am 8. Mai 2022 seit exakt 77 Jahren vorbei war, sollte das Lastenausgleichsgesetz eigentlich in Frieden ruhen. Doch siehe da: Es schlief nur einen Dornröschenschlaf, und wie sich manche erinnern werden, wird Dornröschen irgendwann wach geküsst. Und genauso kam es auch mit dem Lastenausgleichsgesetz. Von der Öffentlichkeit unbemerkt, erhielt es seinen Aufwachkuss ausgerechnet im Jahr 2019, als die Coronapandemie noch vorbereitet wurde. So beteiligte sich in diesem Jahr beispielsweise Bill Gates mit 50 Millionen Euro an der deutschen Pharmafirma Biontech, die wenig später sagenhafte Gewinne mit »Coronaimpfstoffen« einfahren sollte. Im Oktober 2019 ging Biontech an die Börse, wenig später stieg sein Aktienkurs um 400 Prozent. Am 18. Oktober 2019 veranstalteten das World Economic Forum und die Gates-Stiftung in New York eine Simulation, die die kommende Pandemie en detail vorwegnahm – sozusagen eine Generalprobe. Und am 12. Dezember 2019, 74 Jahre nach dem Krieg, wurde in Deutschland das Lastenausgleichsgesetz (LAG) geändert – jenes Gesetz, mit dem man Bürger im großen Stil enteignen und zur Ader lassen kann. Mit der Gesetzesänderung vom 12. Dezember 2019 wurde der Begriff »Kriegsopferfürsorge« aus dem Lastenausgleichsgesetz gestrichen und stattdessen durch »Soziale Entschädigung« ersetzt, und siehe da: Darunter firmiert auch die Entschädigung für Impfschäden. Welch ein Zufall: Gleichzeitig mit der Vorbereitung einer der größten Abzockoperationen in der Geschichte der Impfgiganten legte man auch die Quellen frei, mit deren Hilfe man die ganze Coronaparty würde bezahlen können.

Motto: Zahlt doch selbst!

Zählten zu den Anspruchsberechtigten des Lastenausgleichsgesetzes nach dem Krieg Kriegsgeschädigte, Spätheimkehrer, Vertriebene, DDR- beziehungsweise SBZ-Flüchtlinge (SBZ = Sowjetische Besatzungszone), gehören laut dem zusätzlich neu geschaffenen Sozialgesetzbuch 14 jetzt auch durch »Schutzimpfungen oder andere Maßnahmen der spezifischen Prophylaxe« Geschädigte (siehe: Sozialgesetzbuch, Vierzehntes Buch – Soziale Entschädigung – [SGB XIV], Kapitel 1: Allgemeine Vorschriften). Die Entschädigungsregelung greife im Falle einer jeglichen Impfung, die »von einer zuständigen Landesbehörde [...] öffentlich empfohlen und in ihrem Bereich vorgenommen wurde« beziehungsweise »aufgrund einer Rechtsverordnung nach § 20 Absatz 6 oder 7 des Infektionsschutzgesetzes angeordnet wurde oder sonst aufgrund eines Gesetzes vorgeschrieben war«, zitierte die *Preußische Allgemeine* das Gesetz. Und: »Dabei bietet die vom Gesetzgeber vorgenommene Verknüpfung des neuen SGB XIV mit dem umformulierten Lastenausgleichsgesetz die grundsätzliche Möglichkeit, für diese Entschädigungen auch Vermögenswerte der nicht geschädigten Bevölkerung heranzuziehen« (online, 22.04.2022). Ist das nicht rührend von unserer Regierung? Kurz bevor sie die Bevölkerung der Pharmaindustrie zum Fraß vorwarf, dachte sie auch noch an die Finanzierung durch dieselben Menschen, die durch die nicht ausreichend erprobten Impfungen unwägbaren Risiken ausgesetzt werden sollten.

Es lebe das Bundesausgleichsamt!

Papperlapapp – da soll doch gleich der Faktenchecker dreinfahren! Zum Beispiel der von *Correctiv*, einem »Faktencheck«-Portal, das unter anderem von Soros-Stiftungen finanziert wird. »[...] es gibt keinen Lastenausgleich für Impfschäden«, schrieb das Besserwisser-Portal am 4. Februar 2022. Denn: »Menschen, die einen Impfschaden erlitten haben, werden durch den Bund und die Länder entschädigt.« Ein guter Witz – denn verteilt wurde das Geld schließlich schon immer vom Staat. Nur wurde es zuvor vom Bundesausgleichsamt bei den Bürgern zu diesem Zweck eingesammelt. Und das »Bundesausgleichsamt« gibt es auch heute noch, 77 Jahre nach dem Krieg: »Das BAA ist in verwaltungsmäßiger, rechtlicher und finanzieller Hinsicht verantwortlich für die Durchführung des Lastenausgleichs«, heißt es auf seiner Website. Zurzeit schläft es zwar ebenfalls einen Dornröschenschlaf. Möglicherweise bekommt es aber bald mehr zu tun: »Den Bürgern in Deutschland droht ein neuer ›Lastenausgleich‹«, schreibt der Volkswirt und ehemalige Wirtschaftsredakteur der *Frankfurter Allgemeinen Zeitung*, Klaus-Peter Krause. »Er soll die finanziellen Folgen der staatlichen Coronamaßnahmen für den deutschen Staat bewältigen helfen, die ebendieser Staat willkürlich und rechtswidrig angeordnet hat.« Diesmal will man nämlich nicht (wie damals) obdachlosen Mitbürgern helfen, sondern millliardenschweren Konzernen, für deren Machenschaften die restliche Wirtschaft schwer geschädigt wurde: »Diese Freiheitseingriffe haben weite Teile der Wirtschaft lahmgelegt und geschädigt. Mit gewaltigen Hilfsgeldern versucht der Staat, die vom Ruin bedrohten Unternehmen zu entschädigen und am Leben zu halten.« Das heißt: zu kaufen. »Dazu kommen die Subventionen, die der Staat in seine verrückte Klimaschutz- und Energiewendepolitik steckt. Nun sieht er sich finanziell überfordert und schaut, wem er die Finanzierung aufs Auge drücken kann« (Klaus-Peter Krause: »Der drohende neue Lastenausgleich«, *kpkrause.de*, 13.06.2021).

Die geplante Plünderung der Deutschen

Die geplante Plünderung der Deutschen hat aber auch begeisterte Anhänger – und zwar ausgerechnet bei den traditionellen Verteidigern der Schwachen, in diesem Fall den Gewerkschaften. Zum Beispiel bei der DGB-Vorsitzenden Yasmin Fahimi. In ihrer Jugend gehörte sie der Leitung der marxistischen »Juso-Linken« an (*sueddeutsche.de*, 22.06.2015). Sie ist also genau die Richtige, um die arbeitende Bevölkerung und die Leistungsträger mit dreisten Geldforderungen zu behelligen. In einer Grundsatzrede vor 400 Delegierten auf dem DGB-Bundeskongress am 9. Mai in Berlin formulierte sie gleich einmal ihre Gier nach dem Eigentum der anderen. So forderte sie von der Bundesregierung, »nicht nur die Vermögenssteuer wiedereinzuführen – zusätzlich verlangte sie eine Vermögensabgabe, um nötige Mehrausgaben für die Bundeswehr zu finanzieren. Obendrein forderte sie die Abschaffung der Schuldenbremse im Grundgesetz« – wahrscheinlich, um dem Rest der Welt noch mehr deutsches Vermögen zuzuschanzen. Alles Forderungen, wie sie wahrscheinlich auch der amerikanische Präsident erheben würde. Einmal warm gelaufen, wurde sie gar nicht mehr fertig: »Und für die zusätzlichen Herausforderungen infolge des Kriegs in der Ukraine ›wäre auch zusätzlich eine Sondervermögensabgabe, im Zweifel in Form eines mehrjährigen Lastenausgleichs, angemessen‹, sagte sie.« Die *Frankfurter Allgemeine Zeitung* nannte diese Pläne »ambitioniert« (online, 09.05.2022). Dass in Bezug auf einen Lastenausgleich »etwas im Busch ist«, kann man auch anhand weiterer Vorzeichen erkennen:

1. An der Erstellung eines Vermögensregisters, und zwar gleich auf der Ebene der EU. Aber keine Angst: Natürlich nur wegen der »Jagd auf Oligarchenvermögen« (SWR, online, 19.04.2022). »Der Aufbau eines zentralen EU-Vermögensregisters könnte der Schlüssel sein, um Oligarchen und Kleptokraten künftig nicht mehr entkommen zu lassen«, meinte die *Süddeutsche Zeitung*. Ein Aprilscherz – allerdings einer vom 6. April (2022). Denn aus der Sicht der Berliner, Washingtoner und Brüsseler Kleptomanen ist jeder ein kleiner Oligarch. Die paar wirklichen Tycoone sind wiederum nichts gegen die Kleptokraten in Berlin und Brüssel. Sie wissen ja: »Nimm das Recht weg, was ist der Staat dann anderes als eine Räuberbande?« (Augustinus). Und das Recht existiert spätestens seit 2020 nicht mehr, als durch die handstreichartige Zentralisierung in der Coronafrage Föderalismus, Parlamentarismus und Rechtsstaat in Deutschland auf einmal ausgehebelt wurden. Die Regierungschefs regeln das Abzocken seither verstärkt auf staatlicher, europäischer oder sogar globaler Ebene. »Ökonomen« forderten bereits ein *weltweites* Vermögensregister (ntv, 19.04.2022).
2. Die zweite Voraussetzung für einen (lohnenden) Lastenausgleich ist eine Neubewertung der Immobilien: Denn in Deutschland gelten immer noch die Einheitswerte aus den Jahren 1935 (Ost) und 1964 (West). Und diese sind natürlich viel zu niedrig! Zum einen als Bemessungsgrundlage für die Grundsteuer, aber auch für andere staatliche Begehrlichkeiten. Und so müssen mit Stichtag 1. Januar 2022 viele Wohnimmobilien neu bewertet werden. Diese Werte kann man natürlich gut für einen späteren Lastenausgleich heranziehen – damit Vater Staat mehr kassieren kann.

Grundsteuer-Explosion

Blödsinn – denn das wurde ja explizit ausgeschlossen: Die reformierte Grundsteuer solle »aufkommensneutral« gehalten werden, hatte die Politik zugesichert. »Nach dem Modell der Bundesländer soll das Gesamtaufkommen unverändert bleiben«, schrieb der *Tagesspiegel*. Soll heißen: Der

Staat beziehungsweise die Kommunen sollen unter dem Strich dadurch nicht mehr Geld einnehmen als bisher. »Das bedeutet, dass die Gesamteinnahmen der Landeshauptstadt München durch die Reform gleich bleiben«, versichert beispielsweise die bayerische Landeshauptstadt auf ihrer Website. Wer das glaubt, hat wohl die vergangenen Jahrzehnte bundesdeutscher Politik verschlafen: Denn wenn die Bemessungsgrundlagen erhöht werden – wie soll das dann gehen? Der Hamburger Senat befürchte »zum Teil deutlich höhere Steuern«, so der *Tagesspiegel*. »Eine Verzehnfachung auf 6000 Euro im Jahr für eine Wohnung in der Hansestadt sei möglich, hatte der damalige Finanzsenator und heutige Bürgermeister Peter Tschentscher (SPD) in der Verhandlung gesagt« (online, 10.04.2018). Am 11. Mai hatte man auch bei der *Bild*-Zeitung den Schuss gehört: Eigentümern drohten jetzt satte Steuererhöhungen, meinte das Blatt. »Gegenüber *Bild* warnt Kai Warnecke, Präsident des Eigentümerverbandes Haus & Grund: ›Viele Haus- und Grundeigentümer müssen mit einer Grundsteuer-Explosion rechnen.‹ Auch Unions-Bauexperte Jan-Marco Luczak (46, CDU) warnt, das neue Modell ›werde in Ballungsgebieten, aber auch im ländlichen Raum zu erheblichen Steuererhöhungen führen‹.« Natürlich – das hätte man sich ja gleich denken können. Viele – wahrscheinlich die meisten – Eigentümer müssen ab 1. Januar 2025 mehr zahlen. Denn die Kommunen müssen jetzt ihre irre Coronaparty finanzieren: Masken, Impfzentren, Hygienestationen und den ganzen Hokuspokus. Noch schlimmer aber sind die Umsatzeinbrüche durch Konsumhindernisse wie Maskenpflicht, Kundenzahlbegrenzungen, Abstandsregeln, 3G und natürlich die allgemeine Angstmache. Denn dadurch blieben den Geschäften die Kunden weg und den Gemeinden brachen die Gewerbesteuern ein. Diese Umsätze macht jetzt Amazon, und zwar weitgehend steuerfrei. Hätten sie nicht ebenfalls Hilfspakete des Bundes bekommen, wären Städte und Gemeinden reihenweise pleitegegangen. Aber das ist doch Blödsinn: »Die Städte, Gemeinden und Kreise in Deutschland haben im Jahr 2020 trotz der Coronakrise einen Überschuss erwirtschaftet«, stellte die Bertelsmann-Stiftung am 6. Juli 2021 fest. Na bitte – dann ist ja alles paletti! Doch leider war das alles Blendwerk. In Wirklichkeit waren die Kommunen schon damals finanzielle Zombies. Denn der Überschuss basierte »ausschließlich auf den umfangreichen Hilfen von Bund und Ländern. Ohne diese stünde das größte Defizit der Geschichte in den Haushaltsbüchern. In den Folgejahren drohen neue Haushaltskrisen. Das ist das zentrale Ergebnis unseres *Kommunalen Finanzreports 2021*.« In der Summe lasse sich der finanzielle Schaden im Jahr 2020 auf mindestens 17 Milliarden Euro schätzen. Infolge der Coronakrise ist die konjunktursensible Gewerbesteuer (Brutto-Gewerbesteuer) der Kommunen in den dreizehn Flächenländern gegenüber dem Vorjahreswert um fast 9 Milliarden Euro eingebrochen.« Halt: Sag' zu globalem Faschismus nie Corona. Denn in Wirklichkeit trat der Schaden nur aufgrund der totalitären und zerstörerischen Maßnahmen der WHO sowie der Bundes- und Landesregierungen ein. Die sogenannte Pandemie war dafür zu keinem Zeitpunkt eine Rechtfertigung. Die Ausrufung des »internationalen Gesundheitsnotfalls« durch die WHO am 30. Januar 2020 erfolgte auf der Grundlage von 170 in China an SARS-CoV-2 Verstorbenen sowie 83 Infizierten außerhalb Chinas (siehe *verheimlicht – vertuscht – vergessen 2021*, Seite 63). Wenn es danach ginge, müsste der Globus dauerhaft zugesperrt werden, denn schließlich grassieren weltweit andauernd Dutzende von Infektionskrankheiten, die Millionen Todesopfer fordern – von Atemwegserkrankungen über AIDS und Magen-Darm-Infektionen bis hin zu Tuberkulose und anderen mehr. Von weiteren Gefahren, wie beispielsweise dem Autofahren, ganz zu schweigen. Wegen der angeblich (laut WHO) 1,3 Millionen jährlichen Verkehrstoten weltweit hat es bisher auch noch keinen »Lockdown« gegeben. Von Haushaltsunfällen, deren Zahl um Größenordnungen höher liegen dürfte, ganz zu schweigen: Deswegen hat bis jetzt noch niemals jemand alle Haushalte geschlossen und die Leute ans Bett gefesselt. Aber was nicht ist, kann ja noch werden. Wie hieß es doch in *verheimlicht – vertuscht – vergessen 2021*: »Was in der Raumfahrt Schwarze Löcher, Wurmlöcher und Warp-Antriebe sind, sind bei der WHO die Sitzungen des Notfallausschusses, die einen ganz schnell in eine andere Realität beamen können. Wer einmal dort hineingeht, für den ist nichts mehr wie zuvor, und eine Wiederkehr in die Wirklichkeit ist unwahrscheinlich. Unbehandelt können diese Anfälle sehr ansteckend sein und zu globalen Massenpsychosen führen« (Seite 64). Die minimalen Infektionszahlen waren daher nicht der Grund, sondern der globale Putsch gegen die liberalen Demokratien, indem diese nun unter die Herrschaft der WHO und neuer Infektionsgesetze gestellt wurden, die das wirtschaftliche Leben abwürgten und die Gewinne der Impfindustrie in die Höhe schießen ließen. »Die Steuerverluste betrafen vor allem die Kommunen in wirtschaftsstarken Regionen. So ging das kommunale Steueraufkommen allein in Bayern und Baden-Württemberg gegenüber dem Vorjahreswert jeweils um mehr als 1,5 Milliarden Euro zurück; jeweils deutlich mehr als in den fünf ostdeutschen Ländern zusammen« (Bertelsmann-Stiftung, online, 06.07.2021).

Ein Sugardaddy namens Bund

Den Gemeinden ging es also auch nicht anders, als meinem anfangs zitierten Gastwirt: Auch ihnen half der große Sugardaddy aus der Patsche, der da heißt: Staat. Was natürlich erklärte, warum es an der Coronafront im Wesentlichen ruhig blieb und praktisch kein Bürgermeister gegen den Coronawahnsinn rebellierte. Denn: »Wes' Brot ich ess', des Lied ich sing.« Also wurden de facto auch die Gemeinden von Land und Bund gekauft – wie der ganze Rest der Republik. Aber eigentlich hatten die betroffenen Unternehmer und Kommunen nur einen Kredit bei sich selbst aufgenommen, rückzahlbar in der Zukunft. Man nennt das auch Schuldenmachen – auf der Ebene des Gesamtstaates. Moment – aber was ist mit den Millionen Demonstranten, die in Berlin und andernorts auf die Straße gingen? Nun, das war wie bereits gesagt wahrscheinlich der Rest, der kein Geld vom Staat bekommen hatte …

14./15. April
Titanic: mit Volldampf ins Eisfeld

Tja, um dieses Datum ist es etwas ruhig geworden. Dem Mainstream war es gerade einmal eine Handvoll Schlagzeilen wert. Dabei ist es brandaktuell, aber in diesen Zeiten vielleicht nicht ganz opportun: Heute vor 110 Jahren, in der Nacht vom 14. auf den 15. April 1912, sank die *Titanic*. Und da es nicht opportun ist, ist dieses Thema für das Jahrbuch *verheimlicht – vertuscht – vergessen* wie geschaffen. Natürlich nur mit einer neuen Perspektive. Nämlich erstens: Dieser »Unfall« war genauso wenig ein Unfall, wie derzeit der Crash unseres Landes. Und zweitens: Der Untergang der *Titanic* 1912 ist geradezu eine Parabel auf das, was heutzutage mit unserer Zivilisation passiert. Während das Orchester spielte und die Passagiere in Sicherheit gewiegt wurden, steuerte der Kapitän das Schiff mitten in die Katastrophe. Das wissen wir zwar alles. Weniger bekannt dürfte indes sein, dass er dies mit voller Absicht tat. So wie unsere Regierungen absichtlich das deutsche Staatsschiff versenken: die »Titanic Deutschland« wird eiskalt der Zerstörung preisgegeben. Wie das geht, habe ich ja schon des Öfteren beschrieben: im Rahmen eines hybriden Krieges. Dabei handelt es sich um einen Krieg, den die wenigsten als solchen wahrnehmen, bis es zu spät ist. Und es ist zu spät. Genau wie in jener Nacht vom 14. auf den 15. April 1912, als Kapitän und Besatzung den Bauch der *Titanic* voll Wasser laufen ließen, das in den brennenden

Kohlebunkern zu Wasserstoff reagierte, wodurch das Schiff schließlich in einer riesigen Explosion zerstört wurde. Davon haben Sie noch nie etwas gehört? Nun, das kann daran liegen, dass mein Buch über diesen Anschlag auf das damals modernste Passagierschiff aller Zeiten seit Jahren ausverkauft und nirgends auf dem Markt erhältlich ist. Titel: *Das Titanic-Attentat.* Ich werde versuchen, es bis zum nächsten Jahrestag wieder aufzulegen; bitte beachten Sie meine News auf meinem Telegram-Kanal. Bis dahin hier so viel: Fast alles, was Ihnen über den Untergang der *Titanic* erzählt wurde, basiert auf Lügen. »Schon der weltberühmte Dramatiker George Bernard Shaw erregte sich über die wahre ›Explosion an abscheulichen, romantischen Lügen‹ im Zusammenhang mit der *Titanic*-Katastrophe: ›Mr. Shaw kritisiert die Geschichten über ‚Frauen und Kinder zuerst' und die Ehrbezeugungen an Kapitän Smith, über den, wie er sagt, in den Zeitungen geschrieben wird, ‚als sei er ein Nelson'. Während das Einzige, was man wirklich über Kapitän Smith weiß, darin besteht, dass er ein Schiff verlor, indem er absichtlich und bewusst mit der höchsten Geschwindigkeit, welche die Kohle hergab, in ein Eisfeld hineindampfte‹« (*New York Times*, 15.04.1912). Aber das ist ja ungeheuerlich! Schließlich war Kapitän Edward John Smith, wie jeder weiß, doch ein Held. Mindestens so ein Held wie Selenskyj!

Von Irland aus nach Westen …

Langsam: Mit der Abfahrt der *Titanic* aus Queenstown beginnt das große Rätselraten. Seit 100 Jahren zermartern sich *Titanic*-Forscher angesichts dessen, was nun geschah, den Kopf: Welche Route nahm die *Titanic*? Was wusste der Kapitän von dem Eis? Welche Eiswarnung erreichte überhaupt die Brücke: die erste, dritte und fünfte? Oder doch die zweite, vierte und sechste? Mehrere entscheidende Geheimnisse wurden uns vorenthalten, um den »Unfall« der *Titanic* verstehen zu können. Eines dieser wichtigsten Geheimnisse ist die Navigation: Kapitän Smith und seine Offiziere wussten, dass sie auf Eis treffen würden. Wegen der Eisgefahr waren die Schifffahrtsrouten über den Nordatlantik schließlich auf eine bestimmte Weise angelegt worden. Die Route der *Titanic* führte von Irland aus nach Westen: im Rücken der *Titanic* Europa und die Britischen Inseln, vor dem Bug Kanada und die USA und »darüber«, also im Norden, eine der größten Eismassen des Planeten, nämlich Grönland: ein eisiger »Kontinent«, sechsmal so groß wie Deutschland, nur ein Fünftel davon eisfrei. Die Eisschicht ist hier bis zu 3,4 Kilometer dick, bricht ständig ab und stürzt ins Meer – was man auch »kalben« nennt. Grönland gibt also eine regelrechte »Fahne« aus Eisbergen ab, die sich in Richtung Süden erstreckt und dabei immer weiter ausdünnt. Diese jährlich etwa 40 000 Eisberge schwimmen eben nicht an der Küste herum, sondern gehen auf Wanderschaft Richtung Süden. Weil sie seit Ewigkeiten den Meeresströmungen folgen, ist dieser »Wanderweg« bestens bekannt: Die Eisberge driften mit dem Labrador-Strom nach Süden, bis sie schließlich an Neufundland vorbeikommen und in den warmen Golfstrom geraten. Man schätzt, dass etwa 1–2 Prozent der Eisberge vor der Küste Neufundlands den 48. Breitengrad überqueren, das wären also immer noch Hunderte. Da sie häufig über eine enorme Ausdehnung und Masse verfügen, sind sie natürlich eine Gefahr für die Schifffahrt. Und natürlich können die Verhältnisse von Jahr zu Jahr anders sein: Mal finden sich mehr Eisberge südlich des 48. Breitengrads, mal weniger. Mal dringen besonders viele weiter nach Süden vor, mal nur wenige. Gerät man jedenfalls in den Bereich dieser »Fahne«, heißt es aufpassen. Schon vor Fahrtantritt konnte über die »Eislage« auf dem Nordatlantik nicht der geringste Zweifel bestehen, da die Eismeldungen der Schiffe nicht nur bei anderen Schiffen, sondern auch in den Häfen ankamen.

La Touraine: »An Kapitän, *Titanic*«

Handels- und Passagierschiffe reihten sich auf der Nordatlantikroute auf wie Perlen auf einer Kette. Deshalb befand sich praktisch jedes Schiff in der komfortablen Lage, dass andere Schiffe bereits vorausgefahren waren, die Lage quasi »sondiert« hatten und ihre Erkenntnisse wie ein »Staumelder« auf der Autobahn per Funk an die nachfolgenden Schiffe weitergeben konnten. Und natürlich gab es auch Eiswarnungen von entgegenkommenden Schiffen. Die eintreffenden Eiswarnungen waren also nicht etwa dramatische Überraschungen, wie es manchmal in Filmen und Büchern dargestellt wird, sondern Routine. Viele Menschen haben von diesen Eiswarnungen eine relativ verschwommene Vorstellung – in etwa so, als habe man die *Titanic* lediglich unbestimmt vor »Eis auf der Route« gewarnt. Das ist aber nicht richtig. Vielmehr war das »Schöne« an diesen Eiswarnungen, dass diese Koordinaten enthielten. Zum Beispiel in dieser Form:
»Von der *Touraine* an den Kapitän der *Titanic*. Meine Position um 7 Uhr abends GMT: Breite 49.28, Länge 26.28 W. Seit heute Nacht dichter Nebel. Passierten dickes Eisfeld bei Breite 44.58, Länge 50.40 Paris.

Sahen ein weiteres Eisfeld und zwei Eisberge bei Breite 45.20 n. B. und Länge 45.09 Paris; sahen ein Wrack bei 40.56 Länge 68.38 Paris. Bitte geben Sie uns Ihre Positionen. Freundliche Grüße und gute Reise, Caussin.«
Diese Meldung des französischen Dampfers *La Touraine* traf am dritten Reisetag seit Southampton, dem 12. April, ein. Diese Eispositionen befanden sich sehr weit nördlich des Kurses der *Titanic* und hatten daher keine Bedeutung für die Reise. Anscheinend hatte sich die *La Touraine* etwas selbstständig gemacht und war weiter nördlich der üblichen Routen gefahren.

Rappahannock: »Fuhren gerade durch ein dichtes Eisfeld ...«

Im Vorfeld der Katastrophe wird noch eine weitere Warnung erwähnt, nämlich die eines Frachtschiffes namens *Rappahannock*. Die *Rappahannock* soll der *Titanic* am Abend des 13. oder 14. April 1912 begegnet sein, wobei sie per Morselampe folgende Botschaft übertragen habe: »Fuhren gerade durch ein dichtes Eisfeld und mehrere Eisberge.« Koordinaten wurden dabei nicht angegeben. Weil sich die *Rappahannock* auf Ost- und die *Titanic* auf Westkurs befand, wirft das jedoch die Frage auf, wie die beiden Schiffe über Morselampen kommunizieren konnten, denn Ost- und Westroute sind durchschnittlich 100 Kilometer voneinander entfernt. Schließlich bestätigte auch die Reederei der *Rappahannock*, Furness, Whithy & Co., den angeblichen Lichtzeichenaustausch nicht. In einem Brief an das britische Board of Trade vom 14. Juni 1912 erklärte die Reederei, man habe zum Zeitpunkt des Desasters keine Schiffe in der Nähe der *Titanic* gehabt. Wenden wir uns also den Eiswarnungen des Unglückstages 14. April 1912 zu.
Den ganzen Tag über wurde die *Titanic* quasi mit Eismeldungen bombardiert, was dem üblichen Funkverkehr auf der Nordatlantikroute entsprach:

1. Die *Chronin* meldete »Eisberge, Kälber und Treibeis auf 42 N von 49 bis 51 West«.
2. Die *Noordam* informierte über »viel Eis [...] auf Breite 42.24 N bis 42.45 N und Länge 49.50 W bis 50.20 W.«
3. Die *Amerika* übermittelte: »Passierte zwei große Eisberge auf 49° 27' N., 50° 8' W.«
4. Die *Baltic* berichtete: »Eis und Eisberge« auf 49° 9' W bis 50° 20' W.

5. Die *Baltic* meldete sich nochmals mit der Information: »Eisberge und große Mengen Treibeis heute auf Breite 41.51 N [und] Länge 49.52 W.«

Bereits am frühen Nachmittag des verhängnisvollen 14. April 1912 konnte die Schiffsführung der *Titanic* das klare Fazit ziehen: Die Strecke ist ein Minen- beziehungsweise Eisfeld – vermutlich gibt es kein Durchkommen! Wenn überhaupt, dann nur bei ganz langsamer Fahrt. Aber warum? Es fuhren doch andere Dampfer durch das Gebiet, von denen ja schließlich die Eiswarnungen stammten! Das schon, aber die *Titanic* würde erst nachts in dem betreffenden Seegebiet eintreffen. Und da es damals noch kein Radar gab, würde sie die Eisberge in der mondlosen Nacht, wenn überhaupt, erst sehr spät erkennen können. Zwischenzeitlich trafen weitere Meldungen ein:

6. Die *Californian* informierte über »drei große Eisberge« auf der Position 42° 3' N und 49° 9' W. Nebenbei bemerkt verhielt sich die *Californian* im Angesicht des Eises völlig anders als die *Titanic*. Um 22:21 Uhr befahl ihr Kapitän »volle Kraft zurück« und dann »Maschinen stopp«, um am Rande des Eisfeldes zu übernachten – etwa 19–20 Meilen nordwestlich der *Titanic*.
7. Die *Mesaba* gab bekannt: »Viel schweres Packeis« auf Breite 42 N bis 41.25 N und Länge 49 W bis 50.30 W. Die Meldung bedeutete, dass ein riesiges Planquadrat genau auf der *Titanic*-Route voller Eisberge, Packeis und Treibeis war. Diese Warnung bestätigte insbesondere die Meldungen der *Baltic* (Nummer 5), besagte aber, dass das Eisfeld noch wesentlich größer war, als von der *Baltic* angegeben.
8. Die *Californian*, ein White-Star-Liner, meldete sich gegen 23 Uhr mit einer Information, die dem Todeskurs der *Titanic* endgültig ein Ende hätte machen müssen. Darin wollte man der *Titanic* mitteilen, dass man vom Eis aufgehalten und »eingeschlossen« worden sei. Doch wie es der Zufall so wollte, wurde ausgerechnet diese Eiswarnung vom Funker der *Titanic* brüsk abgewiesen: Er sei gerade in Verbindung mit der Festlandstation Cape Race und verbitte sich die Störung. Auch später fragte er nicht noch einmal bei der *Californian* nach, was genau sie denn nun gemeint habe. Wobei es ein »später« genau genommen nicht mehr gab – jedenfalls kein »viel später«. Etwa 40 Minuten danach ereignete sich das – tja, was denn eigentlich: das Unglück? Die Katastrophe? Die »Tragödie«?

04

Signals of Disaster

Interessant dabei ist, dass die in dem Buch *Signals of Disaster* von John Booth und Sean Caughlan publizierte Sammlung von Funksprüchen »keine Funksprüche von der *Titanic* an Cape Race oder vice versa für den fraglichen Zeitraum (21:00–21:15 Uhr New Yorker Zeit) aufführt«, schreibt Susanne Störmer in ihrem Buch über die letzten Stunden der *Titanic:* »Entweder ist die Sammlung von John Booth [und Sean Caughlan] unvollständig, oder die Unterhaltung zwischen Cape Race und der *Titanic* war inoffizieller Natur, sodass sie nicht im Funklog sowie auf den Belegen dokumentiert wurde.« Seltsam. Denn erstens ist die Sammlung von Booth und Caughlan die umfangreichste Funkspruchsammlung, die es von der *Titanic* überhaupt gibt. Sie umfasst Hunderte von Nachrichten, die zwischen der *Titanic* und anderen Schiffen beziehungsweise Stationen ausgetauscht wurden – und ausgerechnet die Nachricht, die den Funker der *Titanic* davon abgehalten haben soll, eine Eiswarnung der *Californian* entgegenzunehmen, soll fehlen? Und zweitens wurde jeder Funkspruch nicht nur auf der *Titanic* aufgezeichnet, sondern auch von den anderen beteiligten Funkstationen, in diesem Fall also Cape Race. Offenbar war der Funkspruch dort aber nicht vorhanden. Es gibt daher noch eine dritte Möglichkeit: Nämlich, dass dieser Funkverkehr nie stattfand, sondern nur ein Vorwand war, um eine Eiswarnung abzuwimmeln, die die *Titanic* endgültig zum Halten hätte bringen müssen. Genau deshalb fragte der Funker der *Titanic* später (nach seinem angeblichen Funkverkehr mit Cape Race) auch nicht noch einmal bei der *Californian* nach.
Alles in allem zählen wir für den 14. April 1912, also den Tag der Katastrophe, demnach mindestens acht Eiswarnungen (eine nicht belegbare Warnung der *Rappahannock* nicht mitgezählt). Alle diese Eiswarnungen müssen gemäß der navigatorischen Praxis in die Seekarte eingezeichnet worden sein. Und wie wir aus Zeugenaussagen wissen (so von dem Offizier Boxhall), wurde diese Praxis natürlich auch auf der *Titanic* befolgt. Mit anderen Worten konnte man auf der Brücke den Weg des Schiffes ins Eis Schritt für Schritt mitverfolgen.

Kurs Verderben

Fazit: Auf oder neben der Route der *Titanic* wimmelte es von Eis, und die Schiffsführung wusste darüber genau Bescheid. Mehrere Eiswarnungen beschrieben exakt jenen Bereich, in dem die *Titanic* später ihren Notruf senden und sehr viel später, 73 Jahre nach dem Untergang, auch das Wrack gefunden werden würde. Insbesondere lagen Notruf- und Untergangsstelle der *Titanic* in den von der *Mesaba* und der *Baltic* genannten Planquadraten, wobei die *Baltic* die Untergangszone quasi besonders genau »vorhergesagt« hatte. Während die *Mesaba* ein großes Quadrat beschrieben hatte, hatte die *Baltic* innerhalb dieses großen Quadrats ein kleineres, lang gestrecktes Rechteck beschrieben. Das heißt, dass sich die Eismeldungen von zwei Schiffen – der *Mesaba* und der *Baltic* – in diesem kleinen Rechteck deckten. Hier würde man also besonders sicher auf Eis treffen. Als die *Titanic* exakt in dieses Gebiet hineinfuhr, gab es auf der Brücke über das, was sich da vor dem Bug zusammenbraute, nicht den geringsten Zweifel. Statt dem Eis auszuweichen, steuerte die *Titanic* darauf zu. Genau zu diesem Zweck nahm der Kapitän der *Titanic* am Abend des verhängnisvollen 14. April 1912 noch eine Kurskorrektur vor (siehe unten).

Mit Volldampf ins Eis

Die einzig sinnvollen Maßnahmen hätten darin bestanden, Kurs und/oder Geschwindigkeit signifikant zu ändern. Je weiträumiger man das Eis umfuhr, umso schneller konnte man dabei fahren. Je näher man die Bereiche der Eiswarnungen umfuhr, umso langsamer musste man dabei sein und gegebenenfalls sogar – wie die *Californian* – anhalten. Die besten Entscheidungen wären sicher gewesen, das Eis mit hoher Geschwindigkeit weiträumig im Süden zu umfahren, mit sehr niedriger Geschwindigkeit hindurchzufahren oder über Nacht sogar zu stoppen. Die schnelle direkte Fahrt war dagegen ein absolutes »No-Go«. Sie bedeutete mit hoher Wahrscheinlichkeit einen Unfall – wenn auch nicht unbedingt einen tödlichen. Aber tatsächlich traf Kapitän Smith genau diese bizarre Entscheidung, nämlich in einer mondlosen Nacht mit hoher Geschwindigkeit mitten durch das Eis hindurchzufahren. Kurz: Die *Titanic* fuhr, als gäbe es kein Morgen mehr. Wusste Smith etwa, dass es für die *Titanic* kein Morgen mehr geben würde?
Dabei war das noch nicht alles: Wie bereits gesagt, lag innerhalb eines großen Quadrats (*Mesaba*) etwa in Richtung des *Titanic*-Kurses ein kleines flaches Rechteck (der Bereich, in dem die *Baltic* zuletzt Eis gemeldet hatte), auf dessen westliche Stirnseite die *Titanic* zufuhr. Auf dem Weg nach New York befuhr das Schiff einen Südwestkurs, bis es an einem bestimmten Punkt nach Westen in Richtung New York drehen würde.

Wenn man diese Kurskorrektur verschob und weiter Richtung Südwesten fuhr, würde das bedeuten, dass die *Titanic* dem Eisfeld immer weiter nach Süden und Westen ausweichen würde. Der Kurs würde sich dadurch geografisch gesehen weiter »absenken«. Und tatsächlich gab Kapitän Smith die Order, die vorgesehene Kurskorrektur Richtung New York um eine halbe Stunde zu verschieben. Von manchen *Titanic*-Apologeten wird das tatsächlich als Beweis des guten Willens des Kapitäns ausgegeben. In Wirklichkeit war es das genaue Gegenteil. Für eine weiträumige und sichere Umfahrung des Eisfeldes waren die paar Meilen (gemeint sind immer Seemeilen) nämlich viel zu wenig. Das Eisfeld, um das es ging, hatte eine Ausdehnung von Dutzenden von Meilen. Laut *Mesaba* (das große Quadrat) erstreckte sich das Eisfeld noch viel weiter nach Süden als 5 oder 10 Meilen. Selbst zur Umfahrung des flachen, in Fahrtrichtung der *Titanic* liegenden Rechtecks (*Baltic*) reichte die Korrektur nicht aus.

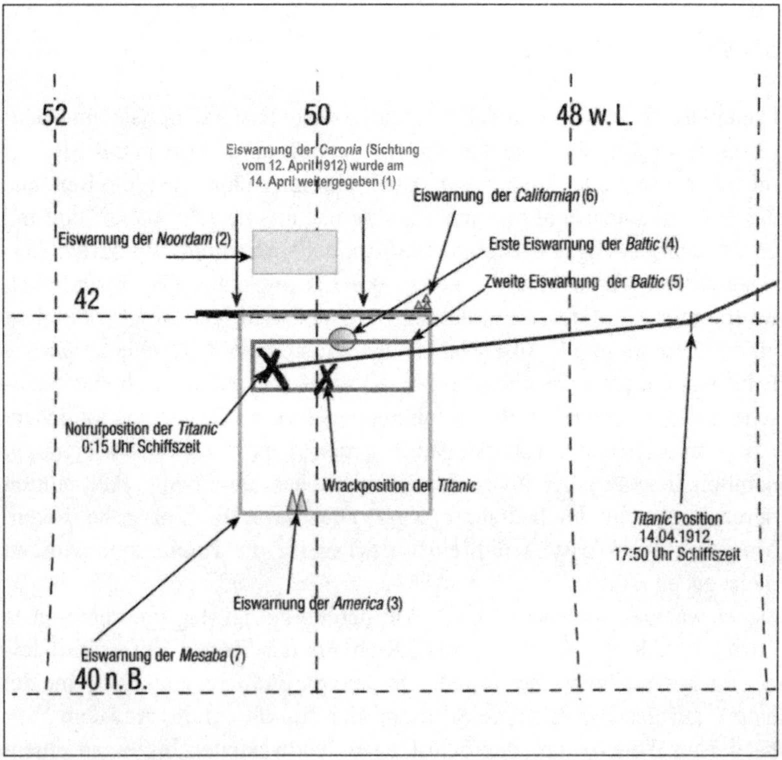

Der Todeskurs der Titanic

»Können Sie mir erklären, warum es eine solche Navigation geben sollte?«

In Wirklichkeit bedeutete diese Absenkung des Kurses, dass die *Titanic* das flache Rechteck, in dem die Eiswarnungen von zwei Schiffen übereinstimmten, noch zentraler ansteuern würde als zuvor. Und das zeigt: Tatsächlich kamen die Eismeldungen auf der Brücke der *Titanic* an. Sie wurden dort auch nicht ignoriert, sondern befolgt – nur anders, als man sich das vorstellen würde, nämlich indem das Schiff das Eis zentral ansteuerte. Das war schließlich auch bei der britischen Untersuchung aufgefallen: »Herr Generalstaatsanwalt, gehe ich recht in der Annahme, dass sie direkt dort hinfuhr, wo das Eis war, nachdem an sie die Warnung erging, dass sich dort Eis befinde?«, fragte der britische Havariekommissar Lord Mersey den Generalstaatsanwalt Isaacs am 13. Tag der Untersuchung. Die Antwort lautete: »Ja. Darauf läuft es hinaus.« Es komme nicht auf den genauen Punkt an, stellte Lord Mersey fest, aber wenn die Zahlen korrekt seien, »sieht es so aus, als ob sie sich im Besitz der Eiswarnung ins Eis aufmachte«. Völlig aus der Fassung geraten stellte Mersey dem überlebenden vierten *Titanic*-Offizier Joseph Boxhall die einzig richtige Frage: »Können Sie mir erklären, warum es eine solche Navigation geben sollte?« Der Angesprochene antwortete: »Ich glaube nicht einen Moment, dass wir im Besitz dieser Nachrichten waren, Mylord.« Geschenkt: Wie wir wissen, waren alle diese Nachrichten wirklich an Bord der *Titanic* angekommen. Boxhall selbst hatte von »einem ganzen Haufen« von Eiswarnungen gesprochen. »Vorausgesetzt, diese Nachrichten werden bestätigt«, wandelte Lord Mersey seine Frage ab: »Können Sie erklären, warum es der *Titanic* erlaubt wurde, ihren Weg durch eine solche Region zu suchen?« Die Antwort: »Nein, Sir, das kann ich nicht.« Damit hatte der Offizier in nautischer wie auch in moralischer Hinsicht abgedankt. Daher müssen auch wir an diesem Punkt grundsätzlich umdenken. Bisher war in der seit 110 Jahren währenden Diskussion ja schlimmstenfalls die Rede von Schlamperei, Fahrlässigkeit und der Missachtung von Warnsignalen gewesen. Bisher war auch davon die Rede gewesen, die *Titanic* sei »trotz« der Eiswarnungen ins Eis gefahren. Gemäß dem beschriebenen Bild hatte sie die Eiswarnungen jedoch keineswegs ignoriert. Vielmehr war sie »anhand« der Eiswarnungen weitergefahren, was dadurch zum Ausdruck kommt, dass sie den Bereich des dichtesten Eises regelrecht ansteuerte. Aus diesem Bereich sendete sie ihren Notruf, und hier versank sie schließlich auch. Tja – das hat Ihnen bisher noch niemand erzählt? Kein Wunder, es ist ja auch Quatsch: Denn da gibt es noch zwei Fragen:

1. Warum sollte eine Besatzung ihr Schiff versenken? Antwort: Aus demselben Grunde, aus dem schon unzählige Schiffe versenkt wurden: Versicherungsbetrug.
2. Warum sollte sich Kapitän Smith auf diese Weise selbst umbringen? Ganz einfach: Weil er gar nicht ums Leben kam.

Es lebe Kapitän Smith!

Man schrieb den 17. Juli 1912, also 3 Monate nach dem Unglück, als sich ein gewisser Kapitän Peter Pryal in Baltimore zu seinem Arzt Dr. Warfield aufmachte. Pryal war »einer der ältesten und in Schifffahrtskreisen bekanntesten Seefahrer in Baltimore, der unter dem Kommando von *Titanic*-Kapitän Smith auf der *Majestic* fuhr«, teilte die *New York Times* vom 21. Juli 1912 mit. Laut *The Sun* vom selben Tag hatte er 17 Jahre lang mit Smith auf einer Brücke gestanden. Und siehe da: Wer lief ihm da in der St. Paul Street über den Weg? Der *Titanic*-Kapitän Edward John Smith höchstpersönlich! »Smith, der einen akkuraten, hellbraunen Geschäftsanzug, Strohhut und braune Schuhe getragen habe, habe zwei Koffer bei sich gehabt und gerade vor sich hin gestarrt«, schrieb *The Times Dispatch* vom 21. Juli 1912 über den Vorfall. Und: »Als Pryal ihn angesprochen habe, habe er keine Antwort erhalten. Vielmehr schien sich der Mann seiner Umgebung gar nicht bewusst zu sein und ging stur geradeaus weiter auf der Baltimore Street. Genauso gut könnte es natürlich sein, dass Smith versuchte, Pryal zu ignorieren. In dem Glauben, sich getäuscht zu haben, ging Pryal nach Hause und erzählte seiner Frau von der Begebenheit. Sie sei der Meinung gewesen, dass seine Einbildung wohl mit ihm durchgegangen sei. Am Tag darauf, also am 18. Juli, sei Pryal dann zur Ecke Baltimore und St. Paul Street zurückgekehrt und habe fast 1 Stunde lang an der Ecke gewartet. Schließlich habe er zu seinem Erstaunen denselben Mann auf sich zukommen sehen. Dabei sei er auf ihn zugegangen und habe gefragt: ›Wie geht es, Kapitän Smith?‹ Ohne zu bemerken, was er eigentlich tat, sei er dem Mann gefolgt. Der habe sich mehrmals umgedreht, und als er Pryal gesehen habe, sei er in das Calvert-Gebäude gehuscht, um in der Menge unterzutauchen. Pryal sei ihm jedoch auch durch das Equitable-Gebäude gefolgt, wonach er Smith eine Straßenbahn besteigen sah. Pryal sei in denselben Wagen gestiegen und habe Smith an der Washington-, Baltimore- und Annapolis-Station aussteigen sehen, wo er einen Fahrschein nach Washington gekauft habe. Als er durch die Schranken gegangen sei, um einzusteigen, habe er sich umgedreht und lächelnd gesagt: ›Mach's gut, Schiffskamerad, bis wir uns wiedersehen.‹« – »Ich kann mich nicht getäuscht haben«, sagte Kapitän Pryal laut *New York Times*. »Ich habe Kapitän Smith zu lang gekannt. Ich würde ihn sogar ohne seinen Bart erkennen. Ich glaube fest daran, dass er gerettet wurde und auf eine geheimnisvolle Art und Weise in dieses Land gebracht wurde. Ich bin bereit, meine Erklärung zu beschwören.« Laut *The Washington Herald* vom 24. Juli 1912 legte Pryal nach. In einem Artikel mit der Überschrift »Immer noch sicher, dass er Kapitän Smith sah« bestand Pryal weiterhin auf seiner Behauptung, »dass er Kapitän Smith sah, von dem angenommen wird, dass er bei dem *Titanic*-Desaster ertrunken ist«. Pryal habe gestern erklärt, er sei sicher, dass der Kommandant des untergegangenen Schiffes lebt und wohlauf ist und sich in den Diensten der White Star Line befindet.

Aber wie kann das sein? Nun, zum einen wurde die Leiche von Kapitän Smith nie gefunden. Zum Zeitpunkt der Begegnung mit Pryal galt er als verschollen. Für tot wurde er erst 7 Monate nach der Havarie erklärt. Zum zweiten befanden sich in jener Nacht mehrere Schiffe ganz in der Nähe der sinkenden *Titanic*, manche beleuchtet, manche unbeleuchtet – manche bekannt, manche unbekannt. Passagiere eines dieser Schiffe sahen einen oder mehrere *Titanic*-Offiziere an Bord kommen. Das alles hatte jedoch keinerlei Folgen. Während sich die *Titanic*-Gemeinde normalerweise auf jede noch so unbedeutende Person und jedes noch so unbedeutende Ereignis stürzt, blieb das »postmortale Treffen« zwischen Kapitän Smith und Kapitän Pryal seit über 100 Jahren seltsamerweise im Dunkeln. Während die *Titanic*-Fans sonst seitenlange Abhandlungen über den kleinsten Krümel an Bord der *Titanic* verfassen, schweigen sie zu der Angelegenheit mit Pryal und Smith. Denn was nicht sein darf, das nicht sein kann! In Lichfield, Staffordshire, steht bis heute ein bronzenes Denkmal von Edward John Smith: einen herrischen Seebär zeigend – mit Vollbart, Kapitänsmütze und Mantel, den Blick in die Ferne gerichtet. Dorthin, wo er sein Schiff versenkte …

24. April
Hubschrauber: fliegende Banane oder fliegende Gurke?

Na endlich: Die Bundesregierung, lese ich an diesem Tag im *Tagesspiegel*, will einen neuen Transporthubschrauber für die Bundeswehr kaufen. Zeit wirds! Wo? In den USA natürlich. Typ: *Chinook*. Benannt nach einem kräftigen Wind in den Rocky Mountains, der seinen Namen wiederum von einem Indianerstamm hat. Diese *Chinook*-Hubschrauber, aufgrund ihrer länglich geschwungenen Form auch »fliegende Banane« genannt, werden es definitiv »bringen« und Putin das Fürchten lehren. Natürlich nur, wenn der schreckliche Diktator so lange wartet, bis die Dinger geliefert werden. Und das wäre dann im Jahr 2025 oder 2026, also in 3–4 Jahren (*stern.de*, 24.04.2022). Frühestens. Solange müsste der russische Despot also mindestens Geduld haben. Aber das hat er bestimmt. Ein Fußballspiel fängt man schließlich auch nicht an, solange der Torwart der gegnerischen Mannschaft noch nicht da ist.

Bitte keine Fragen ...

Tja – wo war ich? Ach ja: *Chinook*. Für schlappe 5 Milliarden Euro will die Bundesregierung angeblich die Version CH-47F kaufen, also exakt jenen Hubschraubertypen, der seit einiger Zeit ernste Probleme verursacht: »Die neueste *Chinook*-Helikopter-Version weist extreme Vibrationen der Rotoren auf«, zitierte die Militärzeitschrift *Defense News* aus einem entsprechenden Bericht des obersten Pentagon-Waffentesters. Das neue fortschrittliche *Chinook*-Rotorblatt »erzeugt übermäßige Vibrationen im Boden-, Schwebe- und Vorwärtsflug, die ein Flugsicherheitsrisiko darstellen könnten«, heißt es in dem Bericht. Und das ist schlecht, denn die neuen Rotoren sollten dem Hubschrauber eigentlich eine um 2 Tonnen erhöhte Tragkraft bringen. Doch »Flugbesatzungen berichteten von anhaltender Ermüdung und anderen physiologischen Zuständen aufgrund übermäßiger Vibrationen nach einem Entwicklungstestflug [...]. Fast 2 Wochen, nachdem *Defense News* Fragen zu dem Bericht an das Programmbüro der Armee geschickt hatte, sagte ein Sprecher, die Armee könne nicht antworten. Als Bedingung für die kürzliche Befragung der Luftfahrtführung der Armee wurde *Defense News* aufgefordert, während dieser Diskussion keine spezifischen Fragen im Zusammenhang mit dem Bericht zu stellen« (online, 27.01.2022).

Hubschrauber, die nie flogen

Hoppla! Stimmt etwas nicht mit den *Chinook*-Helikoptern? Ist die sagenhafte fliegende Banane etwa eine fliegende Gurke? Nicht doch. Anfang

April 2022 meldete die Militärpresse, dass die neuen Rotorblätter nun erst einmal weggelassen und der Hubschrauber mit den herkömmlichen Rotorblättern produziert werden würde. Doch der nächste Ärger stand schon vor der Tür: Im Sommer 2022 verkündeten die US-Streitkräfte, sämtliche ihrer 400 *Chinook*-Hubschrauber am Boden zu lassen – auf unbestimmte Zeit. Der Grund: Einigen Fliegern waren glatt die Motoren weggekokelt. »Nach mehreren Motorenbränden werden die Hubschrauber vorerst komplett aus dem Verkehr gezogen«, berichtete dazu *Der Spiegel* (online, 31.08.2022). Macht nichts. Denn ob mithilfe der von Deutschland gekauften CH-47F-*Chinook*-Hubschrauber jemals ein Russe getötet wird, ist sowieso vollkommen zweitrangig. Militärisch stärken will Deutschland ohnehin niemand – nur finanziell ausbeuten. Und dafür reicht es, dass die Geräte herumstehen. Wie in Großbritannien, das im Jahr 2001 acht *Chinook*-Hubschrauber von den USA erstand – für 259 Millionen Pfund. Sie »sollten für Sondereinsätze in Afghanistan genutzt werden«, so *Der Spiegel* am 4. Juni 2008. Sicher doch. Geflogen sind die Geräte allerdings nie, sondern werden seitdem »in einem trockenen, klimatisierten Schutzraum im Südwesten Englands« gebunkert. Eine Win-win-Situation. Für die USA.

Wenn die Rüstungsindustrie den Fuß in der Tür hat

Laut *Times Online* kam ein Kontrollausschuss des britischen Parlaments »zu dem Ergebnis, dass es sich bei dem Geschäft mit den *Chinooks* um eine der ›inkompetentesten Beschaffungen aller Zeiten‹ handele […], einem Bericht des Rechnungshofes zufolge beziffern sich die Kosten für Erwerb und Wartung der Hubschrauber inzwischen auf mehr als 500 Millionen Pfund«. Der Vertrag enthielt ganz einfach keinen Passus, »der der Royal Air Force Zugang zu den Quellcodes der hochkomplexen Software der Spezialhubschrauber« eingeräumt hätte. Beim Vertragsabschluss habe das britische Verteidigungsministerium darauf verzichtet: »Ohne die Codes konnten Experten der Royal Air Force aber nicht feststellen, ob die Hubschrauber den strengen britischen Kriterien der Flugtauglichkeit entsprechen.« Obwohl sie also nicht fliegen durften, wurden dennoch Veränderungen an den Cockpits geplant – für 215 Millionen Pfund. Außerdem wurde eine Umwandlung in normale Transporthubschrauber vorgenommen – für 90 Millionen Pfund (Quelle: ebenda).
Und so nahm das Drama auch in Deutschland seinen Lauf. Die nächste Hiobsbotschaft: »Die Tore der Hallen beim Hubschraubergeschwader 64

im brandenburgischen Holzdorf, wo die *Chinooks* untergebracht werden sollen, sind zu klein. Heißt: Der neue Hubschrauber passt nicht in seine Garage«, so der *Business Insider*. Außerdem gebe es Probleme bei der Luftbetankung. »Demnach könnten die Maschinen des Typs *Chinook* womöglich vorerst 2 Jahre lang nicht in der Luft betankt werden, da eine Zertifizierung nicht vorhanden ist.« Technisch würde der Hubschrauber eine Luftbetankung ermöglichen, »doch diese kann vorerst nicht eingesetzt werden«, so der *Business Insider*. »Damit wackelt das bisherige Argument des Verteidigungsministeriums, man kriege mit der *Chinook* einen marktverfügbaren Hubschrauber [...]. Mit den Aussagen wackeln bisherige Äußerungen des Ministeriums, warum man überhaupt die *Chinook* ausgesucht hat.« Tja – warum eigentlich? Denn schließlich gäbe es da noch ein Konkurrenzmodell *mit* Zertifizierung für die Luftbetankung, aber dafür habe sich die Bundesregierung nicht entschieden. Genauer gesagt: Olaf Scholz. Die *Chinook* sei »persönlich von Bundeskanzler Olaf Scholz (SPD) im Kanzleramt mit ausgesucht« worden (online, 11.11.2022). Seltsam – was ist da wohl gelaufen?

Am Boden zerstört

Aber nicht nur US-Militärtechnik verursacht Probleme. Betrachten wir nur einmal den Eurofighter, dessen Stückpreis etwa zwischen 120 und 140 Millionen Euro liegt. Nach Angaben des Linke-Politikers Tobias Pflüger waren zum Beispiel Stand 2010 »130 von 140 Eurofightern nicht einsatzbereit« (*merkur.de*, 25.02.2020). Stand 2018 sollen nur 4 von 128 Flugzeugen einsatzfähig gewesen sein (*Tagesspiegel*, online, 02.05.2018). Das heißt: Einen wie Putin braucht es gar nicht. Ohne dass auch nur ein einziger Schuss abgefeuert worden wäre, waren schon 2010 über 92 Prozent der deutschen Eurofighter-Flotte am Boden zerstört. Und Stand 2018 – ich wiederhole mich – sollen nur 4 von 128 Flugzeugen einsatzbereit gewesen sein (*Tagesspiegel*, online, 02.05.2018), also gut 3 Prozent. Die Zahlenverhältnisse klingen so, als ginge es hierbei nur um Vorführexemplare. Und dieser Umstand besagt, dass dabei gar nicht die Verteidigung im Vordergrund steht, sondern lediglich das Kaufen. Eine Handvoll Eurofighter reichen schließlich auch aus, um den Eindruck zu erwecken, das Gerät würde fliegen – falls sich die Verteidigungsministerin einmal auf einen Fliegerhorst verirren sollte. Verlegt sind die Flieger ja schnell. Nehmen wir rein rechnerisch einmal an, die Verteidigungsministerin würde vierzehn Fliegerhorste besuchen, und jedes Mal stünden da zehn

Eurofighter herum: Schon würde sie Stein und Bein schwören, 140 Eurofighter gesehen zu haben. Gesehen hat sie aber nur ein Potemkinsches Dorf. Das heißt aber auch: Wenn man (Stand 2018) alle 140 Eurofighter einsatzbereit machen würde, würde man die Zahl der kampfbereiten Flieger (3 Prozent = vier Maschinen) dieses Typs um 3400 Prozent erhöhen – ohne einen einzigen neuen zu kaufen! Fantastisch, nicht? Wozu also neue Flieger beschaffen?

Wie ein Gaul beim Rodeo

Wie zum Beispiel auch die Lockheed Martin F-35A. Schon am 22. Februar, als angesichts der Ukraine-Krise amerikanische F-35 nach Deutschland verlegt wurden, jubelte die *Bild*-Zeitung: »Mit modernsten Kampfjets schützen die USA uns Europäer!« Toll! Aber nur, wenn wir Schutzgeld dafür zahlen, nämlich 8,4 Milliarden Dollar, inklusive Ausrüstung. Und siehe da: Bei diesem Schnäppchen wollte Deutschland natürlich auch gleich zugreifen. »Mit der Bedrohung durch den russischen Kriegstreiber Wladimir Putin (69) geht plötzlich alles viel schneller«, staunte *Bild* am 3. April. »Deutschland kauft das modernste Kampfflugzeug weltweit.« Wie praktisch, oder? »Schon ab 2025 fliegen deutsche Soldaten die F-35.« Wobei »fliegen« möglicherweise etwas übertrieben ist. Denn ein Pentagon-Bericht listet »mehr als 800 Schwachstellen in den Jets« auf – »sechs davon könnten zum Absturz führen« (*ntv.de*, 21.03.2022). Wie zum Beispiel am 19. Mai 2020: Nach einer Luftkampfübung kehrte eine Lockheed Martin F-35A zur Eglin Airforce Base zurück. Doch beim Anflug war der Flieger zu schnell, der Anstellwinkel zu flach. Das Bugfahrwerk knallte auf die Bahn, und die F-35 prallte ab wie ein Gummiball. Anschließend hüpfte sie wie ein wilder Gaul beim Rodeo, und nach drei wilden Sprüngen sprang der Reiter ab beziehungsweise stieg der Pilot aus – mit dem Fallschirm. Kurz danach begann sich die F-35A zu drehen, küsste den Boden und verteilte ihre Trümmer großzügig nördlich der Bahn. Diagnose: Der (überlebende) Pilot war von den Displays verwirrt worden, die gesamte Flugsteuerung ist zu kompliziert und fehlerhaft. »Eine Untersuchung hat ergeben, dass der Absturz einer F-35A *Lightning II* am 19. Mai auf dem Luftwaffenstützpunkt Eglin in Florida durch den Versuch des Piloten, mit überhöhter Geschwindigkeit zu landen, sowie durch einen bisher unbekannten Fehler in der Flugsteuerungslogik verursacht wurde, der dazu führte, dass das Heck nicht mehr reagierte« (*AirForceTimes*, online, 05.10.2020). »Der Totalverlust wird von der

US Air Force mit 175,98 Millionen Dollar angegeben« (*Flug Revue*, online, 30.12.2020). Die USA sollen bereits erste Konsequenzen aus dem Desaster gezogen haben. Statt der ursprünglich 94 F-35-Jets will die US-Luftwaffe nur noch 61 bestellen (*ntv.de*, 21.03.2022). Also ungefähr die 35 Maschinen weniger, die jetzt die Bundeswehr abnehmen soll. »Bayerns Wirtschaftsminister Hubert Aiwanger (Freie Wähler) wirft der Bundesregierung vor, einen Fehler zu begehen: ›Beispielsweise den F-35 in Amerika zu kaufen anstatt den Eurofighter aus Bayern. Insofern ist das eine Fehlinvestition, die hier jetzt gemacht wird. Geld wird ausgegeben und kommt im dümmsten Fall zu wenig in Deutschland, in Bayern, an.‹« Noch schlauer wäre es freilich, die Eurofighter erst einmal auf Vordermann zu bringen, bevor man überhaupt neue Kampfflugzeuge kauft.

Methode Taschendieb

Nichts da. Ein Krieg ist schließlich wie ein großer Basar für die Waffenschmieden. Es ist wie bei Corona: Während die Menschheit von einer Panikattacke geschüttelt wird, sahnen die Korporatisten kräftig ab – und zwar nach der »Methode Taschendieb«: Vorn erschrecken und hinten in die Tasche greifen. »Die NATO-Staaten missbrauchen den Ukraine-Konflikt für eine unfassbare Hochrüstung und Erhöhung der Rüstungsausgaben, [die] BRD [mit] 100 Euro Milliarden extra, und [die] USA [mit] 800 Milliarden US-Dollar, ähnlich auch andere NATO-Staaten«, so Jens Loewe, ein politischer Aktivist und ehemaliger OB-Kandidat aus Stuttgart, »obgleich dies den Ukraine-Konflikt eher ausweiten als befrieden würde.« Nicht »obgleich«, sondern »weil«: Je länger ein Krieg dauert, umso mehr verdient man nun einmal daran. »Waffenlieferungen in die Ukraine, in ein Krisengebiet« seien »eigentlich ein No-Go und verboten«, meint Loewe. Nicht doch: Wohin soll man denn sonst Waffen liefern, wenn nicht in ein Krisen- und Kriegsgebiet? Denn da werden sie erstens gebraucht und zweitens gleich verheizt – besser geht's gar nicht.

Trauerrede statt Festakt

Man denke in diesem Zusammenhang auch an den berüchtigten *Starfighter* (Lockheed F-104), für den sich Verteidigungsminister Franz Josef Strauß im Oktober 1958 überraschend entschied, nachdem er zuvor die französische *Mirage* favorisiert hatte: Einen Tag vor der feierlichen Indienststellung des neuen Flugzeugs stürzten am 19. Juni 1962 alle vier Maschinen der für das Ereignis eingeplanten Kunstflugstaffel ab. Nachdem die Piloten und Maschinen für den Festakt nicht mehr vorhanden waren, hielt Franz Josef Strauß 2 Tage später dann eben die Trauerrede für die vier verstorbenen Flieger. Die amerikanischen Maschinen waren von Anfang an reiner Schrott (Die Bundeswehr: »Das *Starfighter* Desaster«, *YouTube*, 24.07.2017). »Von den 916 von der Bundeswehr beschafften F-104 stürzten fast 270 Maschinen ab, wobei 116 Piloten ums Leben kamen« …

23. April
Wetter und Politik: Daher weht der Wind!

Der Wind heult ums Haus. Und zwar aus Richtung Osten. Das geht nun schon seit Wochen so. Normalerweise herrscht in Mitteleuropa aber Westwindwetterlage. Die meiste Zeit des Jahres weht der Wind aus Westen und bringt die berühmte »feuchtwarme Meeresluft« nach Deutschland. Dann ist es oft bewölkt, mild und regnerisch. Ostwind dagegen ist eher selten, vor allem in Süddeutschland – und wenn er auftritt, dann hält er sich nur kurz. Meistens ist er kalt, trocken und bringt keine Niederschläge mit sich, denn er weht von den großen Landmassen Eurasiens herüber: Polen, Ukraine, Russland, Kasachstan etc. Eine regelrechte »Ostwindwetterlage« gibt es eigentlich nicht. Sucht man bei Google danach, bietet die Suchmaschine stattdessen »Westwindwetterlage« an. Besteht man trotzdem auf dem Suchwort »Ostwindwetterlage«, beginnt die Ergebnisliste mit der Frage: »Meintest du: Westwindwetterlage?«.

Änderung der Hauptwindrichtung

Dass der Wind seit dem Einmarsch der Russen in die Ukraine am 24. Februar militärisch aus Osten weht, ist zwar bekannt. Aber auch meteorologisch? So wunderte ich mich seit Wochen über den starken Ostwind. Irgendwie kam es einem so vor, als würde diese ungewöhnliche Windrichtung ungefähr seit der russischen Militäroperation in der Ukraine vorherrschen. Sicher nur eine »Verschwörungstheorie«. Nachgeprüft hatte ich das bis dahin nicht. Also holte ich das nach. Dafür gibt es eine schöne Website, nämlich *timeanddate.de*, auf der man die Wetterdaten der Vergangenheit abrufen kann. Werfen wir also einen Blick auf den Februar 2022, den Monat, in dem Putin in die Ukraine einmarschierte. Den ganzen Monat Februar über hatte hierzulande eine ausgeprägte Westwindwetterlage geherrscht – quasi ein Zustand, wie er sich gehört: Die Windpfeile zeigten beinahe immer von West nach Ost, manchmal auch von Nord nach Süd oder umgekehrt. Und dann kam der Tag des Einmarsches, der 24. Februar: Noch immer tat sich nichts an der Windrichtung, am 25. ebenfalls nicht. Doch am 26. Februar begann sich das Windsystem plötzlich zu drehen wie ein riesiges, über Europa liegendes Rad. Die Windrichtung änderte sich schrittweise von West auf Nord, anschließend auf Nord-Nord-Ost, über Nacht auf Nord, und am frühen Morgen des 27. Februar hatte er schließlich auf Ost gedreht und damit eine 180-Grad-Wende vollendet. Als würde das riesige Rad noch einmal zurückschwingen wollen, gab es am 2. und 3. März 2022 nochmals ein nördliches Windintermezzo, aber anschließend pendelte sich das »Windrad« wieder auf Ost ein. Ab da wehte der Wind vorherrschend aus Ost, und zwar bis zum 23. April. Das heißt, dass sich unmittelbar nach Putins Einmarsch in die Ukraine die Hauptwindrichtung in Mitteleuropa um 180 Grad gedreht hatte.

Ein Anschlag ist nicht ausgeschlossen

Spektakulär! Was sollte das denn? Sollte es überhaupt irgendetwas? Mal sehen: Unterstellte man einen Moment lang ein handelndes Subjekt, wirkte es fast so, als »wollte« jemand etwas aus dem Osten »wegblasen«. Doch ginge das überhaupt? Und was könnte das gewesen sein? Eine Vermutung hatte ich bereits am 7. März 2022, als ich auf Telegram flapsig schrieb: »Seit etwa 27. Februar 2022 haben wir hier vorwiegend östliche Winde. Geht's da um Fallout? Wenn es da also jetzt nuklear knallt, treibt der Kram zu uns rüber […].« Just um dieselbe Zeit tobte nämlich eine Schlacht um das AKW Saporischschja, das leistungsstärkste Atomkraftwerk Europas. Gleich in den ersten Tagen der Militäraktion hatte die Besetzung und Sicherung der ukrainischen Kernkraftwerke oberste Priorität für die Russen, weil sie laut Russland-Experte Thomas Röper einen Anschlag auf die Anlagen befürchteten. »Eine Provokation an Atomkraftwerken, vor allem am russisch kontrollierten Kernkraftwerk Saporischschja, wird nicht ausgeschlossen«, hieß es in einer Erklärung des russischen Verteidigungsministeriums (siehe Röper: »Russisches Verteidigungsministerium: USA planen False-Flag-Operationen mit Massenvernichtungswaffen«, *anti-spiegel.ru*, 24.04.2022).

Beschuss durch Russland unwahrscheinlich

Und die Windrichtung hat bei einem Atomunfall nun einmal eine enorme Bedeutung. »Wie sich die Radioaktivität im Falle eines Unfalls genau verteilen würde, hängt stark vom Wetter ab, insbesondere von der Windrichtung«, so der Deutschlandfunk. »Der Wind weht am Standort Saporischschja ganz überwiegend in Richtung Osten, also nach Russland oder Kasachstan« (online, 07.09.2022) – jedenfalls normalerweise, und das wäre für Russland natürlich ungünstig. Auch das deutsche Bundesamt für Strahlenschutz (BfS) sah Gefahren, »sollte das Kernkraftwerk in Kampfhandlungen verwickelt werden« – und zwar »für Russland«. Florian Gering vom BfS »sagte dem MDR, dass in einem solchen Fall von dem AKW eine beträchtliche Gefahr ausgehe, die aber für Russland ungleich größer als für Deutschland sei. Dies läge an der Entfernung und der meist vorherrschenden Windrichtung« (also West). »Von der Grenze zu Russland sei Saporischschja etwas mehr als 100 Kilometer entfernt. Russland könne kein Interesse daran haben, dort einen schweren Unfall zu provozieren, so Gering« (MDR, online, 05.08.2022). Ein Beschuss durch Russland, wie er immer wieder behauptet wurde, war also unwahrscheinlich:

1. weil Russland das AKW schon in den ersten Tagen des Krieges besetzt hatte,
2. weil der Fallout wahrscheinlich nach Russland hinübergeweht wäre,

was wiederum eher für die Ukraine ein Motiv gewesen wäre, das Atomkraftwerk zu attackieren.

Wer hat an der Windrose gedreht?

So drehte der Wind nach dem russischen Einmarsch auch an dem umkämpften Kernkraftwerk Saporischschja auf Ost, also weg von Russland. Jedenfalls soweit man das noch beurteilen konnte: Denn seltsamerweise brachen die Wetterdaten für Saporischschja bei *timeanddate.de* ausgerechnet in der Nacht zum russischen Angriff auf die Ukraine am 24. Februar ab und setzten erst einen guten Monat später wieder ein (am

29. März). Man konnte aber gerade noch erkennen, dass in der Nacht zum 24. Februar der Wind dort ab 0 Uhr auf Ost drehte, das heißt: nach Westen zu wehen begann. Also exakt am Tag des russischen Einmarsches. Durch die Änderung der Windrichtung wäre der Fallout nun in den Westen geweht worden. Das war schließlich schon einmal so: Als am 26. April 1986 das Kernkraftwerk Tschernobyl havarierte, wurde der radioaktive Fallout von einem kräftigen Ostwind nach Westen getragen: »Die Katastrophe fiel mit einer mehrwöchigen Schönwetterperiode zusammen, die einerseits das Wachstum der Wiesen sehr anregte, auf der anderen Seite aber auch mit einem stetig blasenden Ostwind die Verbreitung des radioaktiven Staubs nach Westen bewirkte« (*chemie.de*: »Katastrophe von Tschernobyl«, ohne Datum). Im Jahr 2016, zum 30. Jahrestag der Katastrophe, veröffentlichte die *Augsburger Allgemeine Zeitung* einen Artikel mit dem Titel »Als der Ostwind Tschernobyl vor unsere Haustür brachte«. Nur dass dies damals nicht als Kriegshandlung, sondern als Unfall gewertet wurde. Diesmal hätte der Fallout jedoch die Wut auf den Verursacher entfesseln können, je nachdem, wem der Angriff auf das Atomkraftwerk in der Ukraine zugeschrieben worden wäre. Hatte da also jemand an der Windrose gedreht, um gegebenenfalls radioaktiven Fallout in den Westen zu blasen? Schließlich ist das Wetter schon lange eine Waffe, wie auch die Leser meiner Buchreihe wissen.

General Winter und Oberst Schlamm

Es gibt jedoch noch weitere Motive für eine mögliche Wetterbeeinflussung: In den Tagen vor dem russischen Angriff (und vor der plötzlichen Ostwindwetterlage) wälzten sich noch mächtige, wolkenschwangere Westwindsysteme nach Osten. Etwas, das von Russland möglicherweise auch deshalb nicht gewollt war, weil feuchtwarme Meeresluft mit Schauern den Boden im Osten gern in knietiefen Matsch verwandelt. Und diesen kann man im Krieg nun gar nicht gebrauchen. Generell kann man sagen: Während sich der Verteidiger schlechtes Wetter wünscht, wünscht der Angreifer klare Sicht und kaltes, trockenes Wetter, denn da bleibt der Boden trocken und hart, was ideal für schwere Fahrzeuge ist. Fragen Sie nur mal Napoleon und Hitler, die beide an »General Winter« und »Oberst Schlamm« scheiterten. »Der Faktor Klima könnte einer der größten Trümpfe der Ukraine gegenüber der militärischen Überlegenheit Russlands sein. Denn schon bald werden Panzer gegen knietiefen Schlamm zu kämpfen haben«, hoffte die Schweizer Zeitschrift *Der Bund* am 10. März 2022 (online): »Russische Panzer, die in der Ukraine im Schlamm feststecken: Schon jetzt kursieren im Internet solche Bilder. Dabei hat die Rasputiza noch gar nicht begonnen. Der russische Begriff bedeutet ›Zeit der Wegelosigkeit‹ […].« Gemeint sind jene Wochen, in denen heftige Regenfälle im Herbst beziehungsweise Regen und Tauwetter im Frühling die Erde in Matsch verwandeln.

Ein seltsames Zusammentreffen

»Der Frühlingsanfang ist ein schlechter Zeitpunkt, um in die Ukraine einzumarschieren«, sagte laut *Der Bund* auch der Politikwissenschaftler Spencer Meredith. »In diesem Jahr wird die Rasputiza voraussichtlich Mitte März beginnen. Wenn steigende Temperaturen und Regen den Boden schlammig machen, müssen ›die Operationen auf den Asphalt der Straßen und Wege verlagert werden‹, schreibt der Militärhistoriker Michel Goya in der französischen Zeitschrift *Le Grand Continent*.« – Trockener Wind aus Ost wäre da hilfreich. Womit sich wieder einmal die Frage stellt, warum Putin diesen Angriffszeitpunkt überhaupt gewählt hatte. Die Antwort lautet wahrscheinlich einmal mehr: Weil so der ganze Frühling und Sommer für den Waffengang genutzt werden konnte (siehe 24. Februar). Als der Ostwind am Samstag, den 23. April 2022, immer noch pfiff, veröffentlichte ich um circa 20 Uhr ein Video über das ungewöhnliche Phänomen, das nun schon geschlagene 2 Monate andauerte (bis auf eine mehrtägige Unterbrechung Anfang April). Den ganzen Tag hatte es wieder kräftig aus Osten geweht, bis plötzlich dasselbe passierte wie am 27. Februar, nur anders herum und noch viel schneller: Das riesige, über Europa liegende Windrad drehte sich über Nacht schlagartig auf West. Nachdem *timeanddate.de* um 0 Uhr in der Nacht zum 24. April noch Ostwind registriert hatte, hatte der Wind 6 Stunden später, am 24. April um 6 Uhr morgens, plötzlich um 180 Grad auf West gedreht, als hätte jemand einen Schalter umgelegt. Ein seltsames Zusammentreffen: Die seit 2 Monaten andauernde Ostwindwetterlage hatte sich aufgelöst, als wäre sie nie da gewesen. Und nun pfiffen mir plötzlich kräftige Westwinde mit Schauern um die Ohren.

Wetter, Krieg und Wetterkrieg

Wie bereits angedeutet: Das Wetter ist in einem Krieg ein strategischer Faktor. Die Windrichtung kann über Regen, Schnee, Nebel oder klare Sicht entscheiden. Ebenso über die Verteilung von chemischen (oder radioaktiven) Kampf- beziehungsweise Schadstoffen. Die große offene Frage lautet natürlich, ob eine derartig großräumige Wettermanipulation überhaupt möglich wäre. Um diese Frage zu beantworten, muss man wissen, dass 1996 das US-Militär eine Studie verfasste: »Weather as Force Multiplier: Owning the Weather in 2025« – »Wetter als Kraftverstärker: Wenn uns 2025 das Wetter gehört«. Was wohl heißen sollte, dass das Ziel darin bestand, das Wetter bis zum Jahr 2025 vollumfänglich kontrollieren zu können. Das war, wie gesagt, vor 27 Jahren, und heute steht das Jahr 2025 praktisch vor der Tür. Die Beherrschung des Wetters ist für das Militär von größter strategischer Bedeutung. Die Russen haben sich da mit Sicherheit nicht weniger angestrengt. Wurde die Windrichtung also tatsächlich aus militärischen Gründen geändert – von wem und wie auch immer? Beweisen lässt sich das nicht. Aber genau das ist ja der Vorteil der hybriden Kriegsführung im Allgemeinen und der Wettermanipulation und -kriegsführung im Besonderen: Man kann sie »abstreiten«, so Michael Keane von der University of Southern California. Bei einem Verdachtsfall wisse niemand, »ob es nur das Wetter war oder aber ein militärischer Angriff […]« (*pravda.tv*, 24.03.2020). »Schafft man es, die Natur die Arbeit für einen erledigen zu lassen, könnten die USA und andere Länder versteckte Kriege führen, ohne entlarvt zu werden«, so auch der US-Wissenschaftler Nick Begich, der den Machenschaften der Wettermanipulateure schon seit vielen Jahren auf der Spur ist. »Ein betroffenes Land wird möglicherweise nie erfahren, dass es zum Ziel von Wetterkriegsführung wurde, und sich deshalb auch nicht wehren können.« Was übrigens für hybride Kriege generell gilt. »Erdbeben und Flutwellen sind die Waffen der Zukunft. Aber es würde keine [herkömmliche, G. W.] Waffe eingesetzt werden. Niemand wüsste, dass man den Krieg begonnen hat«, so Begich (*pravda.tv*, ebenda). Oder dass eine Wetterwaffe zum Einsatz kam. Und natürlich käme als Urheber auch Russland in Betracht: Jede neue Rüstungstechnologie löst schließlich auch ein neues Wettrüsten aus, und es ist anzunehmen, dass auch Russland inzwischen über entsprechende weitreichende Technologien verfügt …

Thema des Monats

9.5. Annalena Baerbock: »Lasst uns Europa gemeinsam verenden!«

1.5. Bundesinnenministerin Faeser empfiehlt Anlage von Notvorräten – 4.5. Nationaler »Erdüberlastungstag« – **5.5.** In Wilhelmshaven beginnt der Bau eines Hafens für US-Flüssiggastanker – ***9.5. Ein Wahlkampfauftritt von Annalena Baerbock bietet einen Anlass, sich mit ihrer Biografie zu befassen – 10.5. Außenministerin Annalena Baerbock reist nach Kiew und eröffnet dort die deutsche Botschaft wieder (Baerbock siehe auch 9.5.)*** – **11.5.** Die Europäische Kommission will eine sogenannte Chat-Kontrolle einführen – **12.5.** Finnland will der NATO beitreten – **16.5.** Der ungarische Ministerpräsident Orbán wird auf seine fünfte Amtszeit vereidigt – **17.5.** Das schwedische Parlament spricht sich für einen Beitritt zur NATO aus – **24.5.** Bei einem Amoklauf an der Robb Elementary School in Texas verlieren neunzehn Kinder ihr Leben

1. Mai
Konserven: Essen aus längst vergangenen Zeiten

Bundesinnenministerin Nancy Faeser ist rührend um uns besorgt. Zum Beispiel was mit uns geschieht, wenn die Bundesregierung weiter die Stromversorgung sabotiert und Blackouts oder andere Notfälle auftreten. Dann nämlich haben wir möglicherweise nichts mehr zu beißen und zu trinken. Und weil man da nicht gleich ein auffälliges Massensterben haben möchte, sollen wir uns jetzt Notvorräte anlegen, empfahl sie via *Handelsblatt* am 1. Mai. Blödsinn: Natürlich machte sie sich Sorgen, ob im Zuge des Krieges mit Russland vielleicht Cyberattacken stattfinden und allerlei Versorgungssysteme lahmlegen könnten. Die Frau hat gut reden, denn meistens werden solche Vorräte ja dann doch erst nach längerer Zeit gebraucht – oder sogar gar nicht. Was macht man dann? Haben Sie schon einmal eine 8 Jahre alte Konserve mit Sauce Bolognese aufgemacht? Oder eine 12 Jahre alte gefriergetrocknete Trekkingnahrung? Rein zufällig hatte ich nicht lange zuvor einen Selbstversuch gestartet. Denn dass Konserven lange haltbar sind, ja sogar jahrelang, kann man zwar überall lesen, dokumentierte Selbstversuche sind jedoch kaum bis gar nicht überliefert. Wenn überhaupt, dann liest man manchmal von einer Gelegenheitserfahrung, in deren Rahmen sich auch viele Jahre alte Konserven noch als genießbar herausstellten. Dass jemand einen systematischen Selbstversuch startet, ist jedoch selten – und zwar mit seit bis zu 12 Jahren abgelaufenen Konserven. Ich jedoch wollte wissen, ob meine seit bis zu 14 Jahren eingelagerten Vorräte wirklich noch genießbar sind oder nur Platz verschwenden. Dabei habe ich drei viele Jahre alte Stichproben von meinen eigenen Vorräten genommen und »zubereitet«.

Bangemachen gilt nicht

Ich öffnete dazu:

- eine Tüte gefriergetrocknete Expeditionsnahrung, Marke »Katadyn«, gekauft circa 2018, Mindesthaltbarkeitsdatum (MHD) 2020, also seit 2 Jahren abgelaufen;
- ein Glas Sauce Bolognese, Marke »Mamma Gina«, gekauft circa 2012, MHD 2014, also seit 8 Jahren abgelaufen;
- eine Tüte gefriergetrocknete Trekkingnahrung, Marke »Katadyn«, gekauft circa 2008, MHD 2010, also seit 12 Jahren abgelaufen (ge-

friergetrocknete Trekkingnahrung ist oft teurer als Dosen, hat aber den Vorteil eines geringeren Gewichts und Platzbedarfs).

Ich gebe zu, dass ich sehr skeptisch war. Besonders bei den alten Konserven war es ein etwas merkwürdiges Gefühl, das Glas beziehungsweise die Tüte überhaupt zu öffnen. Bekanntlich isst man ja nicht nur mit Mund und Magen, sondern auch mit den Augen und auch mit dem Bewusstsein. Und das schaltet in einem solchen Falle im Wesentlichen auf Rot. Es gibt eine psychosomatische Abwehrreaktion, die einen davor zurückschrecken lässt und auch leichten Ekel beinhaltet. Kurz: Man lehnt das Essen bereits aufgrund des Wissens um sein Alter ab. Eigentlich will man gar nicht erfahren, was sich in diesen Konserven befindet. Aber Bangemachen gilt nicht.
Als Erstes kam eine vor 2 Jahren abgelaufene Tüte gefriergetrocknete »Katadyn«-Expeditionsnahrung dran (MHD 2020): Nudeln mit Hühnchen und Spinat. Umwillkürlich erwartete ich, dass sich der Inhalt bewegen würde. Nach dem Aufschneiden der Tüte erwies sich diese Angst jedoch als unbegründet: keine unangenehmen Eindrücke, weder olfaktorisch noch visuell. Geruch und Aussehen erwiesen sich als normal. Das Ganze wurde nun mit kochendem Wasser aufgegossen und umgerührt. Auch danach waren Geruch und (jetzt auch) Geschmack normal. Ergebnis: vollumfänglich genießbar. Danach folgte die vor 8 Jahren abgelaufene Sauce Bolognese (MHD 2014). Hier gilt dasselbe: Der Deckel der Dose knackte, nach dem Öffnen waren der Geruch und das Aussehen völlig normal. Der Geschmack einwandfrei. Später habe ich ohne Probleme den gesamten Inhalt des Glases verzehrt.

50 Jahre altes Brot

Besonders gespannt war ich natürlich in Bezug auf die im Jahr 2010 abgelaufene Expeditionsnahrung, die circa 2008 gekauft worden war, also vor etwa 14 Jahren. Es handelte sich um Lachs mit Kartoffeln und Dillsauce. Einmal davon abgesehen, dass man den Lachs erwartungsgemäß mit der Lupe suchen musste, ergab sich in der Qualität nicht der geringste Unterschied zu den vorgenannten Konserven. Das heißt: Die Nahrung war genauso »frisch«, wie die 10 Jahre jüngere Expeditionsnahrung. Nach dem Verzehr der Proben einschließlich des Inhalts des Glases Bolognese zeigten sich keinerlei Spätfolgen (Magenverstimmung etc.).

Ich war ziemlich begeistert. Das hätte ich nicht erwartet: 2, 8 und 12 Jahre über dem MHD ist schließlich kein Pappenstiel! Im Wesentlichen sollte dieses Ergebnis für alle Konserven gelten, ob gefriergetrocknet oder nicht, denn die Herstellungsprozesse dürften bei allen Marken die gleichen sein. Dabei ist das noch gar nichts. Aus Konservendosen kann man sogar Lebensmittel aus längst vergangenen Epochen verzehren. Im Europäischen Brotmuseum in Ebergötzen (Kreis Göttingen) zum Beispiel öffnete man einen Karton »mit 20 Dosen Brot aus dem Zweiten Weltkrieg«, schrieb *Die Welt* 2002. »Die Experten sind verblüfft. Das ›Kommissbrot‹ ist nach mehr als 50 Jahren noch essbar […]. ›Es schmeckt sogar noch ganz gut‹«, zitierte das Blatt Museumsleiter Wilhelm Bruinjes. »Trocken und ein bisschen nach Blech.« Auch die Lebensmittelüberwachung ging d'accord und stufte das Schwarzbrot als »noch essbar« ein (online, 12.07.2002).

Praktisch endlos verwendbar

Ebenfalls 50 Jahre alt war ein Konservenhuhn, das ein Brite zu seiner Hochzeit geschenkt bekommen hatte. Das Huhn war Teil eines Präsentkorbes gewesen, »den er und seine Frau Beryl 1956 in Manchester als Hochzeitsgeschenk bekommen hatten«, so die Website *Der Survival Profi*. Zu seiner Goldenen Hochzeit machte es der Brite auf und erklärte: »Es schmeckte wunderbar, höchstens ein klein wenig zu salzig.« – »Die Canned Food Alliance, ein US-Zusammenschluss von Lebensmittelherstellern sowie Dosen- und Stahlproduzenten, teilte mit, dass eingedoste Lebensmittel eine nahezu unendliche Haltbarkeit bei moderaten Lagerbedingungen (Lagertemperatur bis 23 Grad Celsius) haben.« Selbst der Inhalt 100 Jahre alter Konserven aus gesunkenen Schiffen sei noch essbar, hätten Wissenschaftler herausgefunden: »›Dosennahrung bleibt praktisch endlos verwendbar, wenn sie ordnungsgemäß vakuumversiegelt wurde‹, meint Professor Eunice Taylor, Dozent für Lebensmitteltechnik an der Universität Salford (a. a. O., 30.10.2022). Eine Dose der Firma Busch & Barnewitz war im Jahr 2016 sogar 140 Jahre alt: »Eine weniger gut erhaltene Dose aus dem Bestand« des Unternehmens »wurde vom Braunschweiger Lebensmittelchemieinstitut Nehring untersucht, das zu dem Ergebnis kam, dass man den Inhalt der verschlossen gebliebenen Konservendosen wahrscheinlich noch essen könnte« (Berwinkel, Roxane: »Die älteste gefüllte Konservendose der Welt?«, online, 16.05.2016).

Aber ich will hier natürlich nicht den Genuss von verdorbener Nahrung empfehlen. Die Verantwortung trägt letztlich jeder selbst. Als Faustregel könnte gelten: Wenn sich in einer Dose oder Tüte nach 2 Jahren nichts tut, dann wird sich darin auch nach 10 Jahren nichts tun. Denn die Nahrung ist ja vollkommen tot: Kein Einzeller regt sich mehr darin. Wenn doch, dann blähen sich Tüten und Dosen auf. Bei jahrzehntealten Dosen ist jedoch wahrscheinlich weniger der Inhalt, als vielmehr die Bleiverlötung gesundheitsschädlich. Denn Blei ist nun einmal giftig. In diesem Fall heißt es dann: Ab in die Tonne …

4. Mai
Erdüberlastungstag: Nachhaltigkeit ist keine Erfindung der Grünen

Wissen Sie was? Wir dürften eigentlich gar nicht hier sein. Wie: »nicht hier sein«? Na, auf der Erde! Ja! Denn heute ist »Erdüberlastungstag«! Sie kennen doch den Spruch: Warum ist am Ende des Geldes immer noch so viel Monat übrig? Nun, beim Erdüberlastungstag heißt das: Warum ist am Ende der Ressourcen immer noch so viel vom Jahr übrig? »Würden die Ressourcen der Erde zu gleichen Anteilen auf alle Länder gemäß der Zahl ihrer Einwohnerinnen und Einwohner verteilt, hätte Deutschland seinen Anteil im Jahr 2022 bereits Anfang Mai aufgebraucht, so Berechnungen des Global Footprint Network« (Umweltbundesamt, online, 04.05.2021). Das GFN, das seinen Hauptsitz in den USA hat, schwingt sich also auf, den Staaten der Welt Ressourcen zuzuteilen. Die Liste seiner Partnerorganisationen spricht für sich. Auf ihr findet sich beispielsweise der World Wide Fund for Nature, dessen Website den Menschenschlächter Dschingis Khan dafür rühmte, so viele Menschen getötet zu haben, dass umfangreiche CO_2-Emissionen vermieden worden seien (siehe *verheimlicht – vertuscht – vergessen 2022*). »Mit dem Ecological Footprint führt GFN Buchhaltung über den menschlichen Verbrauch von natürlichen Ressourcen und den tatsächlichen Bestand« (*Wikipedia* [D]). Wir reden hier also von Planwirtschaft. Was diese in der Geschichte der Menschheit bereits angerichtet hat, wissen wir ja. Die Ergebnisse sind entsprechend: Laut Global Footprint Network hätte es Deutschland ab Mai eigentlich gar nicht mehr geben dürfen – und ab Mitte des Jahres den Rest der Menschheit auch nicht! Bis auf Jamaica vielleicht, denn das lebt erst ab dem 20. Dezember über seine Verhältnisse. Denn je nach Ressourcenverbrauch ist dieses Datum für fast jedes Land unterschiedlich. Die schlimmsten Verschwender sollen demnach Katar und Luxemburg sein, da sie die ihnen »zustehenden« Ressourcen bereits am 10. beziehungsweise 14. Februar aufgebraucht haben sollen. Danach müsste man ihnen eigentlich den Hahn zudrehen. Fast so schlimm sind natürlich die großen westlichen Staaten Kanada und USA (13. März). Am anderen, dem braven Ende der Skala befinden sich Länder wie Indonesien (3. Dezember), Ecuador (6. Dezember) und eben Jamaica. Nimmt man die Menschheit als Ganzes, ist etwa in der Jahresmitte Schluss. Von da an lebt sie angeblich auf Pump der nachfolgenden Generationen, weil sie mehr verbraucht, als gleichzeitig »erneuert« werden kann.

Leben überm Limit?

Tja – und ab heute leben die Deutschen demnach auf Kosten anderer Länder beziehungsweise künftiger Generationen. »Ab diesem Tag gewinnen die Deutschen der Erde mehr Holz, Pflanzen und Nahrungsmittel ab, als in einem Jahr nachwachsen können. Und sie stoßen nach dem 4. Mai rechnerisch mehr CO_2 aus, als Ozeane und Wälder aufnehmen können. Das beschleunigt die Meeresverschmutzung und den Klimawandel«, schreibt das Magazin *Ökoterror* – Pardon: *Ökotest* (online, 04.05.2022). Mit anderen Worten leben die Staaten, nachdem sie die ihnen »zustehenden« nachhaltigen Ressourcen verbraucht haben, angeblich von der Substanz. »Der frühe Termin des sogenannten Erdüberlastungstages verdeutliche einmal mehr, ›wie sehr wir über dem Limit leben, unsere knappen Ressourcen vergeuden, und wie schlecht wir unsere Ökosysteme weiter behandeln‹«, mahnte Christoph Heinrich, Vorstand Naturschutz beim WWF Deutschland. »Auf die globale Bevölkerung hochgerechnet, bräuchte der deutsche Lebensstil die Landfläche von über drei Erden« (*rnd.de*, 04.05.2022). Das heißt, wenn alle so leben würden wie wir, bräuchte die Menschheit drei Planeten.

Ökofaschistische Ideologie

Schrecklich. Aber wissen Sie, was mich an dem Begriff »Überlastung« in diesem Zusammenhang stört? Es ist das Wort »Last«. Der Mensch, und speziell der westliche oder deutsche Mensch, ist also eine Last. Und übrigens nicht nur der deutsche – denn was das Umweltbundesamt fein verschweigt, ist, dass am 4. Mai zwei Länder Erdüberlastungstag haben, nämlich Deutschland und Israel. Auch Israels Bewohner haben die ihnen zustehenden Ressourcen an diesem Tag bereits verbraucht und fallen der Erde von da an über Gebühr »zur Last«. Und im Kontext zu Israel fällt einem noch besser auf, welche ökofaschistische Ideologie sich hier eingeschlichen hat. Möchte man das wirklich weiterdenken? Auf jeden Fall, so das Umweltbundesamt, nutzen wir in Deutschland die Natur dreimal so schnell, »wie sich Ökosysteme regenerieren können – mit vielfältigen Folgen für die Umwelt, wie unter anderem Klimawandel, Artensterben oder schrumpfende Wälder« (*umweltbundesamt.de*, 04.05.2021). Das ist demnach zwar amtlich, aber trotzdem Humbug. Oder gerade deswegen? Wie wir wissen, haben unsere Regierung und Behörden den Kontakt zur Realität längst verloren. Denn zunächst einmal handelt es sich bei dem »Welterschöpfungstag« und dem »ökologischen Fußabdruck« bestenfalls um mathematische Modelle mit all ihren Fehlern und Schwächen. Schlimmstenfalls um Milchmädchenrechnungen.

Vereinfachung führt zur Ungültigkeit

Man denke an den Wetterbericht, der spätestens nach einigen Tagen unscharf wird. In Wirklichkeit kann man den Planeten und seine Bevölkerung genauso wenig modellieren wie seine Atmosphäre – ganz einfach, weil dafür unendlich viele Daten verarbeitet werden müssten. Und zwar weil Erde, Biosphäre und die Menschen aus unendlich vielen Zuständen bestehen und unendlich viele Daten repräsentieren und produzieren. Im Grunde müsste man den Zustand jedes Moleküls und jedes Atoms beschreiben und in ein Computermodell einbinden. Demgegenüber scheinen der sogenannte ökologische Fußabdruck und der »Erdüberlastungstag« auf einem geradezu lächerlich primitiven Modell zu beruhen, nämlich dem, »dass die verantwortlichen Wissenschaftler vor allem CO_2-Emissionen zur Berechnung des ökologischen Fußabdrucks eines Landes verwendeten und andere Aspekte außen vorließen« (*faz.net*, 29.07.2019).

Digitale Scheinwelten

»Die gesamte Überschreitung des ökologischen Fußabdrucks, des vom Global Footprint Network entwickelten Nachhaltigkeitsindikators, beruht auf einer einzigen Quelle: Kohlendioxid. Für keine andere Kategorie, die er misst, wie zum Beispiel Ackerland, Weideland, Wälder oder Fischgründe, zeigt er eine ökologische Erschöpfung an. Das liegt nicht daran, dass die Umweltauswirkungen nicht bedeutend wären, sondern daran, dass der ökologische Fußabdruck ein grundsätzlich fehlerhafter Indikator ist« (Breakthrough Institute: »It's Time to Scrap the Ecological Footprint«, 13.08.2015). »Auch die Wissenschaftler von Global Footprint Network selbst weisen darauf hin, dass in die Berechnungen nicht alle Einflüsse des Menschen auf die Umwelt einfließen« (*faz.net*, ebenda). Was, wie gesagt, auf der einen Seite gar nicht anders sein kann, auf der anderen Seite aber zur Ungültigkeit des Modells führt. Denn keine Forschergruppe kann die Daten der gesamten Welt erheben und in einem Computermodell abbilden. Womit solche Modelle grundsätzlich nutzlos sind, was natürlich kein etatverwöhnter Wissenschaftler zugeben würde. Das Problem ist nur, dass immer mehr politische Entscheidungen aufgrund von solchen digitalen Scheinwelten gefällt werden, die nicht nur unzureichend sind, sondern auch beliebig manipuliert werden können – je nachdem, welche Ausgangswerte und logischen Beziehungen zwischen den Parametern eingegeben werden.

Nachhaltigkeit ist keine Erfindung der Grünen

Falls, wie die *Frankfurter Allgemeine Zeitung* nahelegt, der »Erdüberlastungstag« tatsächlich nur oder vorwiegend auf der Berechnung von CO_2-Emissionen beruht, ist er ohnehin wertlos:

1. weil das Modell für die komplexe Biosphäre viel zu primitiv ist und die Realität nicht ausreichend abbildet,
2. weil CO_2 kein Schadstoff, sondern eine Ressource ist, nämlich für die Pflanzen.

Da Kohlendioxid als Hauptnahrung der Pflanzen deren Wachstum fördert und damit die landwirtschaftlichen Erträge steigert, ist es der beste und natürlichste »Dünger«, den man sich überhaupt vorstellen kann. Deswegen waren während der Kreidezeit mit ihrem hohen CO_2-Gehalt der Luft Pflanzen und Tiere auch viel größer als heute. Die Autos, die wir fahren, und die Kraftwerke, die wir betreiben, stellen aus »Sicht« der Pflanzen daher nichts weiter als Nahrung her – nämlich CO_2. Zugespitzt formuliert würde sich eine wachsende Menschheit also selbst ernähren, indem ihre CO_2-Emissionen das Pflanzenwachstum fördern würden (vorausgesetzt, menschliche Aktivitäten könnten den CO_2-Gehalt der Atmosphäre überhaupt nennenswert erhöhen, was umstritten ist). Je höher die Ernten jedenfalls ausfielen, umso mehr Nahrung gäbe es sowohl für Pflanzen- als auch für Fleischfresser. Mit anderen Worten hätten wir es hier bereits mit einem perfekt »nachhaltigen« Kreislauf zu tun, in dem der eine (zum Beispiel Pflanzen) das Abgas des anderen (zum Beispiel Mensch, Tier) als Nahrung beziehungsweise zur Energiegewinnung (Sauerstoff) verwendet. Was heißt »hätten«: In Wirklichkeit geschieht das ja schon seit Abermillionen von Jahren. Denn was uns fein verschwiegen wird: Nachhaltigkeit ist keine Erfindung der Grünen oder der UNO. Das System Erde als Ganzes ist schon seit vielen Jahrmillionen »nachhaltig«, und auch das Recycling wurde nicht von den Grünen erfunden, sondern von der Natur. Darauf, dass die Hauptnahrung der Pflanzen für die Erde schädlich sein soll, muss man deshalb erst einmal kommen. So wird tatsächlich auch davon gesprochen, die wertvolle Ressource Kohlendioxid im Boden »endzulagern« (Carbon Capture and Storage, CCS). Woraus man entnehmen kann, wie verrückt hierzulande bereits gedacht und gehandelt wird. In Wirklichkeit müsste an jedes Kraftwerk ein großes Gewächshaus angeschlossen werden, das von der industriellen Abwärme beheizt werden kann und in dem das (von Schadstoffen gereinigte) CO_2 für stattliche Erträge sorgen würde. Wie schon gesagt: Alles ist verkehrt herum.

Hunger ist kein Indikator für Überbevölkerung

Na gut: Aber wir sind uns doch einig, dass auf der Erde mehr Menschen leben, als sie tragen und ernähren kann? Greifen wir einmal vier Parameter heraus: 1. das Platzproblem, 2. das Ernährungsproblem, 3. das Energieproblem und 4. das Abfallproblem.

1. »Die Hälfte der Menschheit wohnt auf nur 3 Prozent der Erdoberfläche«, so das Schweizer Nachrichtenportal *Watson* (lies: whats on = was geht/was läuft). »Wie leer die Erde eigentlich ist, zeigen die Karten sehr schön, mit denen der amerikanische Journalist Tim De Chant im Jahr 2011 illustriert hat, wie viel Platz die Menschheit – damals noch 6,9 Milliarden Köpfe stark – einnehmen würde, wenn sie in einer einzigen Megalopolis konzentriert wäre«, so *Watson*. »Mit der aktuellen Größe der Weltbevölkerung berechnet, ergibt sich eine etwas größere Fläche von rund 351 000 Quadratkilometern. Das entspricht knapp der Fläche von Deutschland (357 000 Quadratkilometer).«

Ach so – aber wahrscheinlich, wenn alle dicht an dicht stünden und sich auf die Füße treten würden. Keineswegs: »Bei einer Bevölkerungsdichte, wie sie die Stadt Paris aufweist, hätte die gesamte Bevölkerung unseres Planeten in Deutschland Platz« (ebenda, 27.08.2017). Wenn wir dagegen einmal mit der sehr dünn besiedelten amerikanischen Stadt Houston rechnen würden, würde eine Stadt mit der gesamten Weltbevölkerung »den größten Teil von Europa einnehmen (5 289 492 Quadratkilometer).« Aber Europa ist im Verhältnis zum Rest der Erde immer noch sehr klein. Und der Rest wäre dann leer.

2. Viel wichtiger als die Platzfrage ist daher die Frage, wie viele Menschen die Erde ernähren kann. Nicht mehr viele, wird mancher sagen, denn schließlich hungern schon jetzt Millionen. Aber was nur wenige wissen: Hunger ist *kein* Indikator für Überbevölkerung, wie man uns oft weiszumachen versucht. »Hunger hat andere Ursachen: zum Beispiel Armut, mangelnder Zugang zu Boden, Wasser und anderen Ressourcen sowie schlechte Regierungsführung« (BMEL: »Welternährung verstehen – Fakten und Hintergründe«, August 2018). »Überbevölkerung ist zwar von Bedeutung. Aber Menschen hungern nicht ihretwegen«, räumt selbst der Direktor des Welternährungsprogramms der Vereinten Nationen, Arif Husain, ein. Allein mit dem Essen, das wir jedes Jahr verschwenden, könnte man theoretisch rund 2 Milliarden Menschen ernähren«, so die WDR-Website *Quarks* (02.05.2019).
3. Die dritte Frage ist die, wie man eine wachsende Menschheit mit Energie versorgen kann. Die Antwort lautet, »[erstens,] dass die Menge von Steinkohle und Petroleum (und insbesondere seiner Gaskomponente Methan) weitaus größer ist, als von irgendeiner Theorie erklärt werden könnte, die auf versunkenen biologischen Überbleibseln beruht«, so der mehrfach preisgekrönte amerikanische Physikprofessor Thomas Gold. »Über viele Jahrzehnte, während wir mehr und mehr Lagerstätten von Erdöl und anderen Kohlenwasserstoffen fanden, mussten unsere Schätzungen ständig nach oben korrigiert werden. […] Zweitens wurden Petroleum und Methan an Orten gefunden, an denen es an der Oberfläche nie biologische Überreste gab; das Vorhandensein von Öl und Gas an diesen Orten kann durch die Theorie der biologischen Entstehung (Biogenese) schlicht und einfach nicht erklärt werden. Drittens findet man an diesen Orten keines der anderen Überbleibsel, die man in der Gegenwart von biogenetischen Kohlenwasserstoffen erwarten würde. Viertens und wahrscheinlich am vielsagendsten herrscht nun allgemeiner Konsens darüber,

dass auf vielen anderen Himmelskörpern unseres Sonnensystems üppige Vorkommen von Kohlenwasserstoffen existieren, obwohl dort keine Entstehung aus Oberflächenorganismen angenommen werden kann. In meinen Augen ist die Schlussfolgerung unausweichlich, dass uns Öl, Gas und Kohle nicht ausgehen, und nach einer 100-jährigen intensiven Nutzung sind uns heute mehr Reserven bekannt, als in der Vergangenheit jemals prognostiziert wurden« (Gold: *The Deep Hot Biosphere*, Seite 209 f.).

4. Kommen wir zum Thema Abfall. Leider gibt es kaum belastbare Daten über das globale Müllproblem: Lange Zeit war es »eine Herausforderung [lies: Problem], qualitativ hochwertige Daten über Abfälle und Abfallbehandlung zu sammeln. Die verfügbaren Schätzungen sind vielfältig, nicht überprüft oder zuverlässig und oft ziemlich veraltet. Daher hat sich die Umwandlung von Abfalldaten in zuverlässige Abfallstatistiken als schwierig erwiesen« (Quelle: UNEP, siehe unten). Falsch daran ist nur die Vergangenheitsform, denn die Definition und Quantifizierung von Müll ist nach wie vor äußerst diffizil. Beim Thema Abfall ist es auch fast unmöglich, auf sachliche und unideologische Quellen zu stoßen. Das Thema wird derartig politisch instrumentalisiert, dass man kaum unabhängige Informationen finden kann. Alles ist durchwirkt von der menschenfeindlichen Ideologie, dass die hoch entwickelten Länder ihre Entwicklung zurückfahren müssen beziehungsweise dass auf dem Planeten zu viele Menschen leben.

Müll hat den Heizwert von Braunkohle

Die Tatsache, dass alle Länder der Welt spätestens über die Ozeane in Verbindung stehen, wird missbraucht, um globale Regime zu errichten, ähnlich dem CO_2-Regime und dem »Weltklimarat«. In UNO-Deutsch gesagt, geht es um »die ›Governance‹-Probleme, die angegangen werden müssen, um eine nachhaltige Lösung zu schaffen […]«, so ein Papier des United Nations Environment Programme (UNEP: »Report Global Waste Management Outlook«, 2015). Woran man sehr schön sehen kann, dass wirkliche oder vermeintliche Umweltprobleme missbraucht werden, um eine globale Regierung zu errichten. Das heißt, über kurz oder lang können wir mit der Gründung eines »Weltabfallrates« rechnen, der sich – anders als der »Weltklimarat« – zwar mit einem realen Problem befasst. Allerdings wahrscheinlich auf dieselbe verheerende planwirtschaftliche Weise, die zu Preissteigerungen, zum Abwürgen der Wirtschaft und zu noch mehr Not führen wird. Neben den armen Ländern, die ihren Abfall manchmal in der Natur deponieren, gibt es in hoch entwickelten Industrienationen, die ihr Müllproblem weitgehend in geordnete Bahnen gelenkt haben, jedoch längst intelligente Lösungen. Soll heißen: Verbrennung in Müllkraftwerken. Dieses Verfahren gibt es zwar schon lange, aber nur wenige haben sich einmal richtig klar gemacht, was das heißt: Es ist die wohl intelligenteste Abfallverwertung für große Restmüllmengen, die es überhaupt gibt: Statt Öl, Gas oder Kohle verbrennen diese Kraftwerke Müll zur Wärme- und Energieerzeugung.

In Europa fehlt Müll!

Denn man höre und staune: Müll hat etwa den Heizwert von Braunkohle! Zwar bleiben dabei immer noch rund 25–35 Prozent Schlacken übrig. Rund 10 Prozent davon sind jedoch wiederverwertbares Eisen und Buntmetalle, ein Teil der Schlacken wiederum kann als Baustoff verwendet werden. Kurz und gut: In Europa fehlt Müll für die Verbrennung jetzt schon an allen Ecken und Enden! In einer Studie zum Müllproblem ist die Rede von einem »Mangel an Abfall zur Verbrennung in Verbrennungsanlagen« (Mar Edo und Inge Johansson: »International Perspectives of Energy from Waste – Challenges and Trends«, *vivis.de*, ohne Datum). In Kopenhagen zum Beispiel fährt man regelrecht auf Müll ab – und zwar auf Skiern. Dort steht eine riesige Müllverbrennungsanlage mit einer künstlichen Skipiste auf dem Dach, die »160 000 Haushalte mit Fernwärme und 61 500 mit Strom versorgen und Kopenhagens guten Ruf als grünste aller Hauptstädte nach dem Start im kommenden Jahr neuen Glanz bringen« soll (*Frankfurter Rundschau,* online, 27.09.2016). 2017 wurde die Anlage in Betrieb genommen. Der Wermutstropfen des westlichen Müllmanagements liegt darin, dass noch immer Abfall in andere Länder exportiert und dort entweder unter »unsauberen« Bedingungen recycelt oder deponiert wird – ein Problem, das es definitiv noch zu lösen gilt.

Gegen Verbesserungen spricht also überhaupt nichts. Was Ihnen aber niemand erzählt: Das Thema ist eher nicht die »Überlastung«, sondern die *künstliche* Verknappung und Verteuerung von Gütern. Was unsere Medien natürlich nicht daran hindert, kräftig die Werbetrommel für den »Erdüberlastungstag« zu rühren. Bei ihm handelt es sich in Wirklichkeit aber eher um einen Erdverknappungstag, wodurch natürlich ebenfalls der Eindruck der »Überlastung« entsteht, und zwar aufgrund

- **von unsinnigen CO_2-Gesetzen** und eines damit verbundenen Zertifikatehandels, die die Preise für alle Güter und Dienstleistungen in die Höhe treiben, insbesondere natürlich auch für Strom, Gas und Benzin/Diesel,
- **von Sanktionen zwischen Wirtschaftsräumen**, die zur Verknappung und Verteuerung von Gütern und Rohstoffen führen,
- **von Missmanagement bei der Erzeugung und Verteilung von Lebensmitteln**, was in regionalen Hungerphänomenen mündet,
- **von einem hybriden Krieg gegen die Landwirtschaft** aufgrund immer neuer Gesetze und Auflagen, was die Nahrungsmittelproduktion senkt, statt sie zu steigern.

Um der Wahrheit die Ehre zu geben: Mit dem »Erdüberlastungstag« könnte man eigentlich sehr kurzen Prozess machen. Nicht nur wegen der ärmlichen Grundlage auf den CO_2-Emissionen. Genau genommen hat er ein so ausführliches Kapitel gar nicht verdient. Denn da seine Vertreter behaupten, die Menschheit lebe schon seit Jahrzehnten ab Mitte des Jahres von der Substanz, müsste diese Substanz natürlich längst verbraucht und die Erde »pleite« sein. Das heißt: eine öde Steppe – ausgebeutet, ausgeraubt und ausgelaugt. Und da sie das eindeutig nicht ist, heißt das, dass der »Erdüberlastungstag« nichts weiter als eine Fiktion menschenfeindlicher Propaganda ist, die uns einmal mehr einreden soll, der Mensch sei eine Art Schädling, der die Erde bis zur Erschöpfung ausbeutet – und der deshalb verschwinden muss.

9. Mai
Annalena Baerbock: »Lasst uns Europa gemeinsam verenden!«

Preisfrage: Wer ist das? »Sie verspürt Grückenwind, hat Fehler kurrigiert und orimentiert sich an Menschen, die über sich hinausgemachen sind!« (*philosophia-perennis.com*, 14.06.2021). – Genau: Annalena Baerbock. »Mittlerweile gibt es in Deutschland die neue Wortkreation ›gebaerbockt‹«, so das Nachrichtenportal *Report24*: »Diese steht für sagenhaften Schwachsinn, falsch ausgesprochene oder nicht existente Wörter und logisch nicht nachvollziehbare Satzkreationen. Weithin berühmt wurde die Grüne mit ihren Kobolden, welche in Batterien enthalten wären, aber auch durch ihre Vermutung, man könne Elektrizität im Stromnetz speichern.« Sie

spricht davon, in »die Grundschauen« zu »schulen«, davon, »dass die Schuld immer hin und her geschauben wird«, von der »Fressefreiheit mit keinlicher staatlicher Einmischung« und von »der Ostkokaine« – woran auch immer sie dabei gedacht haben mag.
Tja: Dummerweise beherrscht Deutschlands Außenministerin die deutsche Sprache nicht richtig. Am 9. Mai bekam sie unter anderem dafür eine milde Quittung: Bei einem Wahlkampfauftritt in Wuppertal wurde sie mit Eiern beworfen. »Frau bewirft Baerbock mit rohem Ei!«, empörte sich der Sender ntv, als hätte die Angreiferin das Ei vorher noch kochen sollen. Draufgängerisch hielten die Sicherheitsbeamten ihre Schutzschilde hoch und warfen sich dazwischen. Aber Baerbock wies ihren Personenschutz todesmutig an, beiseitezutreten, stellte sich mit geschwellter Brust dem gefährlichen Mob entgegen und bot den rohen Eiern trutzig die Stirn: »Sie betonte, sich dieser fragwürdigen Meinungsäußerung zu stellen und sich nicht von der angedrohten Gewalt einschüchtern lassen zu wollen.« Donnerwetter – toller Auftritt! Wer hat denn diese Szene geschrieben? War die Eierwerferin etwa bestellt? Laut Polizei erwarte die Angreiferin jedoch »eine Anzeige wegen ›versuchter, gefährlicher Körperverletzung‹«, so ntv. Seltsam: Sonst ist die Polizei doch auch nicht so zimperlich, zum Beispiel, wenn sie harmlose Bürger verprügelt. Aber vielleicht kann bei Baerbock schon ein rohes Ei eben noch mehr Schaden anrichten, als ohnehin bei unserer Außenministerin zu beklagen ist. Oder waren die Eier doch zu hart gekocht?

»Eine Art Hippie-Haushalt«

Aber wir waren bei Baerbocks Sprache. Hört man das Gestammel der deutschen Außenministerin, denkt man unwillkürlich an prekäre Verhältnisse in der Kindheit, ohne ausreichende Ansprache und Lektüre, sodass sie heute dauernd Begriffe falsch ausspricht oder durcheinanderwirft. Es wirkt, als habe sie kaum jemals gelesen und kenne viele Worte nur vom Hörensagen, also phonetisch, ohne ein Schriftbild vor Augen zu haben. »Sie selbst sagt über ihr Elternhaus« denn auch, »es sei ›eine Art Hippie-Haushalt‹ gewesen.« Das solls dann im Wesentlichen gewesen sein. Über ihre Kindheit habe die Politikerin ansonsten »heute wenig zu erzählen«, schreibt ihre Biografin Anita Partanen (*Annalena Baerbock – Die Biografie*, München 2021). Aber was ist denn nun »eine Art Hippie-Haushalt«? Handelte es sich überhaupt um einen Haushalt? Oder wo könnte die Spracherziehung sonst noch so vernachlässigt worden sein? Fast muss man an Kaspar Hauser denken. Und was das Lesen betrifft, sagt sie selbst heute offen, dass sie sich »nicht erinnern könne, wann sie das letzte Mal einen Roman gelesen habe«. Und: »Wenn sie überhaupt etwas lese«, sei das für ihre Arbeit (*wmn.de*, 08.09.2021). »Wenn überhaupt« – ein verstecktes Eingeständnis, eigentlich nie zu lesen. Genau danach hört sich ihre Sprache an.

Aufmerksame, kritische Schülerin?

Zwar sind normalerweise Schulkameraden eine erstklassige Quelle zur Erkundung eines Menschen. Aber durchsucht man ihre oben genannte Biografie nach dem Wort »Schulkamerad« oder »-kameradin«, findet man nichts. Dasselbe gilt für Michael Grandts Baerbock-Biografie *Junge globale Führerin* sowie ihr eigenes Buch *Jetzt* – wobei »eigen« angesichts der zahlreichen Plagiate darin vielleicht etwas übertrieben ist. Unter dem Suchwort »Mitschüler/in« findet man dort jedenfalls ebenso wenig ein Statement über die junge Baerbock, wie unter dem Begriff »Nachbar/in«. Auch ihre angeblichen Schwestern und Kusinen (siehe unten) werden in ihren Biografien nirgends zitiert. Immerhin: Auf Seite 22 des Buches von Anita Partanen taucht wenigstens ein Lehrer auf: »So sagte der Schulleiter ihres ehemaligen Gymnasiums unlängst, er erinnere sich bei Annalena Baerbock an eine ›aufmerksame, kritische Schülerin‹, und die habe dann auch ein ›ordentliches Abitur‹ gemacht. Insgesamt habe er vor allem viele gute Erinnerungen an seine ehemalige Schülerin.« Na bitte. Aber Halt: Leider bleiben sowohl der »Schulleiter« als auch das »ehemalige Gymnasium« anonym. Aus anderer Quelle wissen wir zwar, dass es sich wohl um die Humboldtschule in Hannover gehandelt haben muss, wo sie im Jahr 2000 angeblich Abitur gemacht hat (siehe unten). Aber den Schulleiter müssen wir wohl erraten. Namentlich wird er nicht zitiert.

Hat mal jemand eine Biografie?

Lebensdetails und -beschreibungen sind also dünn gesät: Ihr eigenes Buch *Jetzt* ist nicht als solche einzustufen. Über die wenigen oben genannten Titel hinaus finden sich im Buchhandel kaum ernstzunehmende Werke über das bisherige Leben der ehemaligen Kanzlerkandidatin und heutigen grünen Außenministerin: »Wenn man derzeit nach Büchern über aktuelle oder gerade noch aktuell gewesene Kanzlerkandidaten sucht, findet man auf den Covern hauptsächlich Männer in Anzügen«, mäkelte die *Süddeutsche* im April 2021. »Markus Söder, Armin Laschet, Olaf Scholz, Robert Habeck […]. Mit der Kanzlerkandidatur von Annalena Baerbock drängt sich also die Frage auf: Wo ist denn ihre Biografie?« Eben – denn mindestens *eine* Biografie ist doch ein absolutes Muss für einen Kanzlerkandidaten. Aber damals gab es schlicht noch keine. Die liebedienerische Lebensbeschreibung ihrer Parteigenossin Partanen erschien erst im Juli 2021, das (wohl nicht autorisierte) Buch von Grandt im August. »Droemer Knaur hat vergangenes Jahr versucht, Baerbock für ein Buchprojekt zu gewinnen. Sie hat damals abgelehnt«, so die *Süddeutsche Zeitung* (online, 20.04.2021). Aber warum? Gibt es etwas zu verbergen oder einfach nichts zu erzählen? Wobei man sich fragen könnte, was eigentlich schlimmer ist. Oder musste ihr Lebenslauf unter zahlreichen Auslassungen erst zusammengeschustert werden?

Die Panzer des 19. Jahrhunderts

Laut *Wikipedia* erlangte Baerbock ihre Hochschulreife wie gesagt im Jahr 2000 an der Humboldtschule in Hannover. Auf ihrer eigenen Internetseite *annalena-baerbock.de* beginnt ihr Lebenslauf überhaupt erst mit dem Jahr 2000 – die ersten 20 Jahre fehlen also, aber warum? Nur *Der Spiegel* versucht, die klaffenden biografischen Lücken zu stopfen und der jungen Baerbock wenigstens etwas Leben einzuhauchen, indem er einen Studienkollegen der heutigen Außenministerin entdeckt – und wo? Ausgerechnet beim *Spiegel*, also in seinen eigenen Reihen: einen gewissen Malte Müller-Michaelis, Sportjournalist. Zufälle gibt's. Aber der Mann schafft es ebenfalls kaum, die Figur Baerbock zum Leben zu erwecken. Heraus kommt ein triviales Studentenporträt rund um Kneipen, Kiez und Kicken (Fußball). Nichts, was irgendwie authentisch und originell klänge: keine Studentin, sondern eher eine Vorstellung von einer Studentin. Und die Frage ist ja auch, wie sie mit ihrem Gestammel die Hochschulreife überhaupt erreicht haben soll. Wobei ihre Defizite keineswegs nur ihre Sprache betreffen, sondern offenbar viele Bildungsbereiche, wie beispielsweise auch Mathematik, Geschichte, Chemie (»Kobold«) und Geografie. Nach dem Besuch eines Gymnasiums sieht das ehrlich gesagt nicht aus. In der Talkshow *Markus Lanz* erklärte sie im September 2022 beispielsweise, der Ukraine-Krieg werde anders geführt als im 19. Jahrhundert, denn damals kämpfte man »nur mit Panzern«. Soso. Nur gab es im 19. Jahrhundert noch gar keine Panzer. Erstaunlich war auch ihre Anmerkung, dass die Pro-Kopf-Emissionen in Deutschland 9 Gigatonnen Kohlendioxid pro Einwohner betrügen, wie sie im Dezember 2018 in der Talkshow *Maybrit Illner* vorrechnete. Bei einem Besuch im Naturschutzgebiet Biesenthaler Becken nordöstlich von Berlin wähnte sie sich im 30 Kilometer entfernten Oderbruch. Seltsam – denn eigentlich müsste sie sich im Biesenthaler Becken auskennen: »Brandenburg ist ihre Wahlheimat, sie steht dort auf Listenplatz eins ihrer Partei«, so *Der Spiegel* (online, 04.08.2021).

Wer kennt Annalena B.?

Sie kennt ihre Heimat nicht, aber umgekehrt kennt ihre Heimat auch sie nicht. Ein *Tagesspiegel*-Artikel mit dem Titel »Zurück zu Baerbocks Wurzeln« beschreibt einen Wahlkampfauftritt Baerbocks »auf dem Schützenplatz in Pattensen, wenige Kilometer von ihrem Elternhaus entfernt«. Dazu ein großes Foto zweier Pattenser Senioren – nicht etwa ihre Eltern, sondern *irgendwelche* Senioren, die Baerbock offenbar nicht einmal gekannt haben. Bildunterschrift: »Diese beiden Pattenser *könnten die Kanzlerkandidatin schon als Kind gekannt haben*« (Hervorhebung von mir; G. W.). Aber wo sind die Eltern bei dem heimatlichen Wahlkampfauftritt ihrer berühmten Tochter? Bis vor Kurzem habe sie gar nicht gewusst, dass die Kanzlerkandidatin aus Pattensen kommt, zitiert der *Tagesspiegel* eine 17-Jährige aus dem Ort. »Aber es gebe Gerüchte, sagt sie und lacht. Zum Beispiel, dass Baerbock früher ziemlich unscheinbar war. Sie soll hier im Ort nicht sonderlich bekannt gewesen sein.« Interessant – klingt fast wie eine verschmitzte Andeutung: War sie vielleicht überhaupt nicht bekannt? So wie jemand, der sich dort nie aufgehalten hat? Aber angeblich war sie doch im TSV Pattensen als Trampolinspringerin erfolgreich. »Das könnte in der Biografie der Annalena Baerbock eine Randnotiz bleiben, doch es war genau dieses Thema, auf das sich die Medien stürzten«, so Biografin Partanen. Kein Wunder – worauf denn sonst? Ansonsten gibt es ja auch keine Themen: Eltern, der Bauernhof, auf dem sie aufgewachsen sein soll, aber auch andere Bereiche bleiben ein Dunkelfeld in ihrer (mehrfach korrigierten) Vita. Dabei ist ein Bauernhof eigentlich ein Quell zahlreicher Erlebnisse und Erinnerungen. Nicht so bei Baerbock. Selbst in ihrem (zum Teil abgekupferten) Skandalbuch *Jetzt* widmet sie ihrer Kindheit nur ganze eineinhalb Seiten, wobei ihre Eltern wiederum farblos und blass bleiben.

Eine Gegenwart, die es nicht gibt

Was hätte näher gelegen, als den Bauernhof anlässlich des Wahlkampfauftrittes einmal mit der Presse zu besuchen? Oder wenigstens die Eltern? Aber die, obwohl ihr Haus angeblich nur wenige Kilometer entfernt liegen soll, tauchten bei dem Wahlkampfauftritt auch umgekehrt nicht auf. Natürlich müssten sie schon älter sein – wie alt genau: Fehlanzeige. Und ob sie wirklich dort leben, ist die Frage: Obwohl heutzutage vor allem ältere Menschen noch im Telefonbuch stehen, findet man dort in und um Pattensen keine Baerbocks. Auch von einem anlässlich des Wahlkampfauftritts naheliegenden Besuch Annalena Baerbocks bei Vater und Mutter ist gegenüber den Medienvertretern offenbar nicht die Rede. Verzweifelt versucht der Artikel, eine Gegenwart der Eltern zu suggerieren, die es offenbar nicht gibt: Es sei »nicht ausgeschlossen, dass sie an diesem Samstagnachmittag in einem der blühenden, grünen Gärten sitzen und darauf warten, dass ihre Tochter von den Wahlkampfauftritten nach Hause kommt«. Das ist wohl das Maximum, was man über eine eigentlich naheliegende Begegnung mit ihren Eltern an diesem Nachmittag sagen kann: dass sie irgendwo herumsitzen und auf Baerbock warten, *ist nicht ausgeschlossen*.

Baerbocks geheimnisvolle Eltern

Aber natürlich würden einen die Eltern dieser Leuchte aus dem Talentschuppen des WEF schon einmal näher interessieren: Angeblich ein Maschinenbauingenieur und eine Sozialpädagogin – aber woher könnte ausgerechnet die Tochter von zwei Akademikern (darunter eine Sozialpädagogin) derartige Sprachstörungen und Defizite haben? Ihr Vater war laut *Wikipedia* »Manager und Personalvorstand bei der deutschen Niederlassung des US-amerikanischen Automobilzulieferers WABCO«. Etwas mager, finden Sie nicht? Informationen über ihre Kindheit und ihre Eltern sind auffallend dünn gesät. Biografen wie Anita Partanen haben Schwierigkeiten, überhaupt ein Kapitel über ihre Kindheit zu füllen. So kommt das Wort »Eltern«, bezogen auf Baerbock, in ihrem Buch nur ganze 5 Mal vor. Man erfährt dort auch nicht mehr als auf *Wikipedia*. Das Wort »Vater« erscheint in dieser Baerbock-Biografie exakt 2 Mal, allerdings nicht auf Baerbocks alten Herrn bezogen, sondern auf den ihres Gatten Daniel Holefleisch. Das Wort »Mutter« taucht genau 6 Mal auf, aber nicht in Bezug auf Baerbocks Mutter, sondern auf ihre eigene Rolle als Mutter.

Eine Biografie über Annalena Baerbock ohne ein spezifisches Wort über ihren Vater oder ihre Mutter also! Eine Google-Bildsuche mit den Stichworten »Annalena Baerbock Eltern« findet ebenfalls kein einziges Bild von Baerbock mit ihren Eltern. Dasselbe gilt für ihre angeblichen Schwestern und Kusinen. Ebenso wenig bekannt ist Baerbocks Nachname. Bei *wiki.genealogy.net*, einer Ahnenforschungsseite, ist der Eintrag leer: Herkunft und Bedeutung, Varianten des Namens, geografische Verteilung, bekannte Namensträger: alles Fehlanzeige. Bei sämtlichen Seiten wird nur ein bekannter Namensträger genannt, nämlich Annalena Baerbock selbst, zum Beispiel bei *Wiktionary*. Bei *Forbears* heißt es: »Die Bedeutung dieses Nachnamens ist nicht gelistet.« – »Der Name ist sehr selten, er taucht nur 6 Mal auf einer Telefon-CD von 2002 auf«, so Professor Jürgen Udolph vom Zentrum für Namensforschung in Schwanewede (Facebook, 10.01.2018). Artikel über Baerbocks Herkunftsfamilie beinhalten nur leere Versprechungen. Zum Beispiel: »Annalena Baerbock privat: Was ist über Familie, Ehemann und Kinder der Außenministerin bekannt?« (*Münchner Abendzeitung*). Antwort: nichts. Über ihre Kindheit steht da lediglich: »Die Kanzlerkandidatin der Grünen wurde am 15. Dezember 1980 in Hannover geboren und wuchs auf einem Bauernhof in Pattensen auf« (online, 28.06.2022). Kennen wir alles. Mit »Familie« sind auch nicht etwa ihre Eltern gemeint, sondern nur ihre eigene Familie rund um ihre zwei Kinder und ihren Ehemann Holefleisch. Das wars. Oder nehmen wir den Artikel »Annalena Baerbock privat: Kinder, Ehemann und Hobbys« (*Für Sie*, online, 24.01.2022). Auch dort dasselbe Bild.

Eine Ohrfeige für die Eltern

Ein wenig lebendig wird bei Baerbock allein die Oma: »Über ihre Großmutter, die auf so tragische Weise ein Kind verlor und ihre Heimat hinter sich lassen musste, schreibt Baerbock in den höchsten Tönen«, so die Zeitung *Der Westen* (online, 18.06.2021). Ebenfalls typisch für prekäre Verhältnisse: Wenn die Eltern aus irgendwelchen Gründen ausfallen, werden häufig die Großeltern zu wichtigen Bezugspersonen. So widmete Baerbock ihr Buch *Jetzt* denn auch nicht ihren Eltern, sondern ihrer Großmutter. Bezogen auf ihren Vater und ihre Mutter kommt das Wort »Eltern« in dem Buch wie gesagt nur 5 Mal vor, meistens in völlig nichtssagendem Zusammenhang. Und während viele Buchautoren an erster Stelle ihren Eltern danken, erwähnt Baerbock in ihrer Danksagung erst einmal jeden Mann und jede Maus, sogar »all die Menschen, die ich in den letzten Jahren treffen und denen ich zuhören durfte«, bevor sie sich herablässt, im letzten Satz der dreiseitigen Danksagung endlich ihre Eltern aufzuführen: gegenüber der Widmung für die Großmutter eine glatte Ohrfeige.

Es riecht nach falschem Hasen

Wenn Sie mich fragen: Die ganze Baerbock riecht nach falschem Hasen – oder nach einem von Angloamerikanern zusammengezimmerten Pinocchio. In ihrem nach vielen Änderungen inzwischen möglicherweise belastbaren Lebenslauf fällt ein starker angloamerikanischer und israelischer Hintergrund auf:

- Der Vater war Personalvorstand eines großen US-Automobilzulieferers,
- Baerbock war mit 16 Austauschschülerin im US-Bundesstaat Florida,
- später Studentin an der Soros-finanzierten London School of Economics und
- Trainee des British Institute of International and Comparative Law,
- Mitglied im Stiftungsrat der jüdischen Leo-Baeck-Stiftung,
- zudem Mitglied des German Marshall Fund und der
- Young Global Leaders des World Economic Forum. Außerdem engagiert sie sich
- in der Atlantik-Brücke,
- im Marshall Memorial Fellowship of the German Marshall Fund,
- im European Council on Foreign Relations (ECFR),
- bei Greenpeace,
- in der UNO-Flüchtlingshilfe (German partner of the UNHCR).

Fremdgesteuerter geht's wohl kaum noch. Vor allem den letzten Punkt sollte man nicht überlesen, denn der UNHCR hilft natürlich den Migranten und weniger den Ländern, die von ihnen aufgesucht werden. Irgendetwas scheint hier also nicht zu stimmen. Dazu kommen die zahlreichen Ungereimtheiten in ihrem heftig frisierten Lebenslauf, über die sogar der Mainstream berichtete: »Es geht um mehr als ein paar Versehen. Es ist eine peinliche Fehlerserie«, so die *taz* (online, 06.06.2021). So viele Unstimmigkeiten, dass sich Baerbock schließlich sogar zu einer Entschuldigung gezwungen sah – womit nicht nur ihre ursprüngliche Kanzlerkandidatur, sondern auch jegliches Regierungsamt eigentlich verbaut hätte sein müssen …

Juni 2022

Thema des Monats

28.6. Krieg gegen die Landwirtschaft: Bauern spucken Gift und Gülle

1.6. Im öffentlichen Personenverkehr wird das 9-Euro-Ticket eingeführt – ***3.6. Der Bundestag verabschiedet ein »Sondervermögen« für die Bundeswehr in Höhe von 100 Milliarden Euro (siehe auch: 27. März | Waffenlobby: die grausame Eminenz)*** – **8.6.** Das Europaparlament beschließt das Aus für neue Verbrennerautos ab 2035 – **10.6.** Der Schriftstellerverband PEN Berlin wählt die Österreicherin Eva Menasse und den türkischstämmigen »Journalisten« Deniz Yücel zu seinen Sprechern – **15.6.** Nach einem Urteil des Bundesverfassungsgerichts hat Bundeskanzlerin Angela Merkel mit ihrer Kritik an der Wahl von Thomas Kemmerich zum Thüringer Ministerpräsidenten 2020 die Chancengleichheit der AfD verletzt – **23.6.** Österreich schafft die 2021 beschlossene Impfpflicht ab – ***28.6. Krieg gegen die Landwirtschaft: Bauern spucken Gift und Gülle – 29.6. Bergwerk: Deutsches Museum lässt Geschichte des deutschen Bergbaus verschwinden***

28. Juni
Stickstoffverbot: Bauern spucken Gift und Gülle

Ein hübsches Häuschen hat sie da in der niederländischen Gemeinde Hierden, die Ministerin für Landwirtschaft und Stickstoff, Christianne van der Wal. Das Haus mit dem L-förmigen Grundriss liegt auf einem sauber gepflegten Grundstück hinter einer penibel geschnittenen Hecke. Doch viel Freude hat sie heute nicht daran, denn das 3000-Einwohner-Dörfchen Hierden ist Zentrum eines regelrechten Bauernaufstandes: »Es begann mit der üblichen Folklore von brennenden Heuballen und ausgebrachtem Mist. Doch bald eskalierte die Lage. Autobahnen wurden blockiert, ein Trecker raste in ein Polizeiauto. Dabei blieb es nicht. Eine Polizeikontrolle wurde gestürmt und das Gelände rund um das Privathaus von Ministerin van der Wal geentert« (*Frankfurter Rundschau*, online, 01.07.2022). Bald darauf stank es auf dem Anwesen der niederländischen Ministerin erbärmlich – wie auf einem Bauernhof. Und das ist kein Zufall, denn die aufgebrachten Landwirte spuckten Gift und Gülle. Der Grund: Van der Wal ist »Ministerin für Natur und Stickstoff«, und will den Ausstoß von Stickstoff in den Niederlanden stark reduzieren. Angeblich sind die Böden durch Gülledüngung zu sehr mit hydrierten Stickoxiden, das heißt: Nitrat, belastet, was wiederum von der Düngung herrühre. Und deshalb müsse man den Bauern den Güllehahn zudrehen – was diese jedoch erst einmal dazu brachte, denselben aufzudrehen – und zwar direkt am Heim der Ministerin.

Offener Krieg gegen die Bauern

Ministerin »van der Wal, die sich zu diesem Zeitpunkt nicht zu Hause aufhielt, hatte die Wut der Bauern auf sich gezogen, weil sie Anfang Juni den sogenannten ›niederländischen Stickstoff-Plan‹ präsentiert hatte. Dieser sieht vor, dass bis Ende des Jahrzehnts der Ausstoß von Ammoniak und Stickoxiden aus der Landwirtschaft um 50 Prozent, der Bestand an Schweinen und Vieh um 30 Prozent reduziert werden müsse« (*ansage.org*, 03.07.2022). Ein Kahlschlag, der ein Drittel der Viehhalter die Existenz kosten könnte. Die geplanten Maßnahmen können »nach Regierungsangaben das Aus für etwa 30 Prozent der Viehbetriebe bedeuten«, so ntv (online, 29.06.2022) – also das Ende für einen großen Teil der Bauernschaft. »Die ehrliche Antwort ist: Nicht alle Landwirte werden mit ihrem Hof durchkommen«, sagte die Ministerin unverfroren (*ansage.org*, ebenda). Denn ohne Gülle und Stickstoffdünger geht in der Landwirtschaft nun mal fast gar nichts. Mit anderen Worten: In den Niederlanden herrscht – genau wie in Deutschland – Krieg gegen die Bauern und gegen die Verbraucher. Denn weniger Gülle und Stickstoff bedeuten auch geringere Erträge und damit weniger Nahrungsmittel. Und wie immer wird dieser Krieg unter dem Deckmantel des »Umweltschutzes« geführt.

Angriff auf Stickstoff

Mit dem Angriff auf den Stickstoff wird auf den Kohlendioxidwahn noch einmal eins draufgesetzt. Denn 78 Prozent der Atmosphäre bestehen nun einmal aus Stickstoff, der »für das Leben auf der Erde unentbehrlich« ist. »Schon im 19. Jahrhundert erkannte man, dass ein großer Teil der pflanzlichen Materie Stickstoff enthält und ein wichtiges Bauelement aller Lebewesen ist [sic!]. Er ist das wesentliche Element der Proteine und Proteide (Eiweiße) und der DNS«, so die Deutsche Gesellschaft für technische Beratung Gase. Und: »Stickstoff ist daher auch Baustein aller Enzyme, die den pflanzlichen, tierischen und menschlichen Stoffwechsel steuern« (abgerufen am 04.12.2022). Genau deshalb bringen die Bauern auch Stickstoff als Dünger auf ihre Felder aus – häufig in Form von Gülle. Die besonders verteufelten Stickoxide entstehen in der Atmosphäre auch auf natürlichem Wege, zum Beispiel wenn bei einem Gewitter Blitze durch die Luft rasen. Mit anderen Worten geht es bei dem Angriff auf Stickstoff und Nitrate um eine Attacke gegen einen weiteren Baustein des Lebens – genau wie bei CO_2. Dabei wurde die Sache mit dem angeblich schädlichen Nitrat (also dem hydrierten Stickstoff) schon vor vielen Jahren als Schwindel entlarvt. Eine Verschwörungstheorie? Vielleicht – aber nur, wenn der Deutschlandfunk unter die Verschwörungstheoretiker gegangen sein sollte: »Der Schwindel um Nitrat im Grundwasser«, formulierte der Sender am 18. November 2016 das Thema unter Berufung auf den bekannten Lebensmittelchemiker Udo Pollmer. »Verseuchen Gülle und Kunstdünger deutsches Grundwasser? Eine Klage der EU-Kommission legt das nahe. Lebensmittelchemiker Udo Pollmer kann darüber aber nur den Kopf schütteln.« – »Folgt man den Berichten im Fernsehen, dann droht uns allen Ungemach durch die Gülle, die in den Ställen anfällt. Denn diese ›verseucht‹ angeblich unser Trinkwasser mit Nitrat. Nitrat ist laut ZDF noch dazu ›krebserregend‹. Zu dumm nur, dass auch im Gemüse reichlich Nitrat steckt, oft 10 Mal, ja manchmal 100 Mal so viel wie im Trinkwasser. Demnach wären Kopfsalat, Rucola und Grünkohl eine Krebsgefahr ersten Ranges. Unter uns: Das Krebsrisiko basierte auf einer ursprünglich vernünftigen Theorie um das Jahr 1980, aber die hat sich mittlerweile als gegenstandslos erwiesen. Deshalb können Sie Ihr Gemüse trotz Nitrat mit Wohlbehagen vertilgen.«

Ein Schwindel kurzer Reichweite

Tja, das nennt man dann wohl einen Schwindel kurzer Reichweite, oder man benutzt die altbekannte Weisheit »Lügen haben kurze Beine«. Aber keine Sorge – es gibt ja noch Nitrit. Denn aus Nitrat kann sich im Boden Nitrit bilden, und das sei ganz sicher krebserregend, so das gebräuchliche Narrativ. Fragt sich nur, warum sowohl Nitrat als auch Nitrit in der EU dann als Lebensmittelzusatzstoffe zugelassen sind (E 251 und E 252), und zwar zur Konservierung: »Im Gemisch mit Natriumchlorid verleiht Nitritpökelsalz (Natriumchlorid mit 0,4–0,5 Prozent Natriumnitrit) dem Fleisch durch Bildung von Nitrosomyoglobin eine bleibende rote Farbe und verhindert das Wachstum von Bakterien« (*chemie.de*, ohne Datum). Macht nichts, dann nehmen wir eben die nächste Stufe, denn schließlich können sich die Nitrite ja noch in die berüchtigten Nitrosamine verwandeln. Und »die kanzerogene Wirkung von Nitrosaminen steht außer Zweifel«, so die Website des Verbandes für unabhängige Gesundheitsberatung (UGB). Der jedoch schon im nächsten Satz einräumt:

Nitrate sind gesund

Die Bildung von Nitrosaminen sei »zwar in vitro, das heißt im Reagenzglas, nachgewiesen. Für die Entstehung im menschlichen Organismus (in vivo) gibt es aber keine eindeutigen Belege […]. Der Zusammenhang zwischen der Aufnahme von Nitrat mit der Nahrung und einem erhöhten Risiko für verschiedene Krebserkrankungen beim Menschen ist bisher kaum belegt.« Na so was! Das Ganze klingt also ganz nach einem unbewiesenen Dogma wie die Schädlichkeit von Kohlendioxid, Stickoxiden, Ozon und anderem mehr. Letztlich handelt es sich um eine Propagandawaffe, die auf die menschliche Ernährung zielt, genauso wie der CO_2-Schwindel auf die menschliche Produktion und Existenz in ihrer Gesamtheit ausgerichtet ist. »Einige Veröffentlichungen in jüngerer Zeit« wiesen sogar »auf mögliche positive Wirkungen von Nitrat und seinen Abbauprodukten auf die menschliche Gesundheit hin«. »Erst in diesem

Jahr hat der schwedische Biologe Joel Petersson herausgefunden, dass nitratreiche Nahrung die Durchblutung und Regeneration der Magenschleimhaut verbessert, die Magenschleimbildung verstärkt und damit auch der Bildung von Magengeschwüren vorbeugt. Die antimikrobielle Wirkung und der Magenschleimhauteffekt lassen vermuten, dass die Anreicherung des Nitrats im Mundspeichel und die Umwandlung in Nitrit physiologisch erwünschte Vorgänge sind« (ebenda).

Land für die »Replacement Population«

Schließlich sind nitratreiche Gemüse wie Kopfsalat, Rucola und Grünkohl ja gesund. Faktenchecker hilf! Und keine Angst vor Überdosierungen: »Für die günstigen Wirkungen wie Blutdruckregulation oder Schutz der Magenschleimhaut wurden in den bisherigen Studien Mengen verabreicht, die ein Zehnfaches über der heute üblichen Aufnahme liegen« (ebenda). Verflixt: Wozu, um alles in der Welt, braucht man dann überhaupt eine »Stickstoffministerin«? Und warum wurde dann zum Beispiel Deutschland überhaupt von der EU-Kommission wegen erhöhter Nitratwerte im Trinkwasser verklagt? Ganz einfach: Unsere hybriden Krieger, Pardon: Umweltpolitiker, »haben erwirkt, dass von den vorhandenen Abertausenden Messstellen nur 162 nach Brüssel gemeldet wurden, nämlich solche, die deutlich belastet sind«, so der Deutschlandfunk. »Die sauberen Brunnen wurden der EU verschwiegen. So kann man sich später durch drastische Auflagen für die Landwirte als Retter der Umwelt inszenieren« (ebenda). »Leben und leben lassen« ist für diese Politiker ein Fremdwort. Sie halten es lieber mit dem James-Bond-Titel »Leben und sterben lassen«. In erster Linie geht es darum, die Landwirtschaft und die Nahrungsmittelversorgung zu sabotieren. Und nicht nur das. Denn wenn die Landwirte aufgeben, wird das Land natürlich für andere Zwecke frei, während sich sein Preis bestimmten landwirtschaftlichen Produkten nähert: nämlich einem Appel und einem Ei. So zitierte der niederländische Alternativsender *blckbx.tv* einen Anführer der Bauernproteste mit den Worten, der Stickstoff sei nur eine Ausrede: »Der Hintergrund ist, dass die Regierung für wenig Geld das Land zum Wohnungsbau aufkaufen kann.« – »Für den Zuzug der ›Replacement Population‹ aus dem UN-Migrationspakt sollen die Einheimischen auf ihr Land verzichten«, schrieb dazu der Telegram-Kanal *Royal allemand.* »Das ist die in den Medien nicht ausgesprochene Wahrheit. Die niederländischen Bauern stehen der unbegrenzten Masseneinwanderung im Weg« (*Royal allemand*, Telegram,

04.07.2022) Und während die europäischen Bauern auf diese Weise aus dem Rennen geschlagen werden, werden in den USA im ganz großen Stil landwirtschaftliche Flächen aufgekauft, wahrscheinlich, um später Nahrungsmittel zu produzieren – natürlich zu Höchstpreisen. Der größte Landwirt der USA hat inzwischen sage und schreibe 100 000 Hektar Ackerland zusammengerafft (*agrarheute*, online, 21.11.2021). Sein Name: Bill Gates.

29. Juni
Bergwerk: Deutsches Museum lässt seine Hauptattraktion verschwinden

Seit 1 Stunde streife ich nun schon durch die bedrückend engen Stollen des Bergwerks, habe in tiefe Schächte geblickt und den Bergarbeitern über die Schulter geschaut, wie sie da tief im Erdinnern dem Fels mit Hacke und Sprengstoff zu Leibe rücken. Zahlreiche Gestalten mit schwarzen Gesichtern bevölkern die klaustrophoben Stollen und wühlen, hämmern und bohren buchstäblich im Dreck, um dem Berg ein Stück Kohle oder Erz abzuringen. Die ganze Zeit hängt der Fels unheilsschwanger über den Köpfen der teilweise im Liegen arbeitenden Kumpels und rückt auch dem Besucher bedrohlich auf die Pelle. Hautnah spürt man die bedrückende Enge und Beklemmung sowie die Gefahren, die von sich drehenden Rädern und tiefen Schächten ausgehen, in denen ein falscher Schritt den Tod bedeuten kann.

Bergwerk? Wo: in Deutschland? Aber hat nicht Bundespräsident Steinmeier im Dezember 2018 das letzte Stück deutscher Steinkohle in den Händen gehalten, wie eine fette Beute? Na gut: Das, wovon ich hier erzähle, ist gar kein echtes Bergwerk, sondern das Ausstellungsbergwerk des Deutschen Museums in München: »Die Illusion im Schaubergwerk des Deutschen Museums ist perfekt, weshalb die Ausstellung für viele Besucher zu einer der Hauptattraktionen gehört«, schrieb die Münchner *tz* (online, 04.11.2021). Die Ausstellung mit ihren fast 5000 Exponaten erstreckte sich ungefähr über 500 Meter Länge, 3500 Quadratmeter und über mehrere Etagen des Museums wie ein großer Fuchsbau. Aber genau wie seine echten Vorbilder wurde das Bergwerk nun dichtgemacht: Am 29. Juni wurde die weltberühmte Bergbauausstellung des Deutschen Museums geschlossen – ein Thema, das in Zeiten der Energieknappheit und der Absage an heimische Rohstoffe und Kohlezechen brandaktuell ist. Denn die Bergbauausstellung des Deutschen Museums ist immerhin ein technisches Archiv des deutschen Untertagebaus. Wie und wo soll man sich sonst an ihn erinnern, wenn nicht in Ausstellungen wie diesen?

Nach uns die Sintflut?

Deshalb stelle ich einmal eine Frage: Soll der Bergbau in Deutschland nicht nur eingestellt, sondern auch vergessen werden? Das ganze mit ihm verbundene Wissen aus dem Bewusstsein verschwinden? In etwa so, wie 2020 nach der Schließung des Kernkraftwerks Philippsburg sofort die Kühltürme gesprengt wurden, damit es kein Zurück mehr geben konnte? Verschwinde, Zivilisation, und reiße alle Brücken hinter dir ab? Oder was? Aber nein, das Deutsche Museum soll ja nur »saniert« und »modernisiert« werden, heißt es. »Nach beinahe 100 Jahren seiner Existenz müsse man das Bergwerk deshalb schweren Herzens leer räumen, dann das Gebäude sanieren – und dann das Bergwerk wiederherstellen«, zitiert der *Münchner Wochenanzeiger* einen Museumssprecher. »Das sei erklärter Wille und Beschlusslage der gesamten Leitung des Deutschen Museums. Auch dem Generaldirektor Wolfgang M. Heckl liegt das Bergwerk sehr am Herzen.« Das Bergwerk sei »eine Ikone des Deutschen Museums, mit der viele Münchner aufgewachsen sind. Wir wollen keineswegs das Bergwerk dauerhaft schließen, sondern wir wollen es so wiederherstellen, dass es auch in den kommenden Jahrzehnten für die Besucher zugänglich ist«, so Heckl laut *Wochenanzeiger*. »Wir sind uns natürlich der großen Anziehungskraft, die unser Bergwerk gerade für Kinder und Jugendliche hat, sehr wohl bewusst, und wir wollen es unbedingt erhalten« (online, 12.04.2020).

Der Kampf »Mann gegen Berg«

Aber: »Befürchtungen des Besuchers« seien »nicht gänzlich unbegründet, es könnte irgendwo auch etwas von dem weggefallen sein, was das Deutsche Museum einzigartig unter den Naturwissenschafts- und Technikmuseen machte«, schrieb die *Frankfurter Allgemeine Zeitung* am 7. Juli 2022 über die bereits fertiggestellten Sanierungsabschnitte des Gebäudes (online). Hm – und was könnte in Zukunft noch unter den Tisch fallen? Etwa auch das Bergbaumuseum? Noch gibt es in Deutschland zwar einige andere Bergbaumuseen. Noch. Das Deutsche Bergbaumuseum in Bochum zum Beispiel, mit einem 60 Meter hohen Förderturm und einer Stollenlänge von 2,5 Kilometern (wovon 1,2 Kilometer öffentlich zugänglich sind). Groß – aber nicht dasselbe wie das Münchner Bergwerk. Mit rund 400 000 Personen jährlich sind die Besucherzahlen gegenüber dem Deutschen Museum eher bescheiden. Dort streifen jährlich etwa 1,5 Millionen Menschen aus aller Welt durch die Ausstellungen, die meisten davon auch und vor allem durch das Bergwerk. Und das Bochumer Anschauungsbergwerk ist auch viel moderner, geräumiger und heller. Der Kampf »Mann gegen Berg« findet hier so nicht statt.

Das Schweigen des Museums

Und nun: alles vorbei? »Aber nein!«, versicherte das Deutsche Museum: »Wir wollen das Bergwerk nach der Sanierung der Gebäudehülle so originalgetreu wie möglich wiederherstellen.« – »Bergwerk und Kraftmaschinenhalle stehen sozusagen unter Bestandsschutz. Die sind als historische Ensembles so weit wie möglich zu erhalten«, versicherte auch Professor Helmuth Trischler von der Museumsleitung. Man beachte die Formulierung »so weit wie möglich«. Das Problem: Der Bestandsschutz erlischt, sobald das Museum die Anlage herausreißt. Beim Wiederaufbau muss es dann die aktuellen Vorschriften beachten. Und die lassen sich mit dem alten Bergwerk nun einmal nicht vereinbaren. Mit anderen Worten ist die historische Ausstellung so, wie sie war, unwiederbringlich verloren.

Hinter den Kulissen tobt der Zoff

Hinter den Kulissen tobt denn auch der Zoff. Bei Fans und Freunden kommt die »Modernisierung« des Deutschen Museums gar nicht gut an: »Als förderndes Mitglied des Deutschen Museums bin ich seit Jahren entsetzt über die Politik des Vorstands bezüglich Umbau«, schrieb ein Leser unter den Artikel der *Abendzeitung* über das Bergwerk (ebenda). »Natürlich gibt es technologischen Fortschritt, und der sollte auch dokumentiert und ausgestellt werden. Aber darf denn das Alte nicht weiter dokumentiert werden?« Denn dafür ist ein Museum ja da: »Da ist wenig Respekt vor der Geschichte und den Leistungen der Menschen zu verspüren. Professorale Überheblichkeit scheint die Triebfeder der Entwicklung beim Museum zu sein.« – »Die Renovierungen des Deutschen Museums und insbesondere der Pinakothek der Moderne sind abschreckende Beispiele, ob der Staat als Museumsträger geeignet ist«, schrieb ein anderer und beklagte unter anderem die »unglaublich langen Umbauzeiten«. »Für mich ist das Bergwerk ein Weltkulturerbe«, meinte ein Dritter. Und: »Mangels Zeit für alles« könne man als Besucher vieles auslassen, »wenn man das Deutsche Museum besucht, aber nie das Bergwerk«.

Entsetzen bei Museumsfreunden

Tatsache ist: Eine so gewaltige und gewachsene Ausstellung aus dem Museum zu reißen, ist äußerst problematisch. Fans und Freunde des Museums sind denn auch entsetzt:

- »Das Deutsche Museum *ist* das Bergwerk!!! Sonst nichts, hier dran hängen die Erinnerungen für viele in der Kindheit[,] und auch im Alter [ist es] einen Besuch wert. Keine Ausstellung wird so nachhaltig über Jahrzehnte im Kopf bleiben. Gerade weil sich alles verändert, ist es doch sehenswert[,] wie es früher war.«
- »Das Deutsche Museum hat seinen Ruf zu einem großen Teil dem Bergwerk zu verdanken. Niemand erzählt doch von der Musikinstrumentensammlung oder den Autos. Das Bergwerk ist ein Erlebnis, das einzigartig ist. Jeder[,] der in München oder im Umland aufgewachsen ist, hat Erinnerungen daran. Dafür muss Geld da sein.«
- »Schon als Kind hat mich dieses Bergwerk fasziniert und begeistert. Dass diese Sanierung 10 Jahre dauern soll, ist eigentlich traurig. Der einzige Wermutstropfen ist, dass es [das Bergwerk] dann in verkleinerter Form wieder geben soll.«

(Quelle: *Abendzeitung*, 04.06.2022, Kommentare)

Naja, sei's drum. Wenn das Gebäude wirklich in einem so schlimmen Zustand ist! – Hauptsache, das Bergwerk wird, wie versprochen, »so originalgetreu wie möglich« wiederhergestellt. Und tatsächlich: 2028, »zu seinem 125-jährigen Gründungsjubiläum«, soll das Deutsche Museum »komplett« wiedereröffnet werden, wie es auf der Website heißt. »Wir werden Ihnen auch im zweiten Realisierungsabschnitt komplett neue Ausstellungen und aktualisierte Bereiche zeigen. […] Schifffahrt und Meeresforschung, historische Luftfahrt bis 1918, Energie – Strom, Energie – Dampf, Physik, Natur der Naturwissenschaften.« Na bitte! Das heißt – warten Sie mal: Wo ist denn da das Bergwerk? Antwort: Für das Bergwerk ist kein Geld da! »Für weitere Ausstellungen wie das Bergwerk, die Astronomie oder die Informatik sind wir derzeit noch auf der Suche nach Unterstützung.« Das wäre ungefähr so, als würden Sie zu Hause Ihr Wohnzimmer renovieren, und dann kein Geld übrig haben, um es wieder einzurichten. Angeblich fehlen 10 Millionen Euro. Seltsam, denn »wenn man bedenkt, was an Milliardensummen an und für alle Welt hinausgeblasen wird, sind die 10 Millionen nicht einmal Peanuts«, meinte ein Kommentator (*Abendzeitung*, ebenda). »Zum Vergleich: Die Tandler-Tochter bekommt 40 Millionen Provision. Sauter, Nüßlein und Co. streichen das auch gerne ein [im Rahmen von Maskengeschäften; G. W.]. Die hochgelobten [Corona-]Supertests wurden vom Aiwanger mit 6 Millionen finanziert und Bavaria-One [bayrisches Raumfahrtprogramm] und das Quantum-Valley [Munich Quantum Valley: Förderung der Entwicklung von Quantencomputern] werden mit je 300 Millionen versorgt«, fügte ein anderer hinzu. »Der Auerbergtunnel: 170 Millionen. NEIN. 10 Millionen haben wir hier nicht, denn auch das Biotopia [Naturkundemuseum] braucht seine 200 Millionen« (*Abendzeitung*, ebenda). Fazit: Anders als die Museumsoberen nahelegen, ist der Wiedereinbau des Bergwerks keineswegs sicher. Ob, wann und wie genau das Bergwerk wieder zurückkehren wird, weiß niemand. Bis auf die Münchner *Abendzeitung* – die schrieb am 4. Juni 2022: »Bergwerk im Deutschen Museum schließt für immer.«

Juli 2022

Thema des Monats

28.7. Geschlechtsumwandlung:
Die Tavistock-Klinik in London wird geschlossen

3.7. Ein Gletschersturz an der Marmolata kostet mindestens zehn Bergsteiger das Leben – **7.7.** Boris Johnson kündigt seinen Rücktritt vom Amt des britischen Premierministers an – **8.7.** Der frühere japanische Premierminister Shinzō Abe wird bei einem öffentlichen Auftritt erschossen – ***25.7. Von der Trauerfeier zur Teuerfeier: Gefeilsche um das Gedenken an das Olympia-Attentat*** – **26.7.** In Kroatien wird die 2,4 Kilometer lange Pelješac-Brücke eröffnet – ***28.7. Frankensteins Praxis: Die Tavistock-Klinik in London wird geschlossen*** – **28.7.** Sebastian Vettel erklärt seinen Rücktritt aus der Formel 1 zum Ende der Saison 2022

07

25. Juli
Millionen-Deal: von der Trauerfeier zur Teuerfeier

Miese Stimmung zwischen Deutschen und Israelis: Am 5. September 2022 jährt sich zum 50. Mal die Geiselnahme von elf israelischen Sportlern bei den Olympischen Spielen von 1972, wobei alle elf ums Leben kamen. Bei einem gescheiterten Befreiungsversuch der deutschen Polizei starben außerdem fünf Palästinenser und ein Polizeibeamter. Zum 50. Jahrestag sollte in München eigentlich eine würdevolle Trauerfeier stattfinden – gemeinsam mit israelischen Hinterbliebenen der getöteten Sportler. Aber nun drohte eine Sprecherin der Angehörigen namens Ankie Spitzer, die Feier platzen zu lassen, berichtete die *Süddeutsche Zeitung* am 25. Juli: Sie wolle »nicht nach Deutschland reisen, solange die Entschädigungsfrage nicht geklärt ist«. Donnerwetter: welche Entschädigungsfrage? Denn schon 1972 und 2002 waren etwa 4,6 Millionen Mark beziehungsweise Euro Entschädigung geflossen. Und sogar der Bayerische Rundfunk stellte fest: »Eine rechtliche Grundlage« für eine weitere Entschädigung »gibt es nicht«. »Schon im Oktober 1995 hatte das Landgericht München I entschieden, dass die sogenannten Amtshaftungsansprüche der Hinterbliebenen verjährt sind. Diese Entscheidung wurde im Januar 2000 vom Oberlandesgericht München bestätigt.« Auf eine weitere Entschädigung bestehe »kein rechtlicher Anspruch« (online, 02.09.2022).

Kein Anspruch auf Würde

Aber: Zwar mochten die Israelis auf der einen Seite keinen Anspruch auf mehr Geld haben, aber auf der anderen Seite hatte Deutschland auch keinen Anspruch auf eine würdevolle Gedenkfeier mit den Angehörigen. So wollte Deutschland anlässlich des Jahrestages des Attentates (offenbar ohne jede Rechtspflicht) noch einmal 5,4 Millionen Euro drauflegen (Deutsche Welle, online, 01.09.2022). Doch das war den Hinterbliebenen zu wenig, die deshalb drohten, der Trauerfeier fernzubleiben, ergo: sie platzen zu lassen. Denn ein Eklat war so natürlich programmiert, weil die deutschen Geizkrägen nicht bereit waren, den Angehörigen noch etwas Geld zu überweisen – so ähnlich würde jedenfalls das Mediennarrativ lauten. Nachdem Deutschland 1972 angeblich die Befreiung der Geiseln verbockt und demnach deren Tod zu verantworten gehabt habe (siehe 5. September), würde man 50 Jahre später weltweit als Land vorgeführt werden, das sich weigerte, Juden für ihre von Deutschen mitverursachten Leiden angemessen zu entschädigen. »Wir werden nicht akzeptieren, dass Deutschland uns zu Bettlern macht«, sagte Angehörigensprecherin Ankie Spitzer. Zwischenzeitlich war auch von »Beleidigung« die Rede. Denn die israelischen Angehörigen sollen eine ganz andere Vorstellung von »Entschädigung« gehabt haben. Als Schmerzensgeld sollen sie nach Angaben des Opferanwaltes Andreas Schulz (siehe unten) schlappe 110 Millionen Euro gefordert haben – 10 Millionen für jedes Opfer. Quasi als Gegenleistung für ihren Auftritt bei der Trauerfeier in München.

Ein Druckmittel mit Potenzial

Aber zum Glück hatte unter anderem die Bundesregierung die Spendierhosen an, sodass man sich schließlich auf 28 Millionen Euro geeinigt haben soll (in Worten: achtundzwanzig Millionen). Schließlich reisten die Familienvertreter für die 28 Millionen zu der Gedenkfeier an und legten den drohenden diplomatischen Eklat bei. »Wie genau die Entschädigungssumme von 28 Millionen Euro zustande gekommen ist« sei allerdings »unklar«, so der BR. Denn da nun einmal »kein rechtlicher Anspruch auf eine Entschädigung besteht, liegt die Höhe im Ermessen des Zahlenden« (online, 03.09.2022). Sage ich doch: Spendierhosen. Daher handelte es sich also quasi um eine mehr oder weniger freiwillige Spende, um einen Skandal anlässlich des 50. Jahrestages des Olympia-Attentates zu verhindern und somit auf das deutsche »Versagen« von 1972 nicht noch eins draufzusetzen. Aber hätte man nicht noch mehr herausholen können?, fragte der *Stern* den Hinterbliebenenanwalt Andreas Schulz. Antwort: »Das Druckmittel der Angehörigen hatte erhebliches Potenzial: Wir kommen nicht zur staatlichen Gedenkveranstaltung nach Fürstenfeldbruck. Es waren am Ende bis dahin immer noch 6 Tage Zeit. Man hätte vielleicht noch weiter die Frage der Teilnahme offenlassen müssen« (online, 02.09.2022). »Wurde Deutschland mit der Drohung, nicht zur Gedenkveranstaltung zu kommen, moralisch erpresst – zumal es sich um jüdische Opfer handelte?«, fragte der *Stern* erstaunlich mutig weiter. Antwort: »Ein solches Vorgehen ist bei derartigen Fällen nichts Ungewöhnliches – mir sind Fälle bekannt, wo es noch viel robuster zuging. Jede Seite hat ihre Argumente und Handlungsoptionen.«

Ein widerliches Geschäft?

»Geld gegen seelisches Leid, Feilschen und Pokern bis zum Ende«, bohrte der *Stern* weiter: »Eigentlich ein widerliches Geschäft, oder?« Der Anwalt antwortete: »Das mögen Sie so sehen. Ich gehe da sehr rational ran. Die Hinterbliebenen wollen Gerechtigkeit. Und darüber hinaus: Anerkennung und Respekt für den Verlust ihrer Liebsten. Die Verantwortlichen wollen in der Regel so günstig wie möglich aus der Sache herauskommen. Also wird verhandelt, wenn Sie so wollen: gedealt. Dafür braucht die Opferseite professionelle Begleitung.« Deutschland zeigte sich jedenfalls (um 28 Millionen) erleichtert, und auch »uns ist eine große Last von den Schultern gefallen«, sagte eine Sprecherin der israelischen Familien der Deutschen Welle (ebenda). »Vor allem, weil die Einigung bedeutet, dass unsere Kinder und Enkelkinder nicht mehr kämpfen müssen, sondern sich nur noch mit dem Gedenken an die Opfer beschäftigen können. Es wird nicht mehr in offenen Wunden gewühlt.« Was sich ganz so anhört, als dürfte Deutschland zum 100. Jahrestag dann auf eine insoweit kostenlose Trauerfeier hoffen …

28. Juli
Tavistock-Klinik: Frankensteins Praxis

An der Tavistock-Klinik in London ist der Teufel los: Innerhalb von 3 Jahren haben etwa vierzig Klinikärzte und Krankenhausmitarbeiter ihren Job hingeschmissen: »[…] wenn ich mich nicht irre, dann sind viele verletzliche Kinder hier sehr schlecht behandelt worden und werden mit potenziell lebenslangen Schäden hier herausgehen«, beklagte sich eine namentlich nicht genannte Mitarbeiterin. In der Klinik würden junge Leute »aufgrund eines oft dubiosen Befundes lebenslangen medizinischen Veränderungen« unterzogen, schrieb die frühere Tavistock-Ärztin Kirsty Entwistle gar in einem offenen Brief (*Preußische Allgemeine Zeitung*, online, 07.08.2020). Unglaublich – bis es so weit kommt, muss wirklich einiges passieren: Oft decken Klinikmitarbeiter Kollegen und Vorgesetzte und halten bis zuletzt den Mund. Zwar schlagen manche mutig Alarm, was aber nichts nützt, wenn die Täter von ihren Chefs geschützt werden. So dauerte es beispielsweise Jahre, bevor in Deutschland der Patientenkiller Niels Högel strafrechtlich verfolgt werden konnte, der in Krankenhäusern in Oldenburg und Delmenhorst mindestens achtzig Morde begangen haben soll, wobei er sogar von Vorgesetzten gedeckt wurde. Aber wir waren bei der Tavistock-Klinik in London: Am 28. Juli 2022 wurde ihre Auflösung beschlossen. Aha – aber warum denn? Was geschah denn in dieser Klinik?

Eine ganz besondere Perversion

Nun, kurz gesagt, frönte sie einer ganz besonderen Perversion: Sie überredete Kinder und Jugendliche, sich die Geschlechtsteile wegoperieren zu lassen. Also sich verstümmeln zu lassen. Nicht mehr und nicht weniger. Halt – das ist natürlich eine bösartige Verschwörungstheorie! In Wirklichkeit wollte die Klinik Kindern und Jugendlichen doch nur helfen. Jawohl! Und zwar, das »richtige« Geschlecht für sich zu finden. Nun, werden jetzt manche sagen, was ist daran so schwierig? Normalerweise genügt dafür ein Blick in die Unterhose. Aber so etwas können freilich nur Dilettanten und Ewiggestrige denken. Schließlich besagt der Inhalt des Slips noch gar nichts! Ja, möglicherweise ist er nur eine perfide Täuschung der Natur! Das richtige Geschlecht zu finden, ist nämlich gar nicht so einfach, sondern dafür braucht es schon echte Fachleute, zum Beispiel die vom »Gender Identity Development Service« (GIDS) der Tavistock-Klinik, also der Beratungsstelle zur Entwicklung der Geschlechtsidentität. Denn wenn die Natur einem Kind per Gießkannenprinzip Geschlechtsteile verpasst, hat sie eben keine Ahnung, was sie da eigentlich tut. Deshalb muss sie in vielen Fällen von hilfreichen Psychologen und Medizinern korrigiert werden, die wesentlich klüger sind, als einige Milliarden Jahre Evolution zusammengenommen. Der Beweis: Normalerweise wurde bei der Beratung durch den GIDS nur selten das natürliche Geschlecht eines Jugendlichen abgesegnet, sondern meistens das andere »entwickelt«.

Eine Schlamperei der Schöpfung

Die natürliche »Geschlechtszuteilung« ist demnach eine einzige Schlamperei der Schöpfung. Nicht zu fassen. Zum Glück fanden sich da mutige Fachleute, um dagegen einzuschreiten und der verantwortungslosen Natur das Handwerk zu legen – einschließlich Hormonbehandlung und anschließender Verstümmelung per Skalpell. Aber: Statt für diese Korrektur dankbar zu sein, meldeten sich immer wieder Patienten, die an der segensreichen Behandlung herummäkelten. Nehmen wir zum Beispiel

Keira Bell, 25, eine hübsche … oder ein hübscher … Naja: ob »Er« oder »Sie« kann man heute auf den ersten Blick nicht mehr so genau sagen. 2014 war sie jedenfalls noch eine hübsche Sie und 14 Jahre alt. Da sie sich aber nicht wohl in ihrer Haut fühlte, machte sie sich auf zur Tavistock-Klinik im Herzen Londons. Die Diagnose war eigentlich trivial und ist seit Jahrtausenden bekannt: Die pubertierende Keira war unzufrieden und nörgelte an ihrem Geschlecht herum. Wo sie früher mütterliche (oder schwesterliche) Unterstützung erhalten hätte und der Fall damit erledigt gewesen wäre, gibt es heute anscheinend niemandem mehr, der sich so einer Jugendlichen annimmt. Stattdessen gibt es den Gender Identity Development Service (GIDS): Eine sehr intime, private, meistens aber auch vorübergehende Problematik wird heute an einen externen Dienstleister abgegeben, der seine ganz eigenen Ziele verfolgt.

Der Menstruationsschock

Interessanterweise meldeten sich hier dreimal mehr Mädchen als Jungen mit dieser sogenannten Geschlechtsdysphorie . Besonders Mädchen scheinen häufig ein Irrtum der Natur zu sein! Dabei hat das durchaus subjektive Gründe: Es liegt vermutlich daran, dass manche Mädchen die Geschlechtsreife als blutig, schmutzig, peinlich und schmerzhaft erleben: »Gerade in der Pubertät, wenn sich der Körper plötzlich verändert, schmerzt und ungleichmäßig wächst, geht es einigen Jugendlichen sehr schlecht – und das betrifft Mädchen im Besonderen, weil sie ihre erste Menstruation häufig als unangenehm, negativ oder sogar bedrohlich erleben und Schwierigkeiten haben, diese neue Situation zu bewältigen« (*Tichys Einblick*, online, 30.07.2022). Durchaus verständlich, denn das Frauwerden ist nun einmal etwas unangenehmer als das Mannwerden: Die Realität sei, »dass sich die meisten Frauen ihrer körperlichen Vorgänge schämen und Angst vor ihnen und damit vor sich selbst haben«, heißt es in der Dissertation von Annette Müller, in der Jugendliche zum Thema Pubertät befragt wurden. »In den Interviews klagen Diana, Lale, Güldene und Elif über Schmerzen«, heißt es da. »Maria findet die Menstruation ›nervig‹, Sabrina ekelt sich.« Aber nicht nur das: Fünf Informantinnen berichteten gar »von einem Schock, drei von Trauer und fünf von Angstgefühlen, zwei schämen sich, eine fühlt sich ›komisch‹.« – »Ich war erschrocken«, zitiert Müller ein Mädchen: »Ich hab gesagt: ›Boah, was ist das denn?‹ […] Ich hab auch noch an dem Tag geweint und ich hab auch so gedacht: ›Boah, das tut mir weh!‹ Und ich wusste auch nicht, was das bedeutet in der Art.«

Diagnose: Dysphorie

»In zahlreichen Veröffentlichungen« werde gar »das Verstecken der Menstruation thematisiert«. Donnerwetter! »Obwohl die Menstruation ein Zeichen für Gesundheit und Fruchtbarkeit ist, ist der Druck des Verbergens sehr groß.« Ja, es gebe sogar so etwas wie ein Menstruationstabu: Die Blutung sei für die werdende Frau häufig peinlich und »unrein«, quasi eine Form der Inkontinenz. Im Klartext: Schmerzen im Unterleib und Blut in der Unterhose sind für viele Mädchen ein Schock. Und dazu noch der Abschied von der Kindheit: Das »geht gar nicht«. Einige Mädchen versuchen daher sogar, die Menstruation zu verstecken, loszuwerden – oder gleich ein Junge zu werden: Jungs bluten nicht und bekommen keine auffälligen Geschlechtsteile wie Brüste. Manche Mädchen akzeptieren daher gern den Schluss, dass hier etwas nicht stimmen kann und sie wohl im falschen Körper stecken. Deshalb sind die jungen Frauen leichte Beute für beide: Gender-Ideologen und Unterleibschirurgen – und flugs wird aus einer normalen Reifungskrise ein erst richtig blutiges Gemetzel.

Die Sprechstunde von Dr. Frankenstein

Dass Jugendliche in der Pubertät Trost und Hilfe suchen, ist nur verständlich. Nicht verständlich ist, dass viele Eltern ihre Kinder damit zu irgendeiner fremden Institution schicken, deren Agenda im Verborgenen liegt (siehe 5. September). Und so kamen viele Jugendliche quasi in die Sprechstunde von Dr. Frankenstein, wo flugs an ihrem Unterleib herumgebastelt wurde: »Wie mehrere Patienten berichteten, wurden die Empfindungen und Wünsche der Kinder und Jugendlichen an der Klinik kaum hinterfragt, obwohl es in dem Alter eine Fülle von Ursachen für Identitätszweifel und Abneigungen gegen den eigenen Körper gibt«, so die Nachrichten-Website *Tichys Einblick*. »Ein Mädchen, das ein Junge sein wollte und mit 12 Jahren zur Tavistock-Klinik geschickt wurde, sprach später von einem Drogenzug mit Fahrtziel Geschlechtsumwandlung. […] Zahlreiche Mitarbeiter äußerten öffentlich ihre Sorge, dass junge Menschen sich ohne hinreichende Prüfung einem unumkehrbaren Prozess unterzogen. Wer intern oder von außen Zweifel an dem Vorgehen der Klinik anmeldete, wurde jedoch als transphob gebrandmarkt und der Hetze von Aktivisten ausgesetzt.« Nach »ungefähr drei Sitzungen«, so erinnerte sich die erwähnte Keira Bell später, »wurde schon eine Hormontherapie begonnen, die mit sogenannten Pubertätsblockern die Ausbildung der weiblichen äußeren Geschlechtsmerkmale stoppte«. Bell klagte, »von der Klinik unter Druck gesetzt worden zu sein und nicht die Reife zur Entscheidung gehabt zu haben«. Und so bekam Keira mit 16 Hormone, mit 20 wurden ihr die Brüste amputiert. Was nichts anderes als Verstümmelung bedeutet.

Die Geschlechtsklempner von Tavistock

Innerhalb eines Jahrzehnts seien die Fälle in der Tavistock-Klinik »um fast 3000 Prozent gestiegen« und Geschlechtsanpassungen »wie am Fließband« erfolgt (*Preußische Allgemeine Zeitung*, online, 17.08.2020). »Wurden 2009 nur 97 Kinder im Alter zwischen 3 [!] und 18 Jahren an die Klinik überwiesen, waren es im Geschäftsjahr 2018/19 schon 2590 Fälle aus ganz Großbritannien, davon mehr als zwei Drittel Mädchen.« Wobei ein 3-jähriges Kind den Intelligenzquotienten eines Schwachsinnigen haben dürfte. »Beim klinikeigenen ›Gender Identity Development Service‹ (GIDS) wurden so über die Jahre Tausende Geschlechtsumwandlungen an Minderjährigen durchgeführt – mit wachsender Tendenz« (*Wallstreet Online,* 30.07.2022). »Jugendlichen wurden dort offenbar ohne ausreichende Beratung die Geschlechtsorgane wegoperiert«, konstatierte die *Frankfurter Allgemeine Zeitung* (online, 30.07.2022). Mit anderen Worten reden wir hier von einer »Geschlechtsberatung« mit vorhersehbarem Ergebnis: weg mit den Geschlechtsteilen. Egal, ob Junge oder Mädchen – beinahe immer stellte sich das gegensätzliche Geschlecht als das »richtige« heraus. Und das endete für die kleinen und jungen Patienten oft genug mit einer oder mehreren Operationen. Bis 2019 hatten es die Geschlechtsklempner von Tavistock aber so bunt getrieben, dass sich mehrere Angestellte mit massiven Vorwürfen gegen die Klinik zu Wort meldeten: »Sie warfen der Klinikleitung vor, dass Kinder und Jugendliche fehlbehandelt und viel zu schnell mit sogenannten Pubertätsblockern mediziert wurden und werden« (*Tichys Einblick*, ebenda).

Geschlechtsumwandlung = getarnte Sterilisierung

Innerhalb von 3 Jahren kündigten dort 35 Psychologen ihren Job, »weil sie die Vorgänge nicht mehr mit ihrem Gewissen vereinbaren konnten«. Eine stattliche Zahl. »Und dann hagelte es auch noch eine Reihe von Klagen ehemaliger Patienten« (*Tichys Einblick*, ebenda), unter anderem von der erwähnten Keira Bell. Der Klinik drohen nun Gerichtsverfahren mit mehr als tausend Familien: »Laut der britischen Tageszeitung [*Times*] hat die Anwaltskanzlei Pogust Goodhead angekündigt, eine Sammelklage gegen den Träger der Klinik, den Tavistock and Portman NHS Trust, wegen medizinischer Fahrlässigkeit anzustreben« (*Die Tagespost*, online, 11.08.2022). Die Vorwürfe waren so massiv, dass der britische National Health Service (NHS) ein Gutachten erstellen ließ, das zu dem Schluss kam, dass es so nicht weitergehen könne: Am 28. Juli 2022 meldete die Nachrichtenseite MSN, dass die Klinik 2023 geschlossen werde. Das ist die gute Nachricht. Die schlechte: Der Gender-Wahnsinn soll trotzdem weitergehen. Der National Health Service (NHS) habe »angekündigt, für die geschlossene Tavistock-Klinik zwei neue Gender-Kliniken zu gründen«, so die Website *International Family News*. »Eine soll wiederum in London entstehen, eine weitere im Nordwesten Englands.« Der Gender-Irrsinn soll also nicht beendet werden, im Gegenteil: Man will so »dem in den vergangenen Jahren gestiegenen Andrang nach Behandlungen Herr werden und die Wartezeiten verkürzen« (10.08.2022; eigentlich Genitiv). Das heißt: Frankensteins Praxis bleibt weiter geöffnet. Aber weshalb? Ganz einfach: Geschlechtsumgewandelte Menschen sind in aller Regel nicht mehr fruchtbar, da entmannte Männer keine Kinder mehr zeugen und umoperierte Frauen keinen Nachwuchs mehr zur Welt bringen können. Die Geschlechtsumwandlung ist demnach nichts weiter als eine getarnte Sterilisierung, die den Nazis zur Ehre gereicht hätte – beziehungsweise zur Unehre …

August 2022

Thema des Monats

5.8. Der bizarre Tod der Anne Heche

1.8. Das stillgelegte Steinkohlekraftwerk Mehrum nimmt nach der Drosselung der russischen Gaslieferungen seinen Betrieb wieder auf – ***5.8. Der bizarre Tod der US-Schauspielerin Anne Heche*** – **8.8.** Das FBI durchsucht das Ferienanwesen von Ex-Präsident Donald Trump in Mar-a-Lago, Florida – ***14.8. Allgegenwärtige Kameras: im Sog der Eitelkeiten*** – **29.8.** In Berlin-Moabit stirbt der frühere Grünen-Politiker Hans-Christian Ströbele – **28.8.** Der britische Radprofi Adam Yates gewinnt die Deutschland-Tour 2022 – **29.8.** In Cape Canaveral, USA, soll die angebliche Mondrakete *Artemis 1* starten – **30.8.** In Moskau stirbt der letzte Staatspräsident der Sowjetunion, Michail Gorbatschow

5. August
Autounfall: der bizarre Tod der Anne Heche

Los Angeles, circa 11 Uhr vormittags: Wie von tausend Höllenhunden gehetzt, rast ein blauer Mini Cooper im Stadtteil Mar Vista eine schnurgerade Straße entlang. Wenig später, an einer T-Kreuzung, schießt der Wagen über die Querstraße, bohrt sich gegenüber der Einmündung in das Haus mit der Nummer 1766 und bleibt drinnen erst am anderen Ende stehen. Am Steuer sitzt die bekannte Schauspielerin Anne Heche (*Wag the Dog, Ally McBeal* und andere Filme*).* »Zwar schaffte es die Feuerwehr, die 53-Jährige aus dem Auto zu holen«, schrieb die *Berliner Zeitung*, »doch ihre Verletzungen waren so schwer, dass sie das Bewusstsein nicht wiedererlangte. Am 12. August erklärten die Ärzte Anne Heche für hirntot« (online, 18.08.2022). Soweit das offizielle Narrativ. Aber leider ist das alles so ziemlich falsch. Zum Beispiel, dass Heche das Bewusstsein nicht wiedererlangt hätte.

Ein fröhliches Selfie

Doch alles der Reihe nach: Der 5. August hatte für Anne Heche eigentlich nicht schlecht begonnen. Zuletzt war sie bei dem Friseur Richard Glass in Venice gewesen, etwa 7 Fahrminuten von der Unfallstelle entfernt. Heche machte einen fröhlichen, wachen Eindruck. Der Besuch habe etwa 10 Minuten gedauert, so Glass später. Heche habe eine rote Perücke kaufen wollen und habe nicht angeschlagen gewirkt, aber »sehr, sehr herzlich«, »sehr sympathisch und sehr höflich«. »Er gab zu, dass die Begegnung ›seltsam‹ und ein wenig ›bizarr‹ war, aber er bestand darauf, dass Heche sich nicht in einem ›veränderten‹ Zustand befand, weil sie getrunken oder Drogen genommen hätte« (*YouTube*: »Nicki Swift«, 21.08.2022). »Glass erzählte der *Post*, dass er sich die schrecklichen Ereignisse, die später auf ihre Begegnung folgten, nie hätte vorstellen können, denn Heche schien definitiv nicht unter dem Einfluss von irgendetwas zu stehen. Er sagte, die Schauspielerin sei charmant und reizend gewesen. ›Sie war höflich, herzlich und einnehmend, und sie hat zusammenhängend gesprochen.‹« Zum Abschied machten sie noch ein fröhliches Selfie, auf dem sie gewinnend lächelte.

Gehackt oder geschockt?

Nur kurz darauf soll Heche mit ihrem blauen Mini Cooper zunächst eine Garage angerempelt haben, um anschließend mit quietschenden Reifen davonzurasen. Zwar wurden später angeblich Kokain und Fentanyl in ihrem Blut gefunden – Schwierigkeiten, mit Höchstgeschwindigkeit den schnurgeraden und relativ engen Preston Way hinunterzurasen, hatte sie jedoch nicht. Wobei das Fahrzeug seltsame, laut kreischende Geräusche von sich gab. Es schien, »als würde sie die Straße hinunterbremsen [kreischende Geräusche], während sie gleichzeitig massiv beschleunigte, als würde ihr Auto auf Vollgas stehen, aber sie zu bremsen versuchen […]«, so ein Internetkommentar. Zur Sicherheit habe ich die Aufnahme einmal meinem Kfz-Meister vorgespielt. Bekanntlich sind die Ohren mit das wichtigste Diagnosewerkzeug eines erfahrenen Kfz-Mechanikers – so etwas wie der Ultraschall für einen Arzt. Antwort: »Das Geräusch, was man hört, ist eine Bremse, die auf Eisen bremst und damit keine Bremswirkung hat [manipuliert?!]«, so der Mann. Fuhr ihr der Mini also davon, während sie verzweifelt zu bremsen versuchte? Hatte jemand ihre Bremsen manipuliert, sodass sie zunächst in die Garage rumpelte und dann ungebremst davonraste? Oder befand sich hier eine Frau auf der Flucht und trat vor Aufregung auf Gas und Bremse zugleich? »Es sah aus, als würde sie vor jemandem oder etwas davonlaufen«, schrieb eine Nutzerin namens Joan Ellebracht unter ein *YouTube*-Video. Hatte sie irgendetwas zwischen ihrem Friseurbesuch und dem Garagen-Crash zu Tode erschreckt? Entweder ein paranoider Anfall aufgrund von Drogenmissbrauch (»Drogenpsychose«) oder eine reale Bedrohung, von der wir nichts wissen? Oder wurde das Auto doch gehackt, wie es der Geheimdienstexperte Richard Clarke in einem ähnlichen Fall vermutete? Oder war alles ganz anders, und sitzen wir hier nur einem Zusammenschnitt von eigentlich zusammenhanglosen Videoschnipseln auf (siehe Ukraine-Krieg)?

Wie bei einer Wochenendübung

Nachdem Heche jedenfalls in das Haus Walgrove 1766 gerast sein sollte, schmorte sie dort bis zu ihrer Bergung vor sich hin. Die bekannte Influencerin und Quasi-Kollegin Christina Randall (1,25 Millionen Abos auf *YouTube*) sprach sogar von 1 Stunde (*YouTube*: »The DARK Secrets of Anne Heche's Life & Strange Death«, 20.08.2022). Im Fall Heche schien die Feuerwehr alle Zeit der Welt zu haben. Auf dem Dach und um das Haus lungerten sage und schreibe 59 Feuerwehrleute herum, wovon höchstens fünf bis zehn bisweilen so etwas wie Aktivitäten zeigten. Hubschrauberaufnahmen zufolge befanden sich allein auf dem Dach ein Dutzend Männer, die um ein großes ausgesägtes Loch herumstanden wie bei einer Wochenendübung. Um das Leben eines Menschen schien hier niemand besorgt zu sein. Hin und wieder spritzte einmal jemand gelangweilt mit einem Schlauch in das offene Dach. Während ein Auto wegen des vielen Kunststoffes normalerweise in dichten schwarzen Wolken abbrennt, drang aus diesem Dach lediglich weißgrauer Rauch, als würde hier der Papst gewählt. »Wenn man genau hinschaut, sieht man, dass sie eigentlich nichts tun«, schrieb ein Zuschauer unter das *YouTube*-Video mit dem Titel »The shocking details of Anne Heche's death«. Und ein anderer bemerkte: »Ich kann nicht glauben, wie langsam diese Leute gearbeitet haben, während ein Mensch verbrennt!« (*YouTube*, ebenda, 13.08.2022).

Eine lebende Tote

Laut *Stern*, der behauptete, im Besitz des Feuerwehrprotokolls zu sein, waren es genau 55 Minuten: »Es ist der 5. August 2022, 10:56 Uhr, als die Schauspielerin Anne Heche mit ihrem Mini Cooper in ein Haus in Mar Vista, im Westen von Los Angeles, kracht. Erst nach knapp 10 Metern kommt das Auto zum Stehen und fängt Feuer, das sich schnell auf das gesamte Gebäude ausbreitet. Anne Heche ist eingeklemmt und bewusstlos. Von diesem Zeitpunkt an dauert es 55 Minuten, bis Heche von Feuerwehrleuten aus ihrem Auto gezogen wird« (online, 03.09.2022). Damit wäre es also quasi »amtlich«, dass Heche 55 Minuten in einem brennenden Auto verbracht haben soll. Aber wie kann ein Mensch 55 Minuten in einem brennenden Auto überleben und anschließend auch noch unverletzt erscheinen (siehe unten)? Antwort: gar nicht. Der brennende Kunststoff in einem Auto verwandelt sich in Windeseile in dichten hochgiftigen Qualm, dessen Zusammensetzung chemischen Kampfstoffen ähnelt. Der winzige Innenraum ist im Nu zugequalmt. Schon 1 Minute in einem brennenden Fahrzeug reicht, um die Lungen durch Einatmen der Rauchgase zu schädigen und irreparable Schäden anzurichten. Binnen kurzer Zeit verätzt der Qualm die Bronchien, lässt die Atemwege zuschwellen, sodass keine Luft mehr ventilieren kann. Währenddessen greifen die Flammen in der engen Kammer auf die Insassen über, sodass ein Mensch in einem brennenden Fahrzeug in kürzester Zeit ein Raub der

Flammen wird – wie in einem Ofen. Zusätzlich wird möglicherweise bald der Benzintank explodieren. Das heißt: In einem brennenden Auto kann man nur sehr kurze Zeit überleben. Aber als wäre das noch nicht genug, erlebte die vermeintliche Brandleiche, nachdem man sie endlich geborgen hatte, eine wundersame Auferstehung. Gerade, als sie unter einem weißen Laken auf einer Rolltrage zu einem Rettungswagen gefahren wurde, bekamen Beobachter den Schock ihres Lebens. Plötzlich richtete sich Heche auf, befreite sich von dem Tuch und griff nach dem Anschnallgurt an ihren Füßen, und zwar äußerlich unversehrt: »Ach du meine Güte! Er ist total lebendig!«, rief total geschockt ein Reporter, der Heche zu diesem Zeitpunkt noch für einen Mann hielt. »Er versuchte, abzuhauen! Ich weiß nicht, das war wirklich, wirklich seltsam« (*YouTube*: »Anne Heche's Rise from Stretcher Upscaled to 4K with Enhance AI«, 15.08.2022). »GRUSELIGSTES Video, das ich je gesehen habe«, meinte ein Zuschauer unter dem Filmchen. »Hubschrauber kreisen um das Haus und filmen eine Bahre, komplett zugedeckt, als wäre es ein verstorbener Körper auf einer Bahre, der in den Krankenwagen verladen wird, aber dann passiert etwas, das keiner von uns [...]. Ich glaube nicht, dass wir das jemals zuvor gesehen haben«, so die bereits zitierte *YouTube*-Influencerin Christina Randall. »Ich habe sogar mit mehreren Krankenschwestern gesprochen, die in der Notaufnahme arbeiten, die meinten, dass sie so etwas noch nie gesehen hätten.« Verschiedentlich habe sie zwar gehört, es habe sich bei dem Tuch um eine spezielle Abdeckung für Brandopfer gehandelt, »aber man muss zugeben, sie hatten sie eingewickelt, als wäre sie eine Leiche, und sie sagten auch, dass sie 1 Stunde lang im Auto war«.

Nachdem sie sich auf der Trage abgedeckt hatte, konnte man der mageren blassen Gestalt und dem dünnen blonden Haar entnehmen, dass es sich tatsächlich um Anne Heche handelte. Was fehlte, waren lediglich die Spuren ihres angeblich langen Martyriums in einem brennenden Fahrzeug. Arme, Oberkörper, Kopf und Haare waren jetzt freigelegt, was einem Gelegenheit gab, das angebliche Brandopfer einmal etwas genauer zu betrachten. Obwohl das Video etwas unscharf war, konnte man Folgendes feststellen:

- Der obere Gurt über dem weißen Tuch oder Leichensack verlief über ihren Hals.
- Nachdem sie sich dennoch befreit hatte, wirkte sie wach, steuerungsfähig und voll orientiert.
- Als sie sich auf der Bahre aufrichtete, wirkte ihre Körpersprache verzweifelt.

- Sie schien sich wehren und befreien zu wollen, bevor sie von den Feuerwehrleuten festgehalten und in den Rettungswagen geschoben wurde.
- Oberkörper, Arme und Kopf schienen nicht schwer verletzt, sondern voll beweglich zu sein.
- Heche wurde nicht medizinisch behandelt: nirgends gab es eine Sauerstoffmaske, eine Intubation oder einen IV-Zugang etc.
- Sie trug auch keine Verbände oder Halskrause.
- Ihre Haare waren hellblond und erschienen nicht verrußt, versengt oder nass (vom Löschwasser).
- An ihrer Frisur und an ihrem Kopf sah man kein Blut.
- Oberkörper und Arme erschienen weiß und makellos.
- Auch das blassrosa Shirt, mit dem sie kurz vor ihrer Amokfahrt noch fotografiert worden war, zeigte, soweit erkennbar, keine Brandspuren.
- Überhaupt sah man nirgends Ruß oder Blut; das Laken oder der Leichensack erschienen makellos weiß.

War das etwa der Grund, warum man sie komplett zugedeckt hatte – nicht etwa, weil sie so schrecklich verbrannt, sondern weil sie weitgehend oder vollkommen unversehrt war?

Wer war Anne Heche?

Seltsam. Angesichts des offenbar guten Zustandes des vermeintlichen Brandopfers musste man sich fragen, was das Ganze eigentlich sollte: Wollte jemand Heche loswerden und unter dem Deckmantel eines Autounfalls mithilfe von »fürsorglichen Feuerwehrleuten« auf Nimmerwiedersehen verschwinden lassen? Ihr Lebenslauf schien dazu zu passen: Heche war einer der großen und langjährigen Stars in Hollywood, der immer wieder durch kritische und »respektlose« Projekte von sich reden gemacht hatte. Zum Beispiel

- 1997 in der Filmsatire *Wag the Dog*, der die ganze Lügen- und PR-Maschine der US-Regierung bloßstellte und durch den Kakao zog;
- 2001 in dem pharmakritischen Streifen *Prozac Nation – Mein Leben mit der Psychopille*;
- 2008 in dem Film *Toxic Skies*, der sich mit Chemtrails befasste;
- 2011 in dem Polizeithriller *Rampart – Cop außer Kontrolle*, der sich mit der korrupten Polizei von Los Angeles befasste.

Also jener Polizei, die jetzt für ihren Autounfall zuständig war. Zum Zeitpunkt ihres Todes hatte Heche außerdem einen Streifen abgedreht, in dem sie sich offenbar mit der gesamten Menschenhandelsindustrie in den Vereinigten Staaten anlegen wollte. In dem Film *Girl in Room 13* spielt sie eine Mutter, die ihre Tochter aus den Fängen von Menschenhändlern befreien will. Die Premiere war für Mitte September 2022 geplant. Selbst ein Missbrauchsopfer, lagen Heche die Themen Missbrauch und Kinderhandel besonders am Herzen. Ein Film war ihr deshalb nicht genug, sondern zusammen mit der Regisseurin Elisabeth Röhm arbeitete sie auch an einer schlagkräftigen Partnerschaft zwischen der Produktionsfirma Lifetime, der Nationalen Hotline gegen Menschenhandel und dem Polaris Project (*People*, online, 12.08.2022), einer Organisation, die dem Menschenhandel in den USA den Kampf angesagt hatte: »Polaris verfügt über den größten bekannten Datensatz zum Menschenhandel in Nordamerika, der sich aus dem mehr als 10-jährigen Betrieb der Nationalen Hotline für Menschenhandel in den USA ergeben hat. […] Und wir stellen die Erkenntnisse aus dem Datensatz anderen in der Forschung, in der Wissenschaft und in der Bewegung zur Bekämpfung des Menschenhandels zur Verfügung, denn je mehr wir alle wissen, desto schneller können wir dem Menschenhandel ein Ende setzen« (*https://polarisproject.org/data-and-research/*). Oder haben die Menschenhändler etwa Anne Heche »beendet«?

Die letzte Fahrt der Jackie Walorski

Nur 2 Tage vor Heches Unfall, am 3. August 2022, war eine andere Aktivistin bei einem Autounfall ums Leben gekommen: die 58 Jahre alte Kongressabgeordnete Jackie Walorski. In den vergangenen Jahren hatte sie verschiedene Initiativen gegen Menschenhandel in den Kongress eingebracht und stand Gerüchten zufolge auch in Kontakt mit Anne Heche. 2021 leitete Walorski eine Untersuchung gegen den republikanischen Abgeordneten Matt Gaetz ein, unter anderem wegen des Verdachts des sexuellen Missbrauchs: »Die Ethikuntersuchung, die sich parallel zu einer strafrechtlichen Untersuchung auf Bundesebene entwickelt, stellt sicher, dass Gaetz mit gleichzeitigen Untersuchungen konfrontiert werden wird, auch wenn er seine Unschuld beteuert und plant, im Kongress zu bleiben« (AP, online, 10.04.2021). Am 3. August 2022 war Jackie Walorski mit ihrem Fahrzeug in ihrem Heimatbundesstaat Indiana unterwegs, als auf der gegenüberliegenden Fahrbahn eine Frau angeblich die

Kontrolle über ihren Wagen verlor und frontal in Walorskis Auto krachte. »Alle Beteiligten kamen ums Leben« (*Focus*, online, 04.08.2022). Nachdem Heche am 5. August zunächst ebenfalls tot zu sein schien, war sie jedoch plötzlich putzmunter unter der weißen Decke aufgetaucht und versuchte, stiften zu gehen. War das vielleicht anders geplant? Denn das erste Narrativ hatte ihr ja keine Überlebenschance gelassen (55 Minuten in brennendem Auto etc.). Konnte man sie nun doch nicht sofort als verstorben abschreiben? Erklärte Heches Ex-Freund Thomas Jane deshalb am nächsten Tag: »Im Moment ist Anne stabil und kommt wahrscheinlich durch« (*Daily Mail*, 06.08.2022). Am selben Tag meldete auch ihr Pressesprecher: »Anne ist derzeit in einem stabilen Zustand« (*Deadline*, online, 06.08.2022). Auch laut der gut informierten Klatsch- und Promiseite *TMZ* nahm man an, dass sie überleben würde (laut *KTLA 5*, online, 05.08.2022). Eben danach hatte es ja plötzlich ausgesehen. Auch noch einen Tag später, am 7. August, veröffentlichte der Schweizer *Blick* die Schlagzeile: »Ärzte geben nach schwerem Autounfall Entwarnung: Hollywood-Star Anne Heche außer Lebensgefahr« (online, 07.08.22). Na bitte!

»Irgendetwas stimmt da nicht«

Aber am nächsten Tag, dem 8. August, kippte die Situation plötzlich wieder: »Der Zustand von Anne Heche ist weitaus ernster, als es am Wochenende den Anschein hatte«, berichtete die Nachrichtenseite *Deadline* (08.08.2022). »Derzeit befindet sich Anne in einem extrem kritischen Zustand. Sie hat eine schwere Lungenverletzung, die eine mechanische Beatmung erfordert, und Verbrennungen, die eines chirurgischen Eingriffs bedürfen.« Sie liege im Koma und habe seit kurz nach dem Unfall das Bewusstsein nicht wiedererlangt: »Die neue Erklärung kommt 2 Tage, nachdem Heches Pressesprecher am Samstag ein ermutigendes Statement veröffentlicht hatte, in dem es hieß, sie befinde sich in einem ›stabilen Zustand‹.« Plötzlich stand Heche also wieder am Rande des Todes. Auch die bekannte Journalistin Celia Farber (*Rolling Stone, Esquire, New York Post, Sunday Herald*) fand das seltsam: Noch am 6. August habe die *New York Post* Heches Sprecher und ihren Freund mit den Worten zitiert, sie werde überleben, schrieb Farber in einem Artikel mit dem Titel »Der äußerst seltsame Tod der Anne Heche«: »Anschließend wurde berichtet, dass man nicht mit ihrem Überleben rechne, und dann, dass sie gestorben ist. Aber irgendetwas stimmt da nicht: die schiere Intensität, die propagandistische Aufmachung und der Eifer der Berichterstattung. Warum ist die Berichterstattung so synthetisch, unzusammenhängend, KI-gesteuert, bizarr, widersprüchlich und offen gesagt: unmöglich zu glauben? Warum hat jemand das Video veröffentlicht, auf dem zu sehen ist, wie sich Heche (falls sie es ist) auf der Trage aufrichtet? Warum wurde das verbreitet statt zensiert? Ich bin besorgt über Autos, die gehackt werden, und das sollten wir alle sein. Die Geschichte von Michael Hastings [kritischer Journalist, der 2013 bei einem ähnlichen Autounfall in LA ums Leben kam; G. W.] ist weitgehend in Vergessenheit geraten. […] Ich muss sagen, dass dies [die Berichterstattung über Anne Heche] ein deutlicher Beweis für das ist, was wir alle seit 2021 über die bizarre Häufigkeit von Todesfällen unter Berühmtheiten gesagt haben, die plötzlich gestorben sind« (*The Truth Barrier*, online, 15.08.2022).

Die vielen Tode der Anne Heche

Nur wenige Tage, nachdem sie sich auf der Trage putzmunter und anscheinend unverletzt gezeigt hatte, brachte man den Leuten also bei, dass Heche doch schwerer mitgenommen sei als gedacht und nun im Koma liege. Laut US-Medien wurde Heche am 11. oder 12. August dann für »hirntot« erklärt – eine juristische Konstruktion, um einem lebenden Menschen Organe entnehmen zu können, denn diese müssen schließlich möglichst frisch sein. Nachdem man überraschend schnell Organempfänger gefunden hatte (*TV Insider*, online, 15.08.2022), seien ihr am Sonntag, dem 14. August, die Apparate abgeschaltet (und dabei die Organe entnommen) worden. Ein bisschen flott: Manche Verwandten oder Partner warten monate- oder jahrelang, ob der geliebte Mensch wieder zu sich kommt. Aber hier schien es so, als könnte man Heche die Apparate gar nicht schnell genug abdrehen. Nicht doch: Ihre Familie erinnere sich an sie »als ›helles Licht‹«, hieß es am 14. August 2022 über Anne Heche (*People*, online, zitiert nach *ew.com*, 14.08.2022). Ein Licht, das man sich so schnell wie möglich auszublasen beeilte. »Anne Heches Lebenserhaltungssysteme wurden friedlich abgeschaltet«, zitierte *Vanity Fair* ihre Sprecherin Holly Baird (online, 15.08.2022).

An einer Organentnahme ist nichts friedlich

Dabei ist an einer Organentnahme überhaupt nichts friedlich. Denn die Lebenserhaltungssysteme können erst während oder nach der Entnahme abgeschaltet werden, weil die Organe ja frisch bleiben müssen (siehe oben). Viele Opfer sind deshalb noch halb oder ganz bei Bewusstsein. Oft soll nur ein Muskelrelaxans verhindern, dass sie sich wehren – aber viele zucken, schwitzen, bekommen Herzrasen und bewegen sich trotzdem. Nur keine Aufregung – dafür erhielt Heche schließlich eine rührende Zeremonie: einen Horror …, Pardon: »Honor Walk«. Auf dem Weg von ihrem Kranken- zum Todeszimmer stand das Krankenhauspersonal laut Medienberichten Spalier. Sehr rührend – oder wollte man sie nur an einem neuen Ausreißversuch hindern? Die Akte Heche konnte jedenfalls ganz schnell geschlossen werden, denn nachdem sie tot war, wurde nicht mehr gegen sie ermittelt – und damit natürlich auch nicht mehr über die näheren Umstände dieses seltsamen Unfalls. »Nach ihrem Tod teilte die Polizei von Los Angeles in einer Erklärung mit, dass ›keine weiteren Ermittlungen‹ über ihren Unfall stattfinden würden« (*E! News*, online, 12.08.2022). Am 18. August wurden Heches Überreste angeblich eingeäschert. Eine Nachuntersuchung beziehungsweise Obduktion wurde damit unmöglich. Und ein Nachweis, dass es sich wirklich um Heches Überreste gehandelt hatte, ebenfalls.

Anne Heche und Lynne Mishele

Interessant – denn es gibt da noch eine seltsame Wendung, die ich Ihnen nicht vorenthalten kann. Denn wenige Tage nach ihrem angeblichen Autounfall war Anne Heche schon wieder da – allerdings nicht als Anne Heche, sondern als eine gewisse Lynne Mishele: jene Frau, in deren Haus Heche mit ihrem Mini Cooper gekracht sein soll. Erstaunlicherweise hatte die Frau bei der kompletten Zerstörung ihres Heimes nicht den kleinsten Kratzer davongetragen. Und nicht nur sie, sondern auch ihre drei Haustiere blieben unverletzt: die beiden Hunde genauso wie die Schildkröte. Schon auf den ersten Fotos nach dem Crash hatte Mishele eine gewisse Ähnlichkeit mit Heche gehabt – bis auf die anscheinend kräftigere Figur. Aber als die Frau, die das vermeintliche Inferno samt ihrer drei Haustiere vollkommen unverletzt überlebt haben soll, am 12. August 2022 in der Unterhaltungssendung *Entertainment Tonight* (*ET*) auftrat, sah sie der (um diese Zeit angeblich im Sterben liegenden Heche) zum Verwechseln ähnlich: dieselbe flachsblonde Haarfarbe, das gleiche dünne Haar, das gleiche, diesmal schmale, Gesicht mit den schmalen Lippen, die gleichen Gesichtszüge, dieselbe etwas hart wirkende Stimme. Besonders auffällig war die smaragdgrüne, von einem schwarzen Saum umgebene Iris ihrer Augen. Wie konnte es sein, dass Mishele auch noch die gleichen Augen hatte wie Heche? Oder waren es sogar dieselben? Die wenigen Unterschiede zwischen den Gesichtern lagen im Bereich dessen, was sich mit einigen Schminkstrichen bewerkstelligen ließe. Einen fremden Eindruck vermittelte auch Misheles weit ausladende Lesebrille. Aber da Alterssichtigkeit normalerweise mit Ende 40 einsetzt, dürfte auch Heche eine Lesebrille gehabt haben. Denn Heche und Mishele waren laut Medien beide merkwürdigerweise exakt 53 Jahre alt (*dailynationpakistan.com*, 18.08.2022). Ist das nicht ein Riesenzufall: Anne Heche knallt mit ihrem Auto ausgerechnet in das Haus einer Frau, die nicht nur genauso alt ist wie sie, sondern ihr auch zum Verwechseln ähnlich sieht – und deren Vergangenheit bei der totalen Zerstörung ihres Hauses abhandengekommen ist: sämtliche Erinnerungsstücke von Lynne Mishele seien bei dem Brand vernichtet worden, erklärte ihr Anwalt. »[…] ihr gesamter Besitz, einschließlich desjenigen mit einem hohen sentimentalen Wert, wurde vollständig zerstört.« Vielleicht auch ihr Ausweis? Psst: Mishele »bittet in diesem äußerst schwierigen Moment um Diskretion«. Sicherlich. Dann stellt sich nur die Frage, wie es kommt, dass Heche früher schon einmal als eine »Lynn« aufgetreten war, nämlich als »Lynn Monahan« in der Mystery-Serie *Dig*. Mit markanter Brille und langem blonden Haar sah sie der späteren »Lynne Mishele« frappierend ähnlich. Hatte sie die Rolle also nur recycelt?

Wer ist »Lynne Mishele«?

Während »Lynne Mishele« ihre gesamte Vergangenheit verloren hatte, war Heche nach dem Unfall eingeäschert worden und hatte sich damit unwiderruflich in Nichts aufgelöst. Bei *ET* wurde auch eine Frage angesprochen, die noch niemand gestellt hatte – nämlich warum »Lynne Mishele« in der ersten Woche nach Heches Unfall überhaupt nicht öffentlich aufgetaucht war: »Sie erklärt, warum sie eine Woche brauchte, um ihr Schweigen zu brechen«, so die *ET*-Moderatorin Courtney Tezeno. Ungewöhnlich – denn normalerweise werden Betroffene eines solchen Vorfalls sehr schnell vor die Kamera gezerrt. Man nennt das auch »Witwenschütteln«. Sollten Heche und Mishele allerdings ein und dieselbe Person gewesen sein, könnte das schwierig gewesen sein, da sich Heche zunächst ja im Krankenhaus befunden haben soll. Als Mishele am 12. August schließlich erstmals bei *ET* auftauchte, stellte sie sich auch keinem freien Interview, sondern hatte lediglich ein kurzes Video-Statement aufgenommen, das danach wie ein »Interview« verbreitet wurde. Wann das Video aufgenommen worden war, kann man nicht wissen. Misheles Nachbarn am Walgrove 1766 könnte ein solcher Austausch möglicherweise nicht weiter aufgefallen sein – denn zuvor könnte Mishele niemand wahrgenommen und danach niemand vermisst haben. Denn in dem zerstörten Haus konnte ja keiner mehr wohnen. Umso merkwürdiger ist der Umstand, dass das Gebäude nach dem Desaster immer noch zur Vermietung angeboten wurde. 1766 Walgrove Ave, Los Angeles, CA 90066: »Unmöbliert, frei stehend, niedlich, Zwei-Schlafzimmer-, Ein-Bad-Haus. Hartholz und Fliesenböden, Wäsche vor Ort, Kühlschrank, Herd, Geschirrspüler, Hof, Terrasse.« Veraltet? Unwahrscheinlich – denn welcher Vermieter würde wohl gern dauernd obsolete Anrufe und E-Mails erhalten wollen? In der Anzeige auf *apartments.com* zeigte ein Symbol noch am 1. November 2022 an, dass die Annonce erst vor 2 Wochen erneuert worden war, also Mitte Oktober.

Katzen oder Hunde?

Angebliche Anwohner, die von den Medien zitiert wurden, erscheinen dubios, denn sie konnten sich nicht einmal daran erinnern, dass Mishele Hunde – und nicht Katzen – gehabt hatte: »Mishele und ihre Katzen hatten ›großes Glück‹, die Tragödie unverletzt zu überstehen, so Misheles Nachbarin Lynne Bernstein« gegenüber *People* (laut *medicotopics.com*, 15.08.2022). In ihrem kurzen und phrasenhaften Video-Statement auf *ET* erschien Mishele aber mit zwei Hunden vor der Kamera und sprach ansonsten ohne jede Gefühlsregung, ohne Stocken und ohne eine Träne zu vergießen – so, als hätte sie der Verlust ihres Hauses und ihres gesamten Hausrates vollkommen kalt gelassen (siehe: »Anne Heche Car Crash: Woman Whose Home Was Destroyed Speaks Out«, *YouTube*, 12.08.2022). Lynne Misheles »elektronisches Vorleben« scheint hauptsächlich aus einer Website sowie einer Instagram- und Facebook-Seite zu bestehen, auf denen sie recht seltsame Dienste anbietet: Sie räumt Wohnungen und Büros auf und nennt das »Kreative Organisation«. Die entsprechende Website (sprich: geschäftliche Identität) ließ sich sicherlich in einigen Stunden aus dem Boden stampfen. Erleichtert wurde ein möglicher Austausch vielleicht auch dadurch, dass Mishele keine Angehörigen zu haben schien: Nirgends wurden Kinder, Eltern oder Geschwister zitiert. »Die Namen ihrer Mutter und ihres Vaters sind unbekannt. Die Namen ihrer Geschwister sind nicht bekannt« (*dailynationpakistan.com*, 18.08.2022). Auf Misheles Instagram-Seite stammt der letzte Post von ihr vom 12. August 2022. Seitdem habe ich keine Beiträge mehr von ihr gefunden. Lynne Mishele, in deren Haus Anne Heche starb beziehungsweise angeblich verbrannte, erscheint wie untergetaucht. Schlüpfte Anne Heche also mit ihrem Auto nicht nur in ein Haus, sondern auch in eine neue Identität? Jedenfalls wäre das nicht das erste Mal. Was nämlich bei uns niemand wusste, war, dass Anne Heche eine multiple Persönlichkeit hatte: Nachdem sie als Kind und Jugendliche von ihrem Vater missbraucht worden sei, habe sich ihre Persönlichkeit gespalten, erzählte sie Jahre zuvor in einer Talkshow. »Tatsächlich dachte die Schauspielerin jahrelang, sie bestehe aus zwei Personen«, hieß es auf dem Society-Kanal *Nicki Swift*. »Ein Verarbeitungsmechanismus in Reaktion auf die Übergriffe ihres Vaters.« Jedenfalls barg die Schauspielerin den tiefen Wunsch in sich, jemand anderes zu sein – ein Wunsch, den ihr zumindest ihr Beruf mannigfaltig erfüllt hatte. Nach dem Crash erbrachte eine Spenden-Website für »Lynne Mishele« auf *GoFundMe* in kürzester Zeit 200 000 Dollar – eine Entschädigung für das ruinierte Haus? Oder Startkapital für ein neues Leben? Zusätzlich verklagte Mishele den Nachlass von Anne Heche später auf eine Entschädigung von 2 Millionen Dollar – ein Verfahren, um sich das eigene Vermögen wieder zu eigen zu machen? Unmöglich? Grotesk? Vielleicht – aber vergessen wir nicht, dass wir uns hier in Hollywood befinden und Anne Heche Schauspielerin war. Rollenwechsel waren ihr tägliches Brot – und offenbar auch ihr tiefster Wunsch. Aber warum dann der Fluchtversuch von der Rolltrage? Nun – vielleicht erfolgte der Austausch nicht ganz freiwillig, und sie versuchte sich davonzumachen. Oder sie hatte es sich ganz einfach anders überlegt …

14. August
Allgegenwärtige Kameras: im Sog der Eitelkeiten

Die kleine Cora (11) war ein Pferde-Fan – wie viele Mädchen in ihrem Alter: »Reiten war Coras Welt. War ihr Leben. Wie so häufig war das Mädchen in den Ferien auf den Reiterhof der Tante in Wernberg-Köblitz (Bayern) gekommen«, schrieb die *Bild*-Zeitung, das Fachblatt für tragi-

sche Schicksale aller Art, am 14. August 2022. »Im Gepäck eine Liste mit Wünschen. ›Einmal Galopp reiten […]‹«, habe darauf gestanden. Ach ja: »[…] ›und dabei gefilmt werden‹.« Diesen Wunsch bekam Cora erfüllt. Aber wenig später, bei einem Ausritt mit einem ehemaligen Kutscherpferd, sprang ein Wildschwein aus einem Maisfeld, das Pferd scheute, Cora sprang ab und erlitt dabei schwere Kopfverletzungen. Kurz darauf war sie tot. So weit, so traurig. Ein Unfall, wie er leider immer und überall passieren kann. Aber der Unfall ist gar nicht das Thema, sondern Coras Herzenswunsch, zu galoppieren »[…] und dabei gefilmt werden«. Woran natürlich nichts Verwerfliches ist; der Wunsch soll uns nur als Anlass für die weiteren Betrachtungen dienen.
Coras Wunsch war also zweigeteilt:

1. galoppieren und
2. dabei gefilmt werden.

Leben = Leben + Kamera

Vor 30, 40, 50 Jahren hätte man ein Kind wahrscheinlich allein mit der Erfüllung des unter Nummer eins genannten Wunsches begeistern können. Denn mit einem Pferd zu galoppieren, ist natürlich ein tolles Erlebnis. Langsam, still und heimlich hat sich in den vergangenen Jahrzehnten zum echten Leben beziehungsweise Er-Leben jedoch eine zweite Ebene hinzugesellt. Coras bescheidener Wunsch bringt es auf den Punkt. Wie sollen wir diese zweite Ebene nennen? Egal: Für sich genommen ist eine Kamera bei einem Ereignis natürlich noch nichts Besonderes. Besonders wird es erst durch die Allgegenwart der Kameras. Denn allmählich wird so eine zweite Ebene in unser Leben eingezogen. Vor einigen Jahrzehnten hatte das echte Leben noch die Oberhand: Speziell Filmkameras (zum Beispiel Super 8) waren schwer, sperrig und teuer, die Filmrollen kurz und kostspielig, die Entwicklung langwierig. Auch Fotokameras waren natürlich klobiger und komplizierter zu bedienen als heute ein Handy. Mit der Verbreitung und Verkleinerung der Apparate wuchs jedoch die Angewohnheit, jedes Detail des eigenen Lebens zu dokumentieren und natürlich auch zu teilen. Sodass man sich fragen konnte: Esse ich eine Mahlzeit, um sie zu genießen oder um ein Foto davon zu verbreiten? Reise ich in die Rocky Mountains, um mich an der Natur zu erfreuen oder sie als Hintergrund für mich selbst zu benutzen? Lebe ich eigentlich für mich oder um anderen zu gefallen? Antwort: Inzwischen besteht ein perfektes

Leben aus Leben und Kamera. Heutzutage wurde ein Kleinkind schon häufiger fotografiert als vor 30 Jahren ein Hollywood-Star – und der war häufig schon eingebildet genug. Als Resultat »posen« heute schon Dreikäsehochs wie Filmstars vor der Linse. Darüber hinaus bekommt der Nachwuchs auch sofort ein Feedback, sodass ein positiv rückgekoppelter Regelkreis entsteht: Denn anders als früher dauert es nicht Tage oder Wochen, bis ein Film entwickelt ist, sondern das Bild ist sofort verfügbar. Bei Mutter, Vater und Verwandten lernen die Kleinen, dass beim Leben immer ein Apparat auf einen gerichtet sein muss. Ja, dass das Leben nichts wert ist, wenn wir es nicht mit anderen »teilen«. Aber die Frage ist doch: Wenn wir unser Leben teilen, teilen und nochmals teilen – was bleibt dann davon übrig? Antwort: im Extremfall nichts.

Der Sog der Eitelkeit

»Studien beweisen, dieser stete Selbstdarstellungsdruck kann krank machen« (*Bild*, online, 19.10.2022). Doch der Sog der Eitelkeit ist unwiderstehlich. Ganze Internetkonzerne, wie beispielsweise Instagram, leben davon. Denn es gibt noch einen weiteren verführerischen Effekt, der eintritt, wenn sich eine Kamera auf einen richtet: Das Objekt wird mit Bedeutung aufgeladen – denn sonst würde es ja nicht gefilmt werden. Erst wenn man beobachtet wird, wird man bedeutend. Wenn am Strand ein Dutzend Paparazzis ihre Teleobjektive auf eine Bikinischönheit richten, weiß jeder: Diese Frau muss bedeutend sein. Das gilt aber nicht nur für Menschen. Machen wir ein Experiment, und stellen wir uns vor, wir stünden in einem verregneten Wald, die Situation ist einfach nur trist und langweilig, aber wir beschreiben sie wie folgt: Es ist grau. Man hört das Rauschen des Regens. Äste und Zweige schaukeln unter den Wasserschwaden. Klatschend fallen dicke Tropfen auf die Blätter … – Schon ist es passiert: es wurde dargestellt und damit mit Bedeutung aufgeladen. Was ohne Zuschauer einfach nur grau und eintönig wäre, wird durch den Beobachter plötzlich bedeutend und spannend. Schon hat man aus einer banalen Szene den Anfang eines Romans gemacht. Ja, man könnte noch weiter philosophieren und zu dem Schluss gelangen, dass nur der, der wahr- beziehungsweise aufgenommen wird, auch existiert. Nach dem Motto: Ich werde geknipst, also bin ich.

Das heißt: man denkt und gestaltet sein Leben von der Kamera aus und das Dasein wird zur Pose. Aus einem Leben wird ein dargestelltes Leben, aus einem Lebenden wird ein Lebensdarsteller. Ja, die Gefahr besteht, dass man sein ganzes Leben nur noch für die Kamera lebt und nicht mehr für sich selbst. Es gibt Menschen, die sich ohne Knipsgerät unwohl fühlen und ständig an die Bilder denken, *die sie hätten machen können.* Menschen, für die ein nicht fotografiertes oder gefilmtes Erlebnis kein Erlebnis ist. Oder kein Leben. Es geht in erster Linie demnach nicht darum, was man gern macht, sondern was man gern *zeigt.* Statt: Was könnte man heute unternehmen?, heißt es nun: Was macht sich heute besonders gut auf meinem Instagram-Kanal? Motivation und Impuls entstehen also weniger aus subjektivem Erlebnisstreben heraus, sondern aus dem Wunsch, Bilder zu produzieren. Und falls das der Genuss sein sollte, dann ist das Bild heute tatsächlich wichtiger als das Leben. Allerdings wird es jetzt gefährlich: Zahlreiche verunglückte Base-Jumper, Wingsuit-Flieger, Hochhauskletterer, Bungee-Jumper und selbst Fahrradakrobaten legen – natürlich immer mit einer »GoPro«-Kamera bewaffnet – Zeugnis davon ab. Denn (übertriebene) Eitelkeit und Selbstdarstellungslust besitzen eine enge Beziehung zum Tod. Der bekannte amerikanische Maler Charles Allan Gilbert (1873–1929) hat das in seinem Bild *All is Vanity* (»Alles ist Eitelkeit«) dargestellt – ein Vexierbild, bei dem eine Frau an ihrem Schminktisch in ihrem Spiegel als Totenkopf erscheint. Die Botschaft: Eitelkeit und Tod liegen nahe beieinander. Nicht umsonst zählt Eitelkeit zu den sieben »Todsünden«. Aber warum eigentlich? Sind Eitelkeit und Selbstdarstellung nicht harmlose Charaktereigenschaften – für andere vielleicht ein wenig befremdlich, aber kein ernstes Problem?

Das glücklichste Paar des Planeten

Im Extremfall können Schein und Sein jedoch vollständig die Verbindung verlieren und sich diametral auseinanderentwickeln. So geschehen bei der Amerikanerin Gabby Petito, 22, und ihrem Verlobten Brian Laundrie, 23. Nachdem das junge Paar mit seinem kleinen Wohnmobil zu einer Reise quer durch die USA aufgebrochen war, fing Petito an, wie besessen zu filmen und zu fotografieren. Ihre Fotos und Videos stellte sie regelmäßig in einen Reise-Blog. Die Aufnahmen zeigten die beiden als strahlendes

Paar vor dem Hintergrund atemberaubender Natur. Egal, ob sie nun vor den Monument Rocks oder im Bryce Canyon auf den Auslöser drückten – auf allen Aufnahmen strahlten und schmusten sie um die Wette. Es bestand kein Zweifel: Die beiden waren das glücklichste Paar des Planeten – oder etwa nicht? Nun, eines Tages kehrte Brian Laundrie plötzlich allein mit dem Campingmobil zurück und verschanzte sich im Haus seiner Eltern; über Gabbys Verbleib verlor er kein Wort. Kurze Zeit später wurde der junge Mann ebenfalls als vermisst gemeldet – von seinen Eltern: Er sei zu einer Wanderung aufgebrochen und nicht mehr aufgetaucht. Bald darauf wurde in einem Nationalpark Gabby Petitos Leiche gefunden – erdrosselt. Am Tag darauf wurde ein Haftbefehl gegen den inzwischen ebenfalls vermissten Laundrie erlassen, dessen Leiche man einen Monat später in einem Naturschutzgebiet fand. Er hatte sich in den Kopf geschossen. Im Januar 2022 gab das FBI bekannt, dass neben seinen sterblichen Überresten ein schriftliches Geständnis für den Mord an Gabby gefunden worden sei.

Die Dialektik von Schein und Sein

»Gabby Petito wollte ihr Leben mit der ganzen Welt teilen – was ihr auch gelang«, so hinterher die TV-Sendung *60 Minutes*. Und zwar so umfassend, dass am Ende nichts mehr davon übrig blieb. Denn am Ende der Reise waren beide tot. Aber ihr glückliches Scheinleben fing damit erst richtig an: tot waren schließlich nur die physischen Originale. Die Abbilder lebten auf wie nie zuvor: Nachdem sie durch das Tor des Todes gegangen war, wurde Gabby das, wovon sie als Lebende geträumt hatte: ein Star. »In den zweieinhalb Monaten seit dem Verschwinden von Gabby Petito wurde ihr erstes und einziges *YouTube*-Video mehr als 6 Millionen Mal angesehen.« Ja, fast war es, als hätten ihre flimmernden Abbilder Gabby und Brian das Leben herausgesaugt und lebten nun an ihrer Stelle weiter: Mit dem Verlöschen des physischen Lebens setzten ihre Kopien zum Höhenflug an. Gabbys Mutter sagte allen Ernstes: »Das ist die Art von Aufmerksamkeit, von der sie im Leben nur hätte träumen können. Sie wollte ihre Erfahrungen mit der Welt teilen, was sie auf dem *YouTube*-Kanal und ihren Social-Media-Accounts getan hat, und wir freuen uns jeden Tag darauf, diese Bilder und Videos zu sehen, so wie sie jetzt jeder zu sehen beginnt.« Und der Vater erklärte: »Lassen Sie sich von dem inspirieren, was sie auf den Tisch gelegt hat, denn der ganze Planet kennt jetzt den Namen dieser Frau« (»Gabby Petito's father says her tragic story could help save lives«, *60 Minutes*, *YouTube*, 20.10.2021) Das Problem ist nur: Der Traum vom Star-Dasein wurde nur durch ihren Tod verwirklicht …

16. August
Bringt Polizei junge Menschen durch Lügen ins Gefängnis?

16. August. Kein guter Tag für Martin G., 22, aus München. An diesem Tag bekommt der Student einen Strafbefehl vom Münchner Amtsgericht. Am 16. Februar soll er in der Münchner Innenstadt an einer Versammlung gegen die Coronamaßnahmen teilgenommen haben, während die Menschenmenge »vollständig von uniformierten Polizeikräften« umstellt worden sei, »um eine strafrechtliche Verfolgung der Teilnehmer zu ermöglichen«. Wobei man noch gar nicht wusste, dass Versammlungsteilnehmer hierzulande »einfach so« strafrechtlich verfolgt werden können. Jedenfalls soll G. dabei gleich drei Polizeibeamte vermöbelt haben: »Gegen 18:54 Uhr warfen Sie sich bewusst ohne rechtfertigenden Grund mit Anlauf gegen POM S., um die Polizeikette zu durchbrechen«, wird dem jungen Mann in dem Strafbefehl vorgeworfen. Polizeiobermeister S. sei dabei zu Boden gestürzt, wobei ihm »für einen Moment« die Luft weggeblieben sei. Außerdem habe er sich die rechte Gesäßbacke geprellt und dabei »nicht lediglich unerhebliche Schmerzen« gehabt. Bei dem anschließenden Festnahmeversuch durch die Polizeiobermeister P. und W. wurde der mutmaßliche Schläger zwar zu Boden gebracht; er wand sich jedoch gegen den Griff von POM P. »und versuchte darüber hinaus, sein Bein aufzustellen«. Unfassbar. Ja, die Polizei musste gar »Kraft aufwenden«, um ihn am Boden zu halten. Darüber hinaus habe er ein Tierabwehrgerät (Pfefferspray) mitgeführt, »um dieses gegebenenfalls im Bedarfsfalle gegen andere Personen einzusetzen«. Unglaublich: ein richtig schwerer Junge! Am Ende standen Widerstand gegen Vollstreckungsbeamte, tätlicher Angriff auf Vollstreckungsbeamte und vorsätzliche Körperverletzung in Tateinheit mit Verstoß gegen das versammlungsrechtliche Aktivwaffenverbot in dem Strafbefehl. Das Ergebnis: 9 Monate Haft auf Bewährung und eine Geldauflage in Höhe von 1000 Euro an eine gemeinnützige Einrichtung.

Polizeilügen sind auch nur Lügen

Das Problem ist nur: Das alles sind Lügen. Genauer gesagt: Polizeilügen, gemischt mit Auslassungen und Anscheinserweckungen. Juristisch ausgedrückt. Die Straftaten sind ganz auf der Seite der Polizei: Vortäuschen einer Straftat, Verfolgung Unschuldiger, Körperverletzung und Sachbeschädigung. Denn mit Beweisen für ihre Behauptungen hatten die »Ordnungshüter« so ihre Schwierigkeiten. Zwar hatte die Polizei den Vorgang selbst auf Video aufgenommen, aber siehe da: Als die angeforderte Akte bei G.s Verteidiger eintraf, enthielt sie gar keine Videos, sondern nur fotokopierte Standbilder in Schwarz-Weiß, auf denen man nichts Beweiskräftiges erkennen konnte. Damit war die Akte also nicht vollständig – etwas, was die Strafprozessordnung verbietet. Auf die Mahnung des Verteidigers hin wurden schließlich auch die Videos übersandt, allerdings in Formaten, die kaum jemand abspielen konnte (der Richter, der den Strafbefehl unterschrieben hatte, wahrscheinlich auch nicht). Nachdem es G.s Rechtsanwalt gelungen war, die Filmchen trotzdem anzuschauen, erließ das Gericht den Strafbefehl, ohne seine Stellungnahme dazu abzuwarten – eine eklatante Verletzung des Grundsatzes auf rechtliches Gehör.

Lügen am laufenden Band

Womit die staatlichen Schläger nicht gerechnet hatten: Sowohl G. selbst als auch andere Spaziergänger hatten den Vorgang aus nächster Nähe gefilmt. G. hatte das Geschehen mit einer kleinen gyroskopischen Handkamera aufgenommen (DJI Pocket 2 Creator Combo). Diese Kamera hatten die Polizisten bei ihrem »mutigen Einsatz« zwar beschädigt, sie dem Beschuldigten danach aber wieder zurückgegeben – samt Speicherkarte. Und darauf befand sich die beste Aufnahme des Vorgangs überhaupt, und zwar aus der Ich-Perspektive des Festgenommenen. Daraus ergibt sich, dass hier deutsche Polizeibeamte logen, dass sich die Balken bogen:

1. Die erste Lüge bestand darin, dass die angebliche Versammlung »vollständig von uniformierten Polizeikräften umstellt« gewesen sei. Nichts davon ist wahr. In der Richtung, in der der junge Mann lief, befand sich keine geschlossene Polizeikette, sondern die Beamten standen und liefen noch relativ ungeordnet herum, teilweise im Abstand von einigen Metern.

2. Die zweite Lüge ergibt sich aus der ersten: Da in dieser Richtung keine geschlossene Polizeikette existierte, konnte sich der Beschuldigte auch nicht dagegenwerfen, um sie »zu durchbrechen«. Ja, in seiner Laufrichtung stand überhaupt kein Polizeibeamter. Erst als der junge Mann losgelaufen war, um eine solche breite Lücke zu nutzen, sprangen ihm mehrere Polizeibeamte in den Weg. Dadurch gingen der Beschuldigte und die Beamten zu Boden.
3. Die dritte Lüge: Der Beschuldigte habe sich gewunden, um sich der Festnahme zu entziehen. Da hierzu bei drei Polizisten gegen einen Zivilisten überhaupt keine Chance bestand, kann man das Behauptete ins Reich der Fantasie verweisen. Zwar kann man auf den Videos noch einige zaghafte Bewegungen des Festgenommenen erkennen, aber dass das Opfer einer derartig rücksichtslosen Attacke noch bestimmte (Schutz-)Reflexe hat, kann man ihm wohl kaum vorwerfen. Oder muss man sich in Zukunft bei einem derartigen Polizeiangriff sofort tot stellen?
4. Bösartig ist auch die Unterstellung, das bei ihm gefundene Pfefferspray (»Tierabwehrgerät«) habe er »gegebenenfalls im Bedarfsfalle gegen andere Personen« einsetzen wollen. Was dabei von Gericht und Polizei verschwiegen wurde: Das Pfefferspray steckte ganz unten in seinem Rucksack, war also zu keiner Zeit einsatzbereit. Vielmehr hatte es der Beschuldigte noch von nächtlichen Dreharbeiten im Wald bei sich und schlicht im Rucksack vergessen. Das einzige Gerät, das der junge Mann einsatzbereit hatte, war die Kamera, die er vor sich hertrug und die seine ganze Aufmerksamkeit beanspruchte. Das bedeutet, dass Staatsanwaltschaft und Gericht den Grundsatz missachteten, auch entlastende Tatsachen zu berücksichtigen. Und davon gab es so viele, dass sich die Polizeilügen eigentlich gleich in Rauch hätten auflösen müssen – spätestens dann, wenn man die Stellungnahme des Verteidigers abgewartet hätte.

9 Monate für nichts

Die Ich-Perspektive enthüllte auch, dass einige Polizeibeamte aus G.s Sicht durch Passanten verdeckt waren, sodass man das Polizeiaufgebot noch schlechter erkennen konnte. Tja – so brummt man einem jungen Menschen eben mal nebenbei 9 Monate Haft auf Bewährung auf, die beim kleinsten (zusammenfantasierten?) weiteren Vergehen dann auch abgesessen werden müssen. Denn nun ergibt sich ja Folgendes: Da die Bewährungsfrist auf 3 Jahre festgelegt wurde, würde der junge Mann 3 Jahre lang an keinem Spaziergang und keiner Versammlung mehr teilnehmen können, ohne Angst haben zu müssen, dass sich ein Polizeibeamter vor ihm auf den Boden wirft und »Aua, aua!« schreit. Dann hieße es: ab in den Bau. Das bedeutet, dass es praktisch jeder Polizeibeamte künftig in der Hand haben würde, das Leben dieses jungen Mannes zu zerstören. Denn 9 Monate Haft hinterlassen mit Sicherheit eine tiefe Narbe im Lebenslauf und in der Psyche eines unschuldigen jungen Menschen.

Je mehr Lügen, desto mehr Geld?

Aber das Beste kommt ja eigentlich noch, nämlich die 1000 Euro Geldauflage, die der Beschuldigte im Fall der Rechtskraft der Strafe zu zahlen gehabt hätte. Was glauben Sie, an wen dieses Geld zu zahlen gewesen wäre? Richtig: an die Polizei! Aber nicht an eine Polizeibehörde, sondern an einen privaten Verein der Polizei, die Polizeifreunde München e. V., denen vom Gericht über Straftäter verhängte Geldauflagen zugewiesen werden. Aber was heißt das eigentlich? Antwort: Es heißt, dass private Vereine der Polizei von den eigenen Ermittlungen und Beschuldigungen ihrer Kollegen profitieren können. Und gegebenenfalls auch von ihren Lügen. Je mehr Beschuldigte verurteilt werden, umso mehr Geld kann in die Kassen der Polizeifreunde München e. V. fließen. Jedenfalls theoretisch. Und das wiederum hieße, dass sich die Münchner Polizei durch die Beschuldigung von Bürgern Vermögensvorteile verschaffen kann. Nach dem Motto: Je mehr Lügen, desto mehr Geld. Zumindest theoretisch, wie gesagt. Gemeinhin nennt man das Korruption. Unglaublich, nicht? Natürlich wollte ich wissen, wie viel Geld der Verein auf diese Weise bereits abkassiert hatte, aber leider wurde mir diese Frage vom Amtsgericht München nicht beantwortet: Die Richter seien bei der Zuteilung der Geldauflagen »unabhängig«, und »eine statistische Erfassung der Geldauflagen« erfolge beim Amtsgericht nicht, schrieb mir die Pressesprecherin Linda Bortfeldt. Schade.
Außerdem wollte ich wissen: »Wie ist aus der Sicht des Amtsgerichts der Umstand zu bewerten, dass Polizeibeamte durch ihre Aussagen und Beschuldigungen im Wege der Zuweisung von Geldauflagen durch das Amtsgericht geldliche Vorteile für private Vereine der Polizei erreichen können?« Antwort: »Diese Fragestellung impliziert die Annahme, dass Polizeibeamte durch ihre Aussagen die Zuweisung von Geldauflagen erreichen können. Dies ist allerdings nicht zutreffend.« Warum? Denn

Fakt ist ja, dass ein solcher Fall existiert, in dem vom Amtsgericht München einem privaten Verein der Polizei aufgrund von Behauptungen der Polizei eine nicht unerhebliche Summe zugewiesen wurde – im Wege eines Strafbefehls gegen einen Beschuldigten. Darauf habe ich dann auch noch einmal hingewiesen. Die vorerst letzte Antwort lautete: Den Richtern des Amtsgerichts München stünden »als Hilfestellung bei der Zuweisung von Geldauflagen in richterlicher Unabhängigkeit regionale und überregionale Listen von Geldauflagenempfängern zur Verfügung«. Aber der genannte Verein ist auf diesen Listen nicht zu finden. Woraus sich die Frage ergibt: Wie kommt der Richter dann überhaupt auf diesen Verein, der sich zufällig in derselben Stadt befindet, in der das Amtsgericht Recht spricht? Kennt er den Verein vielleicht persönlich? Damit wären wir dem Tatbestand der Korruption schon sehr nahe gekommen. Ein Einzelbetrag in Höhe von 1000 Euro lässt bereits tief blicken. Für viele Vereine, die von kleineren Spenden leben müssen, wäre dies bereits eine beträchtliche Summe. Natürlich habe ich auch an die Polizeifreunde München e. V. eine Anfrage geschickt, wie viel Geld dem Verein vom Amtsgericht über Geldauflagen aus Strafbefehlen bisher zugeschanzt beziehungsweise zugewiesen wurde. Doch von dort traf keine Antwort bei mir ein.

September 2022

Thema des Monats

5.9. 50 Jahre Olympia-Attentat: Erfolg war keine Option

5.9. 75-jähriges Jubiläum der Gründung der britischen Gehirnwäsche-fabrik Tavistock-Institut – 5.9. 50 Jahre Olympia-Attentat: Erfolg war keine Option – **6.9.** Königin Elizabeth II. vereidigt die neue britische Premierministerin Liz Truss – **8.9.** Königin Elizabeth II. stirbt im Alter von 96 Jahren auf Balmoral Castle. Nachfolger wird ihr ältester Sohn, Prinz Charles – ***17.9. Nach 2-jähriger Pause beginnt in München das Oktober-fest (siehe 3. Oktober)*** – **19.9.** Staatsbegräbnis für Königin Elizabeth II. – **20.9.** Der Europäische Gerichtshof verwirft die anlasslose Vorratsdaten-speicherung in Deutschland – **21.9.** Der russische Präsident Putin verkündet die Teilmobilmachung der Streitkräfte – **26.9.** Auf die Gaspipelines Nord Stream 1 und 2 wird ein Anschlag verübt – **30.9.** Wladimir Putin unterzeichnet die Annexion der ukrainischen Verwaltungsbezirke Cherson und Saporischschja sowie der »Volksrepubliken« Luhansk und Donezk

5. September
75 Jahre Tavistock: Es lebe die Zeitgeistfabrik!

Lügen will gelernt sein. Doch wirklich. Erst dann kann man mit den Lügen anstellen, was man will – zum Beispiel Kriege beginnen. Und wie ich schon einmal gesagt hatte, ist die Wahrheit eben nicht »das erste Opfer des Krieges«, wie immer wieder unter Krokodilstränen behauptet wird. Sondern die Wahrheit muss bereits um die Ecke gebracht werden, bevor die ersten Kugeln fliegen. Nein: *damit* die ersten Kugeln fliegen *können*. Der Tod der Wahrheit ist kein Kollateralschaden des Krieges, sondern seine Voraussetzung. Das heißt: Will man einen Krieg anfangen, muss man erst einmal lügen – und zwar professionell. Dasselbe gilt für ganze Lügengebäude oder besser gesagt: für die Manipulation, die höhere Form der Lüge. Das heißt: komplexe Systeme von Falschdarstellungen, Verdrehungen und psychischen Impulsen, um den Feind total zu verwirren, zu steuern und in künstliche Realitäten zu versetzen. Auf diese Weise kann man sogar Kriege führen, ohne dass ein einziger Schuss fällt. Womit wir bei einem Namen wären, der in diesem Buch schon einmal gefallen ist, nämlich Tavistock. Dabei ging es um die Tavistock-Klinik, in der Kinder so verwirrt werden, dass sie tatsächlich glauben, im »falschen Geschlecht« zu leben und sich verstümmeln lassen zu müssen (siehe 28. Juli). Aus dieser ursprünglich 1920 gegründeten Klinik entstand später, 1947, das Tavistock-Institut, das bis heute große Teile unserer Realität formt und allzu oft mit dem berühmten »Zeitgeist« verwechselt wird. Dabei ist das, was als »modern« und zeitgemäß angesehen wird, nicht etwa das Produkt eines Zufalls oder einer freien menschlichen Entwicklung. Der Zeitgeist ist kein nebulöses, nicht näher erklärbares »kollektives geistiges Klima«. Sondern er wird gemacht, und zwar unter anderem von den Einrichtungen rund um Tavistock.

Ein Name, den keiner kennt

Dieser Name sagt den meisten Menschen jedoch rein gar nichts. Bis zum Skandal um die Tavistock-Klinik Ende Juli 2022 in London gab es auf Google News keine deutschsprachigen Fundstellen zu dem Begriff »Tavistock«. Auch auf *YouTube* fanden sich dazu kaum Treffer. Für *YouTube*, das normalerweise alles und jeden zeigt und erklärt und damit fast wie eine gefilmte *Wikipedia* wirkt, existierte Tavistock praktisch nicht. Ja, selbst im Bereich der alternativen Medien fand der Name Tavistock kaum Beachtung. Es gibt zwar zwei Bücher unterschiedlicher Qualität darüber, aber diese erregten kaum Aufmerksamkeit. Auch von mir wurde der Name sträflich vernachlässigt, obwohl ich eigentlich seit vielen Jahren Tavistock-Techniken beschrieben habe – anfangs ohne es zu wissen. Aber heute »feiern« wir ein Jubiläum, das einen Anlass bietet, sich damit zu beschäftigen, nämlich das 75-jährige Jubiläum des aus der Tavistock-Klinik hervorgegangenen Tavistock-Instituts. Seit einem Dreivierteljahrhundert treibt diese Einrichtung ihr Unwesen, ohne dass irgendjemand weiß, dass dort unser modernes Leben entworfen und geformt wird. Und auch unser Untergang.

Glanzvolle Aussichten für Europa

Aktuell ist das auch deshalb, weil die Tavistock-Einrichtungen zunächst und vor allem Instrumente des Krieges sind, die aus einer britischen Kriegs- und Propagandabehörde hervorgegangen sind. Bevor 1914 im Ersten Weltkrieg die Waffen sprachen, gründeten die Briten 1913 schon einmal ihr War Propaganda Bureau (WPB; Amt für Kriegspropaganda). Um schießen und sterben zu können, musste man die Menschen schließlich erst einmal in die richtige Stimmung bringen. Und in Kriegsstimmung war 1913 eigentlich niemand – im Gegenteil: In diesem Jahr feierte der deutsche Kaiser Wilhelm II. sein »silbernes« Thronjubiläum und wurde als »Friedenskaiser« angesehen. Der Neffe von Alfred Nobel hatte im Jahr 1912 sogar den Vorschlag gemacht, »Kaiser Wilhelm II. den Friedensnobelpreis zuzusprechen, da das Deutsche Reich unter seiner Herrschaft 24 Jahre in Frieden leben konnte« (*rheinsammler.de*: »Kaiserliche Waffen«, ohne Datum). Denn seit seinem Amtsantritt 1888 hatte Deutschland keinen Krieg mehr geführt. Zu seinem 25. Thronjubiläum 1913 schrieb Andrew Carnegie in der *New York Times* einen Artikel mit dem (ins Deutsche übersetzten) Titel »KAISER WILHELM II., FRIEDENSSTIFTER: Die zivilisierte Welt verneigt sich heute ehrfürchtig vor Ihnen« (08.06.1913). Im selben Jahr lud Wilhelm II. zur Hochzeit seiner einzigen Tochter sogar die europäische Verwandtschaft ein: den britischen König George V. sowie Zar Nikolaus I. Ein friedliches Zusammensein der Cousins Willy, Nicky und Georgie, wie sich die drei in Briefen titulierten – und glanzvolle Aussichten auf eine friedliche Zukunft für Europa.

Schluss mit Nicky und Willy

Die Pläne bestimmter britischer Eliten sahen jedoch ganz anders aus. Denn die industriell, wissenschaftlich und wirtschaftlich erfolgreiche Kontinentalmacht Deutschland ging ihnen gewaltig auf die Nerven. Zudem trieb sie die Sorge, ja die Panik um, die findigen Deutschen könnten sich mit dem rohstoffreichen Russland zusammentun, also Willy mit Nicky. Woraus zweifellos eine Supermacht entstanden wäre. Und das musste unbedingt verhindert werden (und wird bis auf den heutigen Tag verhindert). Ich sage nur: »Balance of Powers« (siehe oben). Das beste Mittel dazu war ein Krieg zwischen diesen Mächten und eine Vernichtung der verwandten deutschstämmigen Monarchien: Schluss mit Willy und Nicky (nur Georgie – George V. von England – durfte bleiben, musste sein deutsches Adelshaus während des Krieges aber von Sachsen-Coburg und Gotha in Windsor umbenennen).

Der Kaiser als Affe

Schon 1914 sollten sich die Völker also hassen und aufeinander losgehen. Dafür gründeten die Briten eben das Amt für Kriegspropaganda, etwas vornehmer Wellington House genannt, das der Bevölkerung und auch den amerikanischen Verbündeten so richtig einheizte. Zu diesem Zweck engagierte das Amt feinsinnige »Dichter und Denker« wie H. G. Wells (*Krieg der Welten*), Arthur Conan Doyle (*Sherlock Holmes*) und John Galsworthy (*Die Forsyte-Saga*). Unter strengster Geheimhaltung begannen die ehrenwerten Wortkünstler, ein Schmierenstück nach dem anderen zu verfassen. Dazu gehörte auch die Mär, die Deutschen würden belgischen Kindern die Hände abhacken – wozu auch immer. Meines Wissens sind derartige Invaliden auch nie aufgetaucht. Plakate zeigten Kaiser Wilhelm II. im Gespräch mit dem Teufel oder als affenähnliches Monster mit einem geraubten Mädchen in den Fängen, die den »Friedenskaiser« in einen mordenden »Hunnen« verwandelten. Slogan: »Zerstört diese irre Bestie!« Und die entsprechende Propaganda (zum Beispiel in Form des *Bryce-Reports*) schlug in Großbritannien und den USA ein wie eine Bombe. 1992 stellte allerdings Gary S. Messinger in seinem Buch *British Propaganda and the State in the First World War* (Manchester University Press) fest, dass der Bericht »ein unverantwortlicher Missbrauch juristischer Verfahren« gewesen sei, »der Großbritannien noch tiefer in die moralisch fragwürdigsten Arten von Propaganda verstrickte«.

Von »Isolationisten« und »Verschwörungstheoretikern«

Die Technik der Meinungsmanipulation »wurde 1916 über den Atlantik getragen, um die amerikanische Bevölkerung zur Unterstützung des Krieges in Europa zu manipulieren«, so John Coleman, Autor eines der äußerst raren Bücher über das Tavistock-System (Coleman: *The Tavistock Institute of Human Relations*, S. XXI, 2006). Das Problem bestand nämlich darin, dass weder die britische noch die amerikanische Bevölkerung Lust auf einen Waffengang gegen Deutschland hatten – ganz im Gegensatz zu bestimmten Teilen der Eliten. Also fingen diese »Eliten« an, Institute und Denkfabriken zu gründen, um zunächst den totalen psychologischen Krieg zu entfesseln – erst gegen Deutschland und später gegen die ganze Welt.

Der wahre und der gute Grund

Im Jahr 1920, also nach dem Krieg, gründete man mit einem Teil des Personals des WPB die bereits erwähnte Tavistock-Klinik (siehe 28. Juli), die heute mithilft, die Bevölkerung im Wege der getarnten Sterilisierung zu reduzieren (Stichwort: »Geschlechtsumwandlung«). Denn wie schon ein altes Sprichwort besagt: »Ein Mensch hat immer zwei Gründe für sein Handeln – den guten und den wahren.« Die Tavistock-Klinik ist also Teil einer ursprünglich militärischen Struktur – erst im Krieg gegen Deutschland, heute gegen die Menschheit. Und der wahre Grund hinter den Geschlechtsumwandlungen lautet: operative Sterilisierung mittels Amputation der Geschlechtsteile.

Der ursprüngliche Zweck der Klinik bestand jedoch darin, eine neue Art von Kriegsverletzten zu erforschen und zu behandeln, nämlich schwer Traumatisierte. Im Ersten Weltkrieg zwischen 1914 und 1918 standen viele Soldaten (abgesehen von körperlichen Verletzungen) oft unter einem schweren Schock, dem sogenannten Granatenschock: »Der Begriff ›Shell Shock‹ beschrieb eine psychische Traumatisierung in einem Krieg, in dem Millionen von Granaten verschossen wurden und ein ungeheures Inferno verursachten. Die ›Kriegsneurose‹ fand Eingang in die Terminologie der Militärärzte. Die Symptome reichten von partiellen Lähmungen und Schlafstörungen bis hin zur Amnesie, zu Konvulsionen der Gesichtsmuskulatur und zu sogenannter ›hysterischer‹ Blindheit« (*ÄrzteZeitung*, online, 09.03.2005). Eigentlich durchaus verständlich. Für das Militär war das Ganze allerdings ein Problem: Immer mehr Soldaten wurden im

Ersten Weltkrieg auf diese Weise dienstuntauglich und mussten von der Front abgezogen werden. Die Traumatisierten stellten zeitweise bis zu 40 Prozent der Verwundeten. Bis Kriegsende zählte allein die britische Armee »80 000 Soldaten, die ihren ›Breaking Point‹ erreicht hatten, die ausgebrannt und nicht mehr einsatzfähig waren« (*ÄrzteZeitung*, ebenda). Am Ende des Krieges waren es so viele, dass zu ihrer Untersuchung und Behandlung 1920 eben die Tavistock-Klinik gegründet wurde.

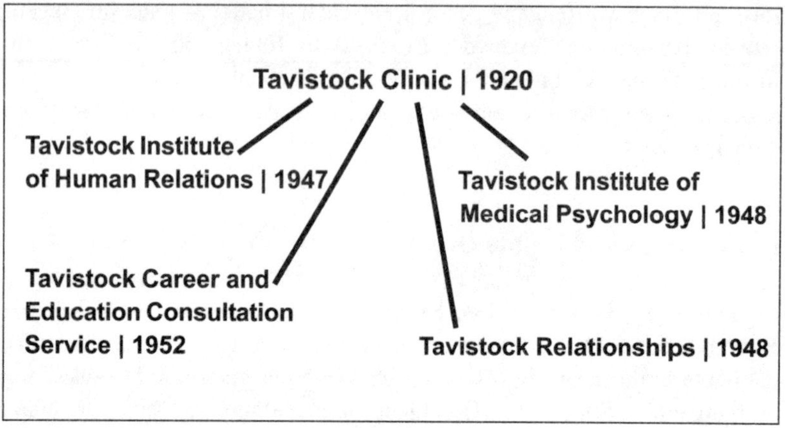

Abb: Schema der Tavistock-Institute

Die Träume der Tyrannen

Nachdem man bei diesen Soldaten anfangs an Feigheit gedacht hatte, machten die Tavistockler bei der Untersuchung dieser Leute bald eine interessante Entdeckung: nämlich, dass die geschockten Patienten sehr leicht zu manipulieren waren. Erkenntnis: Durch Schocks konnte man die Menschen willenlos und steuerbar machen, die Vernunft und das Gedächtnis aussetzen lassen und die autonome Entscheidungsfindung beeinträchtigen – der Stoff, aus dem die Träume der Tyrannen sind. Damit hätte man den idealen Untertanen vor sich. Das heißt: Die Bedeutung der neuen Psychotechnik reichte weit über das Militär hinaus. Wahrscheinlich stiegen deshalb auch andere Großfinanziers bei der Tavistock-Klinik mit ein, wie zum Beispiel die Stiftungen führender Globalisten wie Rockefeller und Macy. Und das wiederum bedeutet, dass die Milliardäre schon seit 100 Jahren daran arbeiten, das Denken und Verhalten der Menschheit zu kontrollieren. Die »Erkenntnisse« der Klinik dürften ihnen ja auch gefallen haben. So kam der Tavistock-Psychiater George Brock Chisholm zu dem Ergebnis, dass »die Hauptursachen für Krieg und Geisteskrankheit eben nicht im Imperialismus oder in der vom Westen herbeigeführten wirtschaftlichen Ungerechtigkeit« liegen, »sondern im Glauben der Gesellschaft an Recht und Unrecht, wie wir es einem Schreiben Chisholms aus dem Jahr 1946 entnehmen können« (*Rubikon*, online, 04.05.2022).

Das Ende von richtig und falsch

»Die Umdeutung und schließlich die Abschaffung des Konzepts von richtig und falsch [...], das sind die verspäteten Ziele praktisch aller wirksamen Psychotherapie«, meinte Chisholm. Soll heißen: das Problem sind nicht die Verbrechen von Rockefeller & Co., sondern das Konzept von richtig oder falsch. 1946 schrieb er: »Ausgelöscht werden sollten das Konzept von richtig und falsch ebenso wie die Lebenserfahrung und Weisheit älterer Menschen; aber auch die Familie, der Patriotismus, die monotheistische Religion sollten aus Leben und Gedanken verschwinden« (Brock Chisholm: *The Psychiatry of Enduring Peace and Social Progress*, 1946, Seite 5). 8 Jahre später schlug er vor: »Um eine Weltregierung zu erreichen, ist es notwendig, den Individualismus, die Treue zur Familientradition, den nationalen Patriotismus und die religiösen Dogmen aus den Köpfen der Menschen zu entfernen.« Ab 1946 bereitete Chisholm die Gründung der Weltgesundheitsorganisation WHO vor, von 1948 bis 1953 war er deren erster Generaldirektor. Und 1959 wurde er zum Humanisten des Jahres ernannt (Zitate und Schilderung laut *Rubikon*, ebenda).

Lähmung durch innere Konflikte

Eine andere Schlüsselfigur der Tavistock-Klinik, der Psychologe Kurt Lewin, beschäftigte sich mit Gruppendynamik und beschrieb Phänomene, mit denen wir während der sogenannten Coronapandemie konfrontiert wurden: »Eine der Haupttechniken zum Brechen der Moral durch eine ›Strategie des Terrors‹ besteht darin, die Person im Unklaren darüber zu lassen, wo sie steht und und was sie zu erwarten hat. Wenn dann noch häufiges Schwanken zwischen strengen Disziplinarmaßnahmen und Versprechungen einer guten Behandlung zusammen mit der Verbreitung

widersprüchlicher Nachrichten die ›kognitive Struktur‹ dieser Situation völlig unklar erscheinen lassen, dann weiß der Einzelne möglicherweise nicht einmal mehr, wann ein bestimmter Plan zu seinem Ziel führt oder nicht.« Zum Beispiel, ob man in Urlaub fahren kann oder nicht, ob man seinen Job kündigen soll oder nicht, ob man ein Haus bauen soll oder nicht, ob man Kinder bekommen soll oder nicht. »Unter diesen Bedingungen werden selbst diejenigen, die klare Ziele haben und bereit sind, Risiken einzugehen, durch schwere innere Konflikte in Bezug auf das, was zu tun ist, gelähmt werden« (zitiert nach Daniel Estulin: *Tavistock Institute – Social Engineering the Masses*, Walterville 2015, Seite 16).
Das Ganze erinnert an den amerikanischen Science-Fiction-Film *Maze Runner* (»Die Auserwählten im Labyrinth«), in dem eine Gruppe Jugendlicher auf einer »Lichtung« lebt, die von einem Labyrinth umgeben ist. Das ist das eine, das Allgemeine. Das zweite, das Besondere, daran aber ist, dass sich die Wände des Labyrinths über Nacht verschieben – genauso wie die Coronamaßnahmen dauernd »über Nacht« geändert wurden. So gibt es natürlich keine Gewissheiten, keine Planungsgrundlagen und keine Strategien. So kann kein Mensch einen Ausweg aus der Situation finden. Auch eine Auswanderung wurde zum Roulettespiel, denn man konnte ja nicht wissen, ob sich die Bedingungen im Zielland nicht über Nacht ändern würden.
1945 forderte der Direktor der Tavistock-Klinik, Brigadegeneral John Rawlings Rees: Beim Umgang mit den »sozialen und nationalen Problemen unserer Zeit brauchen wir Schocktruppen, und diese können nicht von der Psychiatrie gestellt werden, die ausschließlich in Institutionen angesiedelt ist. Wir brauchen mobile Teams von Psychiatern, die sich frei bewegen und Kontakte mit dem lokalen Umfeld knüpfen können.« Mit der massenhaften Verbreitung des Fernsehens wurde das überflüssig, denn nun konnte man die Menschen praktischerweise direkt zu Hause im Wohnzimmer schockieren.

Die Schlacht um das Bewusstsein

1957 sprach der Tavistock-Psychiater Dr. William Sargant in seinem Buch *Battle for the Mind. A Physiology of Conversion and Brainwashing* (zu Deutsch: »Die Schlacht um das Bewusstsein – eine Physiologie der Bekehrung und der Gehirnwäsche«; London 1957) sogar von der »Implantierung von Meinungen«: »Bei vielen Menschen können verschiedene Arten von Meinungen implantiert werden, nachdem die Gehirnfunktion durch zufällig oder absichtlich ausgelöste Angst, Wut oder Aufregung gestört wurde« – also durch einen Schock. »Die häufigste Folge einer solchen Störung ist eine vorübergehende Beeinträchtigung der Urteilsfähigkeit, des Urteilsvermögens und eine erhöhte Suggestibilität [Verführbarkeit]. Ihre massenhafte Erscheinungsform wird manchmal unter dem Begriff ›Herdentrieb‹ zusammengefasst und tritt am spektakulärsten in Kriegszeiten, während schwerer Epidemien und in allen ähnlichen Zeiten allgemeiner Gefahren hervor, die die Furcht und die individuelle und allgemeine Suggestibilität steigern.« Man denke zum Beispiel an Corona. Oder an den gegenwärtigen Ukraine-Krieg. Seit damals jedenfalls ist der Schock *das* Werkzeug auf dem Weg zum manipulierten, willenlosen Menschen geworden.

Alfred Hitchcock und die Leichenberge

Schock, Schock – klingelt es da bei Ihnen? Sicher: Nach dem Zweiten Weltkrieg ging die Traumatisierung des »Abendlandes« demgemäß weiter. Denn wenn Sie einmal zurückdenken, werden Sie feststellen, dass wir seit dem Ende des Zweiten Weltkrieges ständig unter Schocks gesetzt wurden. Seitdem gab es viele kollektive Schockerlebnisse, die Massen von Menschen oder sogar die gesamte Welt betrafen: den »Kalten Krieg« mit der ständigen Atomdrohung, die Kuba-Krise (Beinahe-Atomkrieg), die Ermordung von John F. und Robert F. Kennedy sowie von Martin Luther King, den Vietnam-Krieg (Massaker von My Lai), 9/11, den »Abschuss« von Flug Malaysian Airlines MH17 über der Ukraine, den Absturz von German-Wings-Flug 9525 und das Verschwinden von Malaysian-Airlines-Flug 370 sowie die Atomunfälle von Tschernobyl und Fukushima, wobei Letzterer für uns besonders interessant ist: Denn danach übernahm eine gewisse Angela Merkel die Führung der geschockten Deutschen, stieg als einziger Regierungschef mit seinem Land aus der Atomkraft aus und zerstörte ohne größeren Widerstand dessen Energieversorgung. Die Deutschen sind überhaupt eines der traumatisiertesten Völker der Welt: Erster Weltkrieg, Versailles, Wirtschaftskrise, Reichstagsbrand, Zweiter Weltkrieg, Bombenteppiche, Enteignung, Vertreibung, Holocaust, Rheinwiesenlager, Kalter Krieg (Atomdrohung). Und auch der Holocaust hat ja nicht nur Juden schockiert, sondern auch Deutsche, die davon nichts gewusst und nichts damit zu tun hatten. Nach dem Krieg zeigte man ihnen Filme von Leichenbergen, für die sie verantwortlich sein sollten. Zumindest einer davon soll mithilfe des Horrormeisters Alfred

Hitchcock entstanden, aber nach dem Krieg nur selten gezeigt worden sein (siehe: »Psycho-Regisseur: Hitchcocks Holocaust-Doku restauriert«, *Der Spiegel*, online, 08.01.2014). Es handelt sich um Filme, mit denen auch heute noch jede Generation von (übrigens auch israelischen) Schulkindern geschockt wird – und zwar bewusst.

Wenn der Schnee schwarz wird …

Wie schrieb doch der Tavistock eng verbundene Philosoph Lord Bertrand Russell: »Die Sozialpsychologen der Zukunft werden eine Reihe von Schulklassen haben, an denen sie verschiedene Methoden ausprobieren werden, um eine unerschütterliche Überzeugung zu erzeugen, dass Schnee schwarz ist. […] Es ist Aufgabe des künftigen Wissenschaftlers, diese Maximen zu präzisieren und genau herauszufinden, wie viel es pro Kopf kostet, Kinder glauben zu lassen, dass Schnee schwarz ist« (in seinem 1951 erschienenen Buch *The Impact of Science on Society* (»Der Einfluss der Wissenschaft auf die Gesellschaft«). Natürlich war der »schwarze Schnee« nur eine Metapher für die Manipulierbarkeit des Menschen und das Ziel, die Menschheit dem Untergang zu weihen: Wer glaubt, dass Schnee schwarz ist, hat offenbar nicht nur seine kognitiven Fähigkeiten verloren – sondern auch die Fähigkeit zu überleben. Denn überleben kann nur, wer in der Lage ist, seinen eigenen Sinnen zu trauen und eigenständig gültige Informationen zu erheben, zu verarbeiten und in Handlungen umzusetzen. Wer jedoch so verwirrt ist, dass ihm das nicht gelingt, der ist todgeweiht: Auf das heutige Deutschland sei verwiesen.

Das oberste Schockmagazin

Eines der obersten Schockmedien Deutschlands ist das sogenannte Leitmedium *Der Spiegel*, dessen Vorläufer *Die Woche* unter britischer Militärverwaltung stand. Der sogenannte *Spiegel*-Gründer Rudolf Augstein wurde von britischen Presseoffizieren rekrutiert und benötigte eine britische Militärlizenz, um das Blatt herauszubringen. Deshalb nannte man solche Druckwerke nach dem Krieg auch verächtlich »Lizenzpresse«. Das »Leitmedium« *Der Spiegel* ist eine Art Gong für die gesamte Presse und brachte mit seinen Titelgeschichten haufenweise Schocks unter die Leute, wobei die *Spiegel*-Titelgeschichte das jeweilige Thema quasi begründete und umriss, damit der Rest der Medien wusste, wo es langgeht, insbesondere das mächtige Fernsehen. Auch hier wurden wichtige Sender von den Briten gegründet beziehungsweise lizenziert, zum Beispiel der NWDR (heute NDR und WDR). Der britische Gründervater des NWDR hieß Hugh Greene, Träger des Order of the British Empire: »Hugh Greene war nach 1945 im Auftrag der britischen Besatzungsmacht Organisator des Nordwestdeutschen Rundfunks (NWDR) und später bis zum 31. März 1969 als Generaldirektor der BBC tätig« (*Wikipedia*).

Der ewige »Shell Shock«

Die Titelgeschichten des *Spiegel* bestanden häufig aus einem möglichst angsteinflößenden und plakativen Titelbild und einem langen Artikel, der unter Zuhilfenahme von möglichst vielen »Wissenschaftlern« die neue »Gefahr« begründete. Das galt für das »Sterbende Meer« genauso wie für den sterbenden Wald, für »Tödliches Fleisch« ebenso wie für »Ertrinkende Flüsse«, für das »Ozonloch« genauso wie für den »Ausbruch der Killerviren«, für »Aids – das große Sterben« ebenso wie für die »Klimakatastrophe« (Titelbild: Kölner Dom unter Wasser), die AIDS-, SARS- und Coronakrise und anderes mehr. Alles, was irgendwie Angst machen konnte, wurde herangezogen und aufgeblasen. Dazu kamen noch »Der gefährliche Nachbar« (Putin mit ernst dreinblickendem Gesicht) sowie »Der Mann, vor dem sich die Welt fürchtet« (der iranische Präsident Ahmadinedschad). Notfalls wurden auch noch aus dem All heranrasende Asteroiden bemüht. Die meisten dieser Schocks waren absolut künstlich, konstruiert oder aufgeblasen, wie zum Beispiel das Ozonloch, das Waldsterben, die Klimakatastrophe und anderes mehr. Amerikanische Präsidenten wurden dagegen als Hoffnungsträger dargestellt: »Clinton – Amerikas Hoffnung« oder gar Präsident Obamas Gattin Michelle unter dem Titel »Obamas bester Mann« (die Ironie dahinter habe ich anderenorts erklärt).

Der ständige Kriegszustand

Wie man sieht, ist *Der Spiegel* ein Schock- und Propagandamagazin *im Sinne* von Tavistock, das – wie die meisten Mainstreammedien – bis heute angloamerikanische Propaganda und »Schocktherapie« betreibt, ohne direkt von dort gesteuert werden zu müssen, versteht sich. Dass hin und wieder trotzdem glaubwürdige und journalistisch hochwertige Berichte veröffentlicht werden, widerspricht dem nicht. Denn sonst würde bald

niemand mehr den *Spiegel* lesen. Das heißt aber auch, dass wir uns psychisch in einem ständigen Kriegszustand befanden und immer noch befinden, der dem »Shell Shock« des Ersten Weltkrieges (und aller anderen Kriege natürlich) ähnelt. Und das wiederum könnte erklären, warum die Deutschen (neben dem Vater-Mutter-Staat-Mechanismus, den ich bereits früher geschildert habe) auf rein gar nichts reagieren: weil sie sich angesichts der Dauergräuel um sie herum in »Dauertrance« und einer Dauerverdrängung befinden: antriebslos, hilflos und wehrlos gegen das, was die Regierung sagt, egal, worum es geht. Manche nennen das »Dekonstruktion« des Gehirns, aber so hochtrabend muss man es gar nicht ausdrücken. Es ist eigentlich eine ziemlich primitive Technik, über die die Briten da stolperten: Schockiere den Menschen maximal, dann nimm ihn an die Hand und zerre ihn irgendwohin – er wird mitkommen. Der Schock ist wie ein großer Gong, der im Moment seines Erklingens alle Aufmerksamkeit und Gefühle auf sich zieht, wie die sogenannte Coronapandemie zeigte: auf der Straße, im Aufzug oder am Telefon gab es praktisch überhaupt kein anderes Gesprächsthema mehr. Redete man früher über das Wetter, unterhielt man sich nun wie hypnotisiert über »Corona«. Die Menschen wurden in einen Dauerschockzustand versetzt, was ihre jederzeitige Steuerbarkeit gewährleistete.
Oder wie Tavistock-Mann Lewin schrieb: »Wenn es keine Spannungen gibt, ist das normale innere Selbst einer Person sehr differenziert, ausgewogen, facettenreich und vielseitig. Wenn ein angemessenes Maß an umweltbedingten Spannungen auf das innere Selbst einwirkt, dann verharren alle Fähigkeiten in Alarmstellung, bereit, effektive Handlungen dagegen zu unternehmen. Aber wenn ein unerträgliches Maß an Spannung einwirkt, stürzt die ausgewogene Geometrie des inneren Selbst in sich zusammen und wird zu einer geblendeten, indifferenten Masse. Es hinterlässt eine primitive, zurückentwickelte Persönlichkeit. Die Person wird auf ein Tier reduziert; die hochdifferenzierten und vielseitigen Fähigkeiten verschwinden. Die kontrollierte Umgebung übernimmt die Persönlichkeit« (zitiert nach: *Das Tavistock-Institut*, frei nach Dr. John Coleman, *http://kath-zdw.ch*). »Primitive, zurückentwickelte Persönlichkeiten« haben wir während der »Coronapandemie« ja genügend erlebt.

Der ideale Steuerungszustand

Der Schockzustand ist also der ideale Steuerungszustand. Darum liest man auch in allen Büchern über »Mind Control«, dass am Anfang immer eine Traumatisierung stehe. Das bekannte Mind-Control-Opfer Cathy O'Brien zum Beispiel berichtete von regelmäßigen Traumatisierungen durch Gewalttaten an sich und anderen: »Wir wurden rituell traumatisiert, ständig in Trance versetzt und dann während der Schulzeit programmiert.« Die Umprogrammierung der amerikanischen Gesellschaft nannte sie wortspielerisch »die TranceFormation Amerikas« (siehe Cathy O'Brien: *Die TranceFormation Amerikas*, Immenstadt 2008). Besonders deutlich wurde das auch an den Attentaten des 11. September 2001: Tage- und wochenlang wurden uns immer wieder dieselben Bilder im Fernsehen vorgespielt – dieselben einschlagenden Flugzeuge, dieselben einstürzenden Türme, dieselben leidenden Menschen, dieselben Beschuldigungen wiederholt, bis ein Gefühlscocktail entstand, der uns folgsam machte. Die Vielzahl der teilweise widersprüchlichen Impulse führte zu einer Lähmung, Apathie oder Starre – alles Tavistock-Techniken. Nach anhaltenden Schocks, so der spätere Tavistock-Direktor Eric Trist in einem gemeinsamen Text mit seinem Kollegen Dr. Frederick (Fred) Emery, »stellen große Teile der Bevölkerung fest, dass sie keine Entscheidungen mehr treffen wollen, wodurch die Kraft ihrer Absichten reduziert wird […]. Diese Strategie kann nur verfolgt werden, indem man die tieferen Wurzeln der Menschlichkeit und die individuelle Psyche verleugnet, die die Menschen auf einer persönlichen Ebene verbinden […].« (Estulin, a. a. O., Seite 147 f.). »Eine solche Gruppe wird leicht zu kontrollieren sein und gefügig Befehle befolgen, ohne zu rebellieren, was ja das Ziel der Übung ist«, zitiert Estulin Trist und Emery (ebenda).

Auf das Informations- und Gefühlschaos wurde nach dem 11. September 2001 das staatliche »Steuerrad« aufgesetzt: »Krieg gegen den Terror«, Angriffe auf Afghanistan und den Irak, Einschränkung der Bürgerrechte und anderes mehr. Indem sie seinen Schock in Handlungen umsetzte und so seine Hilflosigkeit verminderte, übernahm die Regierung praktisch die Reaktion für den traumatisierten Bürger. Wenn auch mit einem schalen Beigeschmack. Denn viele Menschen spürten natürlich, dass Bomben auf Afghanistan und den Irak eigentlich nicht die richtige Medizin waren, nahmen sie aber trotzdem dankbar entgegen, da nichts Besseres verfügbar zu sein schien.

Die Tavistock-Klinik verstehe »sich auch als Wegbereiter des MKULTRA-Projekts der CIA«, schrieb Coleman, eines menschenverachtenden Projekts zur Verhaltensmanipulation, bei dem in den 1950er- und 1960er-Jahren Tausende von Versuchspersonen seelisch und körperlich misshandelt wurden – manchmal bis zum Tod (siehe 18. November: Jonestown – Selbstmord oder Mord?). Sprich: »Aus den eher holprigen Anfängen im Wellington House entwickelte sich eine Organisation, die das Schicksal Deutschlands, Großbritanniens und vor allem der Vereinigten Staaten in einer Weise prägen sollte, die sich zu einer hoch entwickelten Manipulation und Meinungsmache entfaltete, die gemeinhin als ›Massengehirnwäsche‹ bezeichnet wird«, so Coleman. Tavistock-Kenner Estulin meint, das Tavistock-Institut forme das Schicksal des gesamten Planeten und damit die Gestalt der modernen Gesellschaft.

Die Kulmination des Schocks

Und momentan erleben wir eine Kulmination der Schocks: Nach der Coronakrise kam der Ukraine-Krieg, werden die Atomängste des vergangenen Jahrhunderts wiederbelebt, geht es um eine neue Masseneinwanderungswelle, um explodierende Energiepreise, drohende Blackouts, Nahrungsmittelknappheiten und Inflation. Arbeitslosigkeit, Existenzängste und, und, und. Mit anderen Worten: Zu viele Schocks, um sie verarbeiten zu können. »In den zurückliegenden 50 Jahren hat die Forschung in den Bereichen Psychologie, Soziologie und Psychologie, Soziologie und Psychiatrie gezeigt, dass der menschliche Geist nur mit einer begrenzten Anzahl von Veränderungen um sich herum umgehen kann […], ›physische und psychische Herausforderungen, die den Entscheidungsmechanismus des menschlichen Geistes überlasten‹.« Mit anderen Worten, »eine Reihe von Ereignissen, die so schnell kommen, dass das menschliche Gehirn die Informationen nicht aufnehmen kann« (Estulin, a. a. O., Seite 146).
»Im Tavistock-Institut entwickelten Eric Trist und Frederick Emery eine Theorie der ›sozialen Turbulenz‹, eines sogenannten ›Weichmachereffekts künftiger Schocks‹ – wobei eine Bevölkerung durch Massenphänomene wie Energieknappheit, wirtschaftlichen und finanziellen Zusammenbruch oder Terroranschläge total weichgeklopft wird. ›Wenn die ‚Schocks' nahe genug beieinanderliegen würden und wenn sie mit zunehmender Intensität einträten, dann wäre es möglich, die gesamte Gesellschaft in einen Zustand der Massenpsychose zu versetzen‹, so Trist und Emery« (Estulin, a. a. O., Seite 146 f.).
Aber es ist leider unmöglich, in diesem Kapitel alle Tavistock-Aktivitäten und -verbindungen zu umreißen. Ich habe mich hier deshalb auf die Tavistocksche »Schocktechnologie« beschränkt. Was das angeht, befinden wir uns mitten in einem Horrorfilm, in dem man den Überblick verliert, von dem man sich nur noch schwer distanzieren kann und der

einen auf diese Weise hilflos macht. Jüngstes Beispiel ist der angebliche Einschlag einer russischen Rakete auf polnischem Territorium am 16. November 2022. Damit wurde erneut die Horrorvision eines Atomkrieges aktiviert, denn Polen ist natürlich NATO-Gebiet! Aber selbst die USA ließen dieser Horrorvision nur kurz darauf die Luft heraus: Die Bauart der Rakete deutete auf die Ukraine als Ursprungsort hin, nicht auf Russland. Aber bevor wir weiterhin auf diese gemachten Schocks hereinfallen und uns damit steuern lassen: Lassen Sie uns dazu einen Begriff etablieren. Denn nur, wenn etwas einen Begriff hat, kann man es begreifen, in den (Be-)Griff bekommen und verarbeiten. Ich nenne dieses Verfahren in meinen Veröffentlichungen also ab jetzt den Tavistockschen Schock oder kurz: den Tavischock.

5. September
50 Jahre Olympia-Attentat: Erfolg war keine Option

Tel Aviv. Mossad-Chef Tzwi Zamir hat schlechte Laune. Der Mann kam gerade aus München zurück, nachdem er dort am 5. September 1972 der gescheiterten Befreiung von neun israelischen Sportlern aus der Geiselhaft von palästinensischen Terroristen beigewohnt hatte. Insgesamt kamen bei der Geiselnahme elf Israelis, fünf Palästinenser und ein deutscher Polizist ums Leben. »Meiner Einschätzung nach – und ich sage das mit aller meiner Verantwortung – haben sie nicht die kleinsten Bemühungen gemacht, um Leben zu retten, sind nicht das kleinste Risiko eingegangen, um die Menschen zu retten – nicht ihre und nicht unsere«, schimpfte der Mossad-Boss. »Wie die Türken« hätten sie wild herumgeballert. »Unter keinen Umständen könne Israel nun zur Tagesordnung zurückkehren, fordert der Geheimdienstler« (*welt.de*, 30.08.2012). »Sie«, das sind die Deutschen. Genauer: die deutsche Polizei. Aus Sicht des Mossad-Chefs: Nieten, Nullen und Versager. Keiner habe die Geiselnehmer verhaftet. »Keiner hat geschossen […]. Wir saßen dort und durften uns nicht einmischen.« Furchtbar. Wieder einmal sollten Deutsche am Tod von Juden schuld sein. Die Frage ist nur: Seit wann wartet der Mossad auf eine Genehmigung, um sich irgendwo einzumischen? Eben.

Aktion im Dunkeln

Wir reden hier vom 5. September 1972, dem Tag vor 50 Jahren, als bei den Olympischen Spielen in München palästinensische Terroristen zwei israelische Sportler ermordeten, neun weitere als Geiseln nahmen und schließlich ebenfalls töteten. Aber warum sollten wir hier so olle Kamellen aufwärmen? Nun, natürlich weil die Sache in diesem Jahr bereits gehörig Staub aufgewirbelt hat – nämlich durch das würdelose Geschacher um die Trauerfeier für die israelischen Opfer der Geiselnahme. Klar – aber ansonsten ist die Sache doch wohl hinreichend geklärt: Skrupellose palästinensische Terroristen hatten israelische Sportler gefangen genommen, und die deutsche Polizei hatte bei ihrer Befreiung kläglich versagt. Am Ende waren elf Israelis, fünf Geiselnehmer und ein Polizeibeamter tot. Ende der Geschichte. Wirklich? Der Staatswissenschaftler Bernhard Fischer ist da zum Beispiel anderer Meinung: »Was an offiziellen Berichten und Stellungnahmen herausgegeben wurde, liest sich lückenhaft und nebulös«, schrieb er in seiner Diplomarbeit. »Auf prekäre Fragen wurde nur ausweichend geantwortet, das Wesentliche wurde nur kurz angesprochen, und auf wichtige und verständliche Details verzichtete man gänzlich.« Na so was! Bis dato »tauchten immer neue Varianten und Berichte auf, in denen der Ablauf und die Geschehnisse falsch wiedergegeben wurden«. So, wie die Aktion im »Dunkeln« verlaufen sei, so werde »auch der Leser im Dunkeln gelassen« (Bernhard Fischer: *Die XX. Olympischen Spiele in München. Sicherheitskonzept und Attentat im Spiegel der Akten*, München 2006). Dass alles Menschenmögliche zur Rettung der Geiseln unternommen wurde, sei ein »Mythos«.

Fröhlich, friedlich und zivil

Hallo? Das kann doch nur ein Verschwörungstheoretiker sein! Oder müssen wir doch einen Blick auf die damaligen Ereignisse werfen? Also gut: Vor 1972 hatte die letzte Olympiade in Deutschland unter Adolf Hitler stattgefunden – 1936 in Berlin. Anlässlich der Olympischen Spiele von 1972 bekam Westdeutschland die Gelegenheit, sich im Rahmen des globalen Sportfestes vor der gesamten Welt zu rehabilitieren: »Heitere Spiele« sollten es werden, fröhlich, friedlich und zivil. Rund 15 Kilometer Luftlinie vom ehemaligen Konzentrationslager Dachau entfernt wollte die Bundesrepublik Deutschland wieder in die Völkerfamilie aufgenommen werden – als geläutertes und gewandeltes Land. Der damalige Münchner

Oberbürgermeister Hans-Jochen Vogel (SPD) überlegte, »welche einmalige Chance diese Spiele für ganz Deutschland sein könnten. ›Wir könnten zeigen, dass wir ein ganz anderes Deutschland sind als das von 1936‹« (*sonntagsblatt.de*, 21.05.2022). Gute Idee. Doch irgendjemand hatte etwas gegen diese deutsche Imageoffensive. Als am frühen Morgen des 5. September 1972 acht Angehörige der palästinensischen Terrorgruppe »Schwarzer September« in die israelische Unterkunft im Olympischen Dorf eindrangen, zwei israelische Sportler erschossen und neun weitere als Geiseln nahmen, war dieses Konzept bereits halb erledigt. Das ist einmal ein wichtiges Zwischenergebnis. »Die Terroristen forderten die Freilassung von 234 Terroristen aus israelischen Gefängnissen sowie von zwei RAF-Terroristen, Andreas Baader und Ulrike Meinhof, aus deutscher Haft binnen dreier Stunden, sonst würden die Geiseln getötet« (siehe Amichai Alperovich: *Israel in der Olympischen Bewegung*, Dissertation, Köln 2008). Die als heiter und friedlich geplanten Olympischen Spiele wurden jäh unterbrochen, und die israelische Regierung ließ wissen, dass sie »den Forderungen der Terroristen keinesfalls nachgeben werde« – womit dieser Ausweg schon einmal versperrt war.

In den Armen von Bundeswehr und NATO

Verdammt: Da feiert man ein Frieden-, Freude-, Eierkuchenfest, und dann schneien plötzlich aus heiterem Himmel Terroristen herein, kapern die globale Olympia-Bühne und schreiben das ganze Stück handstreichartig um: Die friedliche Inszenierung wird in ein Desaster aus Blut, Schweiß und Tränen verwandelt – mit den Palästinensern als Tätern, den Deutschen als Versagern und den Israelis als unschuldigen Opfern. Statt einer glänzenden deutschen Selbstdarstellung traten auf der internationalen Bühne nun zwei Intimfeinde Israels in einem unwürdigen Spektakel gegeneinander an: die Deutschen und die Palästinenser. Und kein Mensch hatte das kommen sehen: »Der Anschlag auf die israelische Herrenmannschaft während der Münchner Olympiade 1972 traf die Bundesrepublik gänzlich unvorbereitet«, schrieb die Historikerin Dr. Eva Oberloskamp in den *Vierteljahresheften für Zeitgeschichte* (60 [2012], 3, Seite 321–352). »Das Attentat trifft die deutschen Sicherheitsorgane völlig unvorbereitet«, meinte auch das Magazin *Focus* (»Olympia in München: Das Geiseldrama«, ohne Datum).

Eine »Panne« oder siebzehn?

Nun ja – bis auf das Bundesamt für Verfassungsschutz (BfV) vielleicht: »Allein in den 5 Wochen vor dem Überfall auf die israelischen Sportler trafen 17 Hinweise auf ›palästinensische Terrorplanungen‹ beim BfV ein, sie stammten überwiegend von ausländischen Geheimdiensten«, schrieb *Der Spiegel* 2012. Und: »Am 14. August 1972 meldete die Botschaft in Beirut, ein libanesischer Journalist und Vertrauensmann der Deutschen habe gehört, dass ›von palästinensischer Seite während der Olympischen Spiele in München ein Zwischenfall inszeniert wird‹. 4 Tage später leitete das Außenministerium die Warnung an den Verfassungsschutz in Bayern weiter – samt der Empfehlung, ›alle im Rahmen des Möglichen liegenden Sicherheitsmaßnahmen zu ergreifen‹« (ebenda). Denn auf wen es die palästinensischen Terroristen bei den Olympischen Spielen abgesehen haben dürften, war ja nicht schwer zu erraten: auf die Israelis natürlich. »Die Warnung verpuffte« jedoch. Hm – war das nun *eine* »Panne« oder deren siebzehn? Schon 1970 habe das Innenministerium in Bonn »Anhaltspunkte« dafür gehabt, »dass ›extremistische Einzeltäter und Tätergruppen des In- und Auslandes‹ versuchen könnten, die weltweite Aufmerksamkeit während der Spiele für ›Störaktionen bis hin zu terroristischen Gewaltakten am Austragungsort‹ zu nutzen« (*Der Spiegel*, ebenda). Aber es kommt noch dicker: »Schließlich enthüllte am 4. April [2008 der Journalist] Ewald Riethmüller, dass der ehemalige PLO-Sicherheitschef und Mitorganisator des Olympiaanschlags Atef Bseiso in Wahrheit Informant des Bundesamts für Verfassungsschutz gewesen sein soll«, schrieb das Nachrichtenportal *Telepolis* am 11. Mai 2008. Wie bitte: Der Mitorganisator des Olympiaanschlags, Atef Bseiso, soll Informant des Bundesamts für Verfassungsschutz gewesen sein? Offenbar ja: »*Focus* wiederholte dies ausführlicher 1 Monat später.« – »Nach meinen Informationen« soll der Führungsoffizier im BfV, so Riethmüller, ein »Dr. Semmler« gewesen sein (in Riethmüller: »Oktoberfestanschlag: Die Spur der Schlapphüte«, Teil III, online, 08.02.2015). Andere Quellen besagen, Bseiso sei nur vom Verfassungsschutz und BND »abgeschöpft« worden, also nicht »operativ« tätig geworden. Was bin ich erleichtert. Im Raum steht damit jedoch der Verdacht, dass der Verfassungsschutz in München 1972 selbst den Finger am Abzug hatte. Unter anderem.

Die Laufburschen der Dienste

Zumindest heißt das: Über das, was sich da über dem Olympia-Gelände mit seinem weltberühmten Zeltdach zusammenbraute, waren die deutschen Geheimdienste offenbar bestens im Bilde. Aber mehr noch: Ihre V-Männer und »Führungsoffiziere« halfen auch tatkräftig mit. Da wäre zum Beispiel auch der damals bekannte Kriminelle (unter anderem Geiselnahme), Stasi-Agent und Rechtsextremist Udo Albrecht, ein Bekannter oder Freund des Rechtsextremisten Karl-Heinz Hoffmann, zu nennen: »Was keiner weiß: Neonazi Albrecht ist ein Agent. BND. Verfassungsschutz, Stasi – er dient vielen Herren«, so 3sat-*Kulturzeit* (in: »Mann mit Vergangenheit«, 24.05.2013). Eigentlich ist das nicht weiter überraschend, denn die deutsche Neonazi-Szene besteht zu großen Teilen aus V-Männern, sonst wäre sie schon längst zusammengebrochen. Die Laufburschen der Dienste helfen mit, das Bild vom bösen und ewig gestrigen Deutschen aufrechtzuerhalten. Ein Motiv, das auch bei dem Olympia-Attentat mitschwang. »Ab 1970 baute Albrecht gemeinsam mit weiteren Gesinnungsgenossen Kontakte zur PLO auf. Der ehemalige Neonazi und spätere Autor Willi Pohl beschrieb: ›Er [Albrecht] vereinbarte eine Zusammenarbeit auf Gegenseitigkeit. Wir erhielten die Erlaubnis, auf von der Fatah kontrolliertem jordanischen Gebiet einen Stützpunkt zu errichten, als Gegenleistung boten wir Unterstützung im Kampf gegen Israel an« (Andreas Förster: *Zielobjekt rechts*, Berlin 2018, Seite 149 f.). »Im April 1971 wurde er [Albrecht] in Wien verhaftet. Zuvor soll er gemeinsam mit Willi Pohl die Geiselnehmer der palästinensischen Terrororganisation ›Schwarzer September‹ [eine »Marke« der Fatah] bei dem Aufbau der Infrastruktur zum Münchner Olympia-Attentat 1972 unterstützt haben« (*Wikipedia*). Ja, der BND/BfV-Agent Udo Albrecht soll »in Deutschland für die palästinensischen Terroristen die Waffen besorgt und bereitgestellt« haben, »die bei der Geiselnahme auf dem Münchner Olympia-Gelände 1972 verwendet wurden« (Karl-Heinz Hoffmann, *karl-heinz-hoffmann.eu*, 01.03.2015).

Eine fette Kröte

Eine fette Kröte. Aber nicht die einzige. Denn besagter »Dr. Semmler« vom Bundesamt für Verfassungsschutz, der angebliche Führungsoffizier des Chefs des Terrorkommandos, soll »über seinen Schützling Atef Bseiso« wiederum zu einem Dr. Hans Langemann Kontakt gehabt haben, rein zufällig Sicherheitsbeauftragter für die Olympischen Spiele 1972 (Riethmüller: »Oktoberfestanschlag: Die Spur der Schlapphüte«, Teil III, *http://arbeitskreis-n.su/blog*). Sind das der Zufälle nicht ein bisschen viele: Der mutmaßliche Mitplaner des Olympia-Attentates, Atef Bseiso, hatte also Verbindungen zum Sicherheitsbeauftragten der Olympischen Spiele, Hans Langemann, der gleichzeitig den Bayerischen »Verfassungsschutz« aufbaute? Nach meiner Erfahrung wäre das allerdings nur logisch: Ohne Insider geht es nun einmal nicht, egal, ob es sich um Attentate der RAF, den 11. September 2001 oder andere Anschläge handelt. In München wurden die Sicherheitsvorkehrungen trotz der erwähnten Warnungen denn auch weiterhin auf niedrigem Niveau gehalten.

Die Akte Langemann

Nach dem Zweiten Weltkrieg hatte Langemann zunächst als Dolmetscher für die britischen Streitkräfte gearbeitet – ein guter Einstieg für einen antideutschen Geheimdienstler. »1956 promovierte er zum Thema ›Das Attentat‹ – ein Bereich, der ihn später noch mehrfach beschäftigen sollte.« Wie wahr. Vom britischen Militär ging es dann zum BND: »1957 wurde er Regierungsassessor beim Bundesnachrichtendienst (BND)« (*Wikipedia* [D], abgerufen am 20.06.2022). »Nach Abschluss seiner Doktorarbeit über ›Das Attentat‹, in seiner ersten beruflichen Phase also, gehörte Langemann ›einer Abteilung beim Bundesnachrichtendienst an, die mit äußerstem Geheimnis umgeben war‹«, schrieb *Der Spiegel* am 25. Juli 1982. »So gab jedenfalls der frühere Präsident des Bundesamts für Verfassungsschutz, Günther Nollau, zu Protokoll: ›Was wer wirklich gemacht hat, das weiß ich nicht.‹« In den 1960er-Jahren war Langemann »beim ›Strategischen Dienst‹, einer Sonderabteilung der politischen Aufklärung des BND, wo er weltweit Operationen führte« (Waske, Stefanie: *Mehr Liaison als Kontrolle: Die Kontrolle des BND durch Parlament und Regierung 1955–1978*, Wiesbaden 2009). Hm – was könnten das für »Operationen« gewesen sein? Darüber hinaus hatte Langemann jedenfalls schon einen ganz bestimmten Plan: »Langemann hoffte, über eine CSU-Seilschaft auf eine Stelle im Bundeskanzleramt zu gelangen, um dort Verantwortlicher für die Sicherheit der Spiele in München (1972) zu werden.« Aber warum wollte er das unbedingt? Wollte Langemann ganz gezielt für die Sicherheit der Olympischen Spiele zuständig werden – was ihm schließlich auch gelang? Nur wie, das sei bis heute »unklar«, so *Telepolis*. »Noch heute ist unklar, wie genau Langemann beim bayrischen

Staat als ›Sicherheitsberater‹ Anstellung fand (und was er in dieser Eigenschaft wirklich tat)«, so *Telepolis* am 14. Februar 2015. Der Vorstand des Nationalen Olympischen Komitees (NOK), »bestehend unter anderem aus den weiteren Vizepräsidenten Bundesinnenminister Genscher für den Bund und Oberbürgermeister Dr. Vogel für den Austragungsort München, stimmte der Berufung Dr. Langemanns als ›Berater‹ des NOK einmütig zu.« Also dieselben Leute, die später ganz »cool« mit den palästinensischen Geiselnehmern verhandelten (Genscher). »Noch undurchsichtiger war die zweite berufliche Ära Langemanns als Sicherheitsbeauftragter für die Olympischen Spiele, weitab vom Schuss in einem unauffälligen Büro in München-Nymphenburg«, schrieb *Der Spiegel* 10 Jahre nach dem Anschlag weiter. Nicht einmal Langemann selbst konnte seine Aufgaben während der Olympischen Spiele genau beschreiben: »Das ist ganz schwer zu sagen.« Soso. »Willi Daume, Präsident des Organisationskomitees der Olympischen Spiele, fand sogar, dass Langemanns Berichte ›nicht sehr wesentlich über das hinausgingen, was in den Zeitungen stand‹.« Das wichtigste Sicherheitsproblem der Olympischen Spiele von 1972 hatte der »Sicherheitschef« ausgerechnet übersehen. Daume: »Auf die Palästinenser hat er uns nicht aufmerksam gemacht.« Von den geplanten (und durchgesickerten) »Störversuchen« der Palästinenser bekam Langemann anscheinend nichts mit. Und Illustrierte las er offenbar auch nicht. Zum Beispiel die italienische *Gente*: 3 Tage vor der Geiselnahme, am 2. September 1972, konnte man dort lesen, der »Schwarze September« plane »eine aufsehenerregende Tat bei den Olympischen Spielen«.

Nicht gefeuert, sondern befördert

»Den Anschlag auf die israelischen Athleten vermochte Langemann trotz vorheriger Hinweise auf Attentatspläne nicht zu verhindern« (*heise.de*, 14.02.2015). Und dafür wurde er nicht etwa gefeuert, sondern befördert: Als Lohn für die totale Pleite bei den Olympischen Spielen erhielt deren »Sicherheitsbeauftragter« eine eigene Abteilung im bayerischen Innenministerium und wurde Chef des bayerischen Verfassungsschutzes. Na so was! Auch dabei fiel ein weiterer Anschlag in seinen Dienstbereich, nämlich das Oktoberfest-Attentat vom Herbst 1980. Langemann, inzwischen Chef des bayerischen Verfassungsschutzes, »war im Amt, als 1980 kurz vor der Bundestagswahl die Bombe auf dem Oktoberfest explodierte« (*Telepolis*, 14.02.2015). Langemanns Dienstherr und Unionskanzlerkandidat Franz Josef Strauß missbrauchte den Anschlag als politischen

Rückenwind für seine Kanzlerkandidatur 1980 als »starker Mann« von Recht und Ordnung: »Der nach solchen Anschlägen übliche Ruf nach dem starken Mann wirkte sich bei der Wahl jedoch nicht entscheidend aus«, so *Telepolis*. »Der Öffentlichkeit präsentierte man alsbald einen angeblich eigenbrötlerischen Alleintäter aus dem rechten Milieu«, während dessen Hintermänner und Helfer von Langemann gewarnt wurden: »Nach dem Oktoberfest-Attentat vom 26. September 1980 nannte er gegenüber der Zeitschrift *Quick* nur wenige Stunden nach der Tat den Namen des Hauptverdächtigen, wodurch dessen mutmaßliche Helfer aus den rechtsextremen Kreisen um die Wehrsportgruppe Hoffmann gewarnt wurden« (*Wikipedia*, abgerufen am 22.06.2022). »Der Staatsschutzchef im bayerischen Innenministerium« und ehemalige Sicherheitschef der Olympischen Spiele, Dr. Hans Langemann, habe nach dem Anschlag »entscheidend zum Scheitern der polizeilichen Ermittlungen beigetragen«, meinte der Journalist und Experte für das Oktoberfest-Attentat, Ulrich Chaussy. Und die *Augsburger Allgemeine Zeitung* fragte sogar: »Oktoberfest-Attentat: Zog der Staatsschutz-Chef Hans Langemann die Fäden?« (online, 12.02.2015).

Olympia- und Oktoberfest-Attentat

Also der damalige Sicherheitsbeauftragte der Olympischen Spiele! Interessant, denn auf der abstrakten Ebene sind sich Oktoberfest- und Olympia-Anschlag sehr ähnlich:

- Beide fanden in München statt.
- Beide verwandelten ein fröhliches, friedliches und internationales Fest auf deutschem Boden in einen Albtraum.
- Beide hatten aufgrund der weltweiten Aufmerksamkeit und der internationalen Gäste eine maximale internationale Wirkung.
- Bei beiden spielte der Agent Hans Langemann eine Rolle.
- Bei beiden ging es um die Frage, ob die jeweilige Veranstaltung fortzusetzen sei.

Doch zurück zum Olympia-Attentat: Die Terroristen verlangten also, Israel, Deutschland und Japan sollten am 5. September 1972 bis 9 Uhr morgens ihre schlimmsten Staatsfeinde freilassen: in Deutschland die Führungskader der RAF, in Israel über 200 palästinensische Häftlinge und in Japan den Terroristen Kōzō Okamoto. Also Forderungen, die so unerfüllbar waren, dass sie unweigerlich auf einen Showdown hinauslaufen mussten. In einem weiteren, bis 12 Uhr befristeten Ultimatum forderten die Geiselnehmer immer noch die Freilassung von 200 palästinensischen Häftlingen in Israel sowie »freies Geleit für sich und die Geiseln in eine arabische Hauptstadt«. Gegen 13 Uhr bot Bundesinnenminister Genscher sich selbst, seinen bayerischen Kollegen Bruno Merk (den Vorgesetzten von Langemann) und Polizeichef Schreiber (wie Langemann Angehöriger der bayerischen Sicherheitsbehörden) als Austauschgeiseln an. Vor-Ort-Kommandoführer Luttif »Issa« Afif lehnte jedoch ab. Im weiteren Verlauf des Tages schrumpften die Forderungen der Terroristen nur noch auf freies Geleit mit den Geiseln zusammen. Schließlich verlangten sie lediglich eine Passagiermaschine, die sie zusammen mit den Gefangenen in eine arabische Hauptstadt fliegen sollte. Währenddessen kraxelten bewaffnete Beamte auf das Gebäude, um die Terroristen von außen unter Feuer zu nehmen. Doch leider wurde das Unternehmen live im Fernsehen übertragen – und damit natürlich auch in das Quartier der Terroristen. Die Aktion wurde abgebrochen.

Keine Lust auf Minister

Dass hier die »Bösen« einen Anschlag auf die »Guten« verübt haben, können wir uns wohl abschminken (die unschuldigen Opfer natürlich ausgenommen). Alle waren so verdammt locker und entspannt: die Geiselnehmer genauso wie die Polizei, die Minister genauso wie die Sicherheitsbehörden. So rühmten deutsche Polizisten die Umgangsformen des palästinensischen Kommandochefs Luttif »Issa« Afif, der am 5. September elegant und dandyhaft gekleidet ganz entspannt im Türrahmen der Conollystraße 31 lehnte, um mit der ebenso entspannten Polizistin Anneliese Graes zu plaudern. »Afif verbrachte die meiste Zeit vor dem Haus Connollystraße 31 und unterhielt sich entweder mit der deutschen Delegation oder mit der jungen Polizistin Anneliese Graes. […] Sie beschrieb ihn als ›immer höflich und korrekt‹. Als er gebeten wurde, nicht mit seiner Handgranate vor ihr zu fuchteln, lachte er nur und antwortete: ›Von mir haben Sie nichts zu befürchten.‹« Nun, das ist ja schön – aber warum denn eigentlich nicht? Angst schien jedenfalls niemand zu haben – bis auf die Geiseln natürlich. Denn schließlich waren schon zwei von ihnen erschossen worden. Aber sogar der bayerische Innenminister und Langemann-Chef Bruno Merk tummelte sich mit dem Kommandoführer der offenbar schießwütigen Truppe in einer der besetzten Wohnungen, wo es ein Leichtes gewesen wäre, ihn ebenfalls zu kidnappen oder zu töten. Jedenfalls erschien Merk mit »Issa« auf einem Balkon im Olympischen Dorf. Offenbar war der Minister bei den Terroristen bestens aufgehoben. Auch Bundesinnenminister Hans-Dietrich Genscher soll den Geiseln einen persönlichen Besuch abgestattet haben – und damit auch den Terroristen. Aber diese verschmähten die einmalige Gelegenheit, den deutschen Innenminister in Geiselhaft zu nehmen.

Eine billige Heldenpose

»Gegen 13 Uhr bot Genscher sich selbst, seinen bayerischen Kollegen Merk und Polizeichef Schreiber als Austauschgeiseln an« (*Der Spiegel*, 22.07.2012). Interessant: Wie kam Genscher denn auf diese bizarre Idee? Was auf den ersten Blick wie eine Heldentat aussah, hätte die Geiselnahme völlig umdefiniert. Denn dann wären die Terroristen plötzlich Geiselnehmer von deutschen Regierungsmitgliedern statt von israelischen Sportlern geworden, und aus dem palästinensisch-israelischen Konflikt wäre ein palästinensisch-deutscher geworden. So etwas kann ein deutscher Minister eigentlich nicht ernsthaft in Erwägung ziehen. Deshalb denke ich, dass daran auch nie wirklich gedacht wurde. Denkbar ist das nur, wenn für den Minister in Wirklichkeit garantiert kein Risiko bestand. Tatsächlich verzichteten die Terroristen darauf, ihren Forderungen durch die Geiselnahme eines deutschen Regierungsmitgliedes noch mehr Nachdruck zu verleihen. Warum? Wahrscheinlich deshalb, weil die Rollen hier klar verteilt waren: Die Opfer durften ausschließlich israelisch sein, die Schurken beziehungsweise Versager palästinensisch und deutsch. Ein deutscher Minister, der Israelis das Leben rettete, hatte in diesem Szenario nichts zu suchen. Und ein gefangenes oder am Ende gar totes deutsches Regierungsmitglied als Opfer und Märtyrer ebenfalls nicht. Und das war wohl auch den deutschen Ministern und Beamten klar, die keine Probleme hatten, sich in die Gewalt der Terroristen zu begeben. Sie wussten, dass an ihnen kein Interesse bestand. Ihr mutiges »Geiselangebot« war deshalb wahrscheinlich nichts weiter als eine billige Heldenpose.

Erfolg war keine Option …

Die gesamte Geiselnahme war also alles andere als plausibel. Schon wegen des planungsbedingten Zeitdrucks lief die Operation des Geiselkommandos auf ein Desaster hinaus. Wer gegen 5 Uhr morgens neun Geiseln nimmt, kann nicht erwarten, dass drei Regierungen, nämlich die israelische, die deutsche und die japanische, bis 9 Uhr ihre schlimmsten Staatsfeinde freilassen, insgesamt über 230 Personen in drei Ländern. In einem weiteren, bis 12 Uhr befristeten Ultimatum verlangten die Geiselnehmer immer noch die Freilassung von 200 palästinensischen Häftlingen in Israel sowie »freies Geleit für sich und die Geiseln in eine arabische Hauptstadt«. Schon dieser, von wem auch immer gesetzte Zeitdruck musste auf ein baldiges Autoritätsproblem der Geiselnehmer hinauslaufen. Denn natürlich waren diese Forderungen in dem gesetzten Zeitrahmen bereits aus logistischen Gründen unerfüllbar. Schon bald würde man Ultimatum auf Ultimatum verschieben müssen und sich dadurch unglaubwürdig machen. Und so kam es denn auch: Am Schluss zählte man sechs Ultimaten, während die Forderungen der Terroristen auf freies Geleit mit den Geiseln in eine arabische Hauptstadt zusammenschrumpften. Das heißt: Es ging im Wesentlichen nur noch darum, die eigene Haut zu retten. Dennoch hatten die palästinensischen Attentäter viel erreicht – allerdings nicht für sich selbst oder für ihr Land, sondern für Israel. Große Teile der Welt standen jetzt geschlossen hinter dem Judenstaat, der immer wieder wegen seiner Palästina-Politik in der Kritik stand. Nun aber waren, simsalabim, eindeutig die Palästinenser die Bösen.

»Kein Anschluss unter dieser Nummer«

Bezeichnend auch: Immer wieder versuchten die Geiselnehmer, ihre vermeintlichen Befehlshaber im Nahen Osten zu erreichen, aber jedes Mal hieß es: kein Anschluss unter dieser Nummer. »Mehrfach rief Issa vom israelischen Mannschaftsquartier aus Anschlüsse in Libyen und im Libanon an, um hohe PLO-Funktionäre ans Telefon zu bekommen; offenbar wollte er sich Rat holen und weitere Schritte abstimmen.« Das lief dann zum Beispiel so ab: »Kommandoführer Issa verlängerte das dritte von insgesamt sechs Ultimaten, wählte die Nummer 27 62 77 in Tunis und fragte nach Major Talal. Der Mann am anderen Ende der Leitung hieß zwar Talal, kannte aber keinen Major und beschied den Anrufer, er sei wohl falsch verbunden. Wie der Verfassungsschutz später in Erfahrung brachte, wollte Issa offenbar Talal al-Mutlak sprechen, einen hochrangigen Kommandeur der Fatah« (zu der der »Schwarze September« gehörte). »Unglücklicherweise« sei der Befehlshaber wegen Visaproblemen am Flughafen festgehalten worden, schrieb der PLO-Geheimdienstchef Abu

Ijad später in seinen Memoiren. Aber »nicht nur in Tunis geriet der Mann mit dem weißen Hut [Issa] an die Falschen. Im Fatah-Büro der libyschen Hauptstadt Tripolis fand Issa keinen Ansprechpartner, ebenso wenig in Beirut und auch nicht im hessischen Langen. Dort wollte er Abdallah Frangi erreichen, den damaligen Gups-Funktionär und späteren PLO-Vertreter in der Bundesrepublik« (*Der Spiegel*, ebenda; GUPS = General Union of Palestinian Students).

»Rufen Sie bitte nicht wieder an!«

Tja, wie sollen wir denn das verstehen: Da reist eine palästinensische Terrorgruppe mit einer Telefonliste im Gepäck nach Deutschland, um einen Anschlag zu begehen – und als sie mit ihren Kommandeuren sprechen will, sind diese nicht erreichbar beziehungsweise die Nummern falsch? Issa sei auch nicht der Einzige gewesen, der an diesem Tag »Hilfe von der PLO-Führung zu bekommen« versuchte. In Wien sei der erwähnte Neonazi-Helfer der Terroristen namens Pohl in sein Hotel gerannt und habe alle Nummern abtelefoniert, die er vom PLO-Geheimdienst für Notfälle wie diesen erhalten hatte: »Da hob jemand ab und sagte: ›Es gibt hier niemanden mit diesem Namen. Rufen Sie bitte nicht wieder an!‹ Bei der anderen Nummer genau das Gleiche. Es war eine Frau dran: ›Nein, die Nummer stimmt nicht, da müssen Sie sich irren.‹ Ich bekam keinen Kontakt; nicht in Beirut, nicht in Tunis.« Allem Anschein nach, vermutete *Der Spiegel*, »wollten die Kader des Schwarzen September und der Fatah mit der verunglückten Operation nichts mehr zu tun haben.« Kann sein. Allerdings: Was waren die Nummern des »PLO-Geheimdienstes« schon wert? Geheimdienste spielen nun einmal ihr eigenes Spiel; im Untergrund sind sie miteinander verbunden wie Pilze im Wald: Sie hängen alle am selben Myzel des Tiefen Staates. Eine bessere Erklärung für die seltsamen Fehlanrufe besteht daher darin, dass das Terrorkommando und seine Helfer von vornherein lauter falsche Nummern erhalten hatten. Soll heißen: Dass diese Leute überhaupt nicht an palästinensische Kommandostrukturen angebunden waren, sondern im luftleeren Raum operierten – weil es sich bei dem Attentat nämlich nie um eine authentische palästinensische Aktion gehandelt hatte. Die Terroristen wären dann nur Kanonenfutter gewesen – genauso wie ihre Geiseln, mit denen sie später am Flugplatz Fürstenfeldbruck zusammengeschossen wurden. Pardon: die sie am Flugplatz FFB erschossen haben. Vieles spricht jedoch dafür, dass – was die Terroristen angeht – hier nur ein paar Galgenvögel in eine Situation gebracht worden waren, deren Ausgang von ganz anderen Kräften bestimmt wurde. Aufgrund der Unentrinnbarkeit der Lage waren Telefonate mit irgendwelchen »Führungspersonen« nicht mehr nötig – wer auch immer diese gewesen sein mögen. Einmal im Olympiadorf, befanden sich die Geiselnehmer schon längst auf der Verliererstraße. Wenige Minuten nach 22 Uhr zum Beispiel ließen sie sich mit ihren Gefangenen vom Bundesgrenzschutz zum Flugplatz Fürstenfeldbruck fliegen, wo eine zivile Boeing 727 bereitstand – angeblich für den Trip nach Ägypten. Mit dem Hubschrauberflug war das Kommando aber schon in den Händen der deutschen Polizei. Das ist das eine. Das andere: Fürstenfeldbruck war ein Bundeswehrfliegerhorst, militärischer Sicherheitsbereich und eine NATO-Basis, wo alles vorrätig war, was man sich nur denken konnte. Das heißt, die palästinensischen Gangster flogen von München aus in einem BGS-Hubschrauber direkt in die Arme der Bundeswehr, der NATO und womöglich anderer verbündeter Kräfte. Und was sie nicht wussten: Während ihre Hubschrauber bewusst einen Umweg flogen, wurden sie bereits vom israelischen Geheimdienst überholt – in Gestalt des später so verärgerten Mossad-Chefs Tzwi Zamir. In einem Hubschrauber, in dem neben Zamir auch Franz Josef Strauß sowie der israelische Terrorexperte Victor Cohen vom Geheimdienst Shin Beth (auch bekannt als Schabak) saßen (*sueddeutsche.de*, 27.03.2018). Pardon: Antiterrorexperte natürlich.

»Die Geiseln sind frei!«

Auf den Dächern der Flughafengebäude hätten bereits »Scharfschützen« gelegen – angeblich fünf normale Streifenbeamte ohne besondere Ausbildung. Weitere Polizeibeamte sollten in der bereitstehenden Boeing 727 Piloten und Flugbegleiter mimen, um die Geiselnehmer mit ihren Dienstpistolen auszuschalten. Angeblich bliesen sie die Aktion jedoch als »Himmelfahrtskommando« ab, weil sie sich außerstande gesehen hätten, halbwegs überzeugend Flugpersonal zu mimen. Shin-Beth-Mann Victor Cohen machte daraus später, die Deutschen hätten wohl keine Lust gehabt, »ihr Leben für die Israelis zu riskieren«. Doch siehe da: Die Deutschen bekamen die Situation trotzdem in den Griff. Um 23:30 Uhr meldete die britische Nachrichtenagentur *Reuters*, die Israelis seien gerettet worden. 5 Minuten später zog das ZDF nach. Um 23:50 Uhr berichtete der Sender dann von einer »amtlichen Bestätigung der Polizei«, dass fast alle Terroristen tot seien und »alle Geiseln leben« (bis auf die bereits bei der Geiselnahme Erschossenen, versteht sich; siehe Kellerhoff: *Anschlag auf*

Olympia, Darmstadt 2022). IOC-Präsident Avery Brundage gratulierte Regierungssprecher Conrad Ahlers zur Befreiung der Geiseln, und der deutsche Regierungssprecher »bestätigte die Befreiung« gar »in mehreren Interviews« (Borne, Lukas: *München 1972. Das Olympia Attentat und seine politischen Folgen für die Beziehung zwischen der Bundesrepublik Deutschland und dem Staat Israel*, 2016). Sogar bei Bundeskanzler Willy Brandt gab es einen Anruf »eines leitenden Polizeibeamten« im Olympischen Dorf, woraufhin der Bundeskanzler notierte, »die bayerische Grenzpolizei meint, ›alle Geiseln seien gerettet‹« (Willy Brandt: »Mehr Demokratie wagen«, zitiert nach Kellerhoff). Und am nächsten Morgen konnten die Menschen weltweit auf den Titelseiten ihrer Zeitungen lesen: »Die Geiseln sind frei!« (*tz*, München), »Sie sind frei!« (die britische *Sun*). Hurra! Nicht nur die Geiseln, sondern auch das deutsche Prestige waren gerettet! Ja, mehr noch: Nachdem die Deutschen den Terroristen die Olympischen Spiele quasi wieder entrissen hatten, versprach der deutsche Propagandaerfolg sogar noch größer zu werden, als er ohne das Attentat gewesen wäre. Die Deutschen waren nun die Helden, die neun Israelis das Leben gerettet, die scheußlichen Palästinenser getötet beziehungsweise verhaftet und die Ordnung auf dem Globus wiederhergestellt hatten! Hosianna!

»Die Geiseln sind tot!«

Konnte das wirklich wahr sein? Natürlich nicht. Um 2:40 Uhr nachts fädelte der deutsche Olympia-Pressesprecher Hans Klein in einer extra einberufenen Pressekonferenz plötzlich ein ganz anderes Narrativ ein. Denn siehe da: Alle hatten sich nämlich geirrt! Die Nachrichtenagentur *Reuters* ebenso wie das ZDF, der deutsche Regierungssprecher Conrad Ahlers genauso wie der IOC-Präsident Avery Brundage – und die Zeitungen sowieso. Auch eine »amtliche Bestätigung der Polizei« habe es nicht gegeben. In Wirklichkeit sei nämlich alles ganz anders gelaufen. Die Morgenblätter hätten das nur nicht mehr mitbekommen. Demnach habe sich auf dem Flugplatz nämlich plötzlich eine wilde Schießerei entwickelt, in deren Verlauf die Palästinenser auf die Geiseln geschossen und außerdem Handgranaten in die Hubschrauber geworfen hätten. Umgekehrt hätten die deutschen Polizisten auf die Palästinenser gefeuert. Dabei seien alle neun übrigen Geiseln, fünf Attentäter und ein deutscher Polizist getötet worden, wobei die als Beobachter zugelassenen Israelis hilflos danebengestanden hätten.

Gerüchte um Sajeret Matkal

Wirklich? Fakt ist: Schon den ganzen Tag über hatte es in München widersprüchliche Aussagen über einen Einsatz der israelischen Spezialeinheit Sajeret Matkal gegeben. Um 9:54 Uhr hatte der Polizeieinsatzstab erfahren, »dass über eine Befreiungsaktion israelischer Spezialkräfte gemunkelt wird«. Polizeivizepräsident Georg Wolf wiegelte das als Gerücht ab. Polizeipräsident Manfred Schreiber meinte dagegen: »Vielleicht werde es dazu tatsächlich kommen. Im Verlauf des Tages kursiert das Gerücht noch mehrfach.« Um 15:20 Uhr kamen »Israels Geheimdienstchef Tzwi Zamir und der Antiterrorexperte Victor Cohen« in München an. »Zamir spricht mit Genscher und Merk; ob er dabei anbietet, die israelische Spezialeinheit Sajeret Matkal einzusetzen, ist unklar« (*Die Welt*, 05.08.2012). Aber: »Alle dokumentierten Zeugenaussagen und Berichte im Archiv, sofern man in dieses Einblick erhält, erwähnten nirgends die Möglichkeit eines solchen Einsatzes. Auch von offizieller deutscher Seite aus wird stets vehement bestritten, dass ein solches Angebot seitens der Israelis vorlag«, so der Staatswissenschaftler Fischer (a. a. O.). Doch laut dem sogenannten Kopel-Bericht der israelischen Regierung hatte zumindest die israelische Ministerpräsidentin Golda Meir Bundeskanzler Brandt den Einsatz angeboten, »was aber abgelehnt wurde, da dies Aufgabe der bayerischen Sicherheitsbehörde sei« (ebenda).

Ein Angebot, das man nicht ablehnen konnte

Ein solches Angebot kann man angesichts der brisanten Lage und der Entfernung zwischen Deutschland und Israel allerdings nur machen, *wenn die israelische Einheit bereits vor Ort ist und nicht erst eingeflogen werden muss.* Überdies war das ein Angebot, das man nicht ablehnen konnte:

- Im Gegensatz zu dieser Sondereinheit hatte die deutsche Polizei praktisch keine Erfahrung mit derartigen »Lagen«.
- Es fehlte an Ausbildung und Ausrüstung (Scharfschützen, Präzisionsgewehren, Schutzwesten etc).
- Die Geiselnahme war eine Angelegenheit zwischen Palästinensern und Israelis – warum sich also die Finger verbrennen?
- Was aber am wichtigsten ist: Mit der Annahme des Angebotes wären die Deutschen aus der Sache heraus gewesen und hätten die Verant-

wortung an die Israelis abgetreten. Wäre es schief gegangen, wären die Israelis die Versager gewesen, während sich die Deutschen die Hände in Unschuld hätten waschen können.

Eine absolute Win-win-Situation für die Deutschen. Aber stattdessen sollen deutsche Politiker die Verantwortung für diese hochbrisante Lage von globaler Bedeutung selbst übernommen haben? So kennt man sie gar nicht. Warum dieses Angebot also abgelehnt worden sein soll, erschließt sich nicht. Und wenn darauf wirklich verzichtet worden sein sollte, dann wären eigentlich die Neinsager zur Verantwortung zu ziehen gewesen. »Das Schicksal und die Rettung der israelischen Athleten lagen also in den Händen von Leuten, die von der Materie der Geiselbefreiung keine und, wenn überhaupt, nur begrenzt Ahnung hatten«, so Fischer. »Anstatt die qualifizierte Hilfe und Unterstützung der Israelis anzunehmen, versuchte nun der Krisenstab selbst, das weltweit mitverfolgte Geiseldrama zu lösen«, skizzierte der Staatswissenschaftler die Dimension dieses Wahnsinns (ebenda).

The Secret Soldier

Genau das ist aus den genannten Gründen nicht glaubwürdig. Eine andere Möglichkeit besteht deshalb darin, dass es den Einsatz der israelischen Einheit gab, dieser aber bis heute geheim gehalten wird: Der israelische Geheimdienstchef Zamir war da, Antiterrorexperte Victor Cohen war da und sogar Muki Betser, ein Zugführer der Sajeret-Matkal-Einheit (also ein Befehlshaber), war ebenfalls da – den Rest soll man aber daheim gelassen haben? Schwer zu glauben. Denn wie bereits gesagt: Golda Meirs Angebot hätte nur dann einen Sinn gehabt, wenn die Truppe bereits vor Ort in München gewesen wäre. Sie erst einzufliegen, hätte mindestens 4–5 Stunden gedauert – angesichts der Lage viel zu lange. Wenn es in München brennt, fliegt man die Feuerwehr nicht erst aus Tel Aviv ein. Jeder Kommandant hätte die Truppe daher gleich mitgebracht. Dies wurde jedoch vehement bestritten. Ein möglicher Grund: Geheimhaltung. Schließlich firmierte Kommandant Betser in Israel als der »Secret Soldier« und als jemand, der häufig »in geheimem Auftrag« unterwegs gewesen sei, wie er in einem Buch aus eigener Feder wissen lässt. In diesem Werk mit dem Titel *In geheimem Auftrag* schreibt Betser: »Sayeret Matkal war die geheimste Einheit in der israelischen Armee […]. Keiner ihrer Einsätze war der Öffentlichkeit bekannt – bis Ahmed Jbrils ›Volksfront zur Befreiung Palästinas‹, eine der PLO angehörige Gruppe, eine vollbesetzte Sabena-Linienmaschine auf einem Flug nach Israel entführte.« Das war 1970, also 2 Jahre vor der Olympia-Geiselnahme.

Die Maus im Katzenkörbchen

In den offiziellen Narrativen wird uns eingeredet, auf der NATO-Basis Fürstenfeldbruck seien maximal fünf tendenziell harmlose Polizeibeamte als »Präzisionsschützen« eingesetzt gewesen, ohne jede Ausbildung im Scharfschießen und in der Terrorbekämpfung. Außerdem habe es noch ein nur mit seinen Dienstwaffen ausgerüstetes Polizei-Team gegeben, das sich als Flugpersonal verkleidet habe, um die Terroristen in dem wartenden Airliner auszuschalten (was jedoch abgeblasen wurde). Ach ja: und dann war da natürlich noch die Putzfrau … Quatsch. In Wirklichkeit stellt sich doch die Frage: Hatten sich die Soldaten auf der Basis davongemacht und den Schlüssel zur Waffenkammer weggeworfen? In der Realität steckte das palästinensische Kanonenfutter in Fürstenfeldbruck tief in der Tinte: ein vor den Augen der Öffentlichkeit abgeschirmtes militärisches Gelände, unter der vollständigen Kontrolle der dort versammelten Sicherheitskräfte aus Polizei, Militär und israelischen (!) Geheimdiensten. Zwar war (und ist bis heute) der Einsatz der Bundeswehr im Inneren verboten – wie sich das jedoch auf einer eigenen Basis verhält, ist unklar. Warum haben sich die Geiselnehmer also nicht zu dem damaligen Zivilflughafen München-Riem fliegen lassen, sondern direkt in die Arme von Militär und Sicherheitskräften? Oder wussten die Terroristen gar nicht, wohin sie geflogen werden sollten? Dass sie die Topografie und Landschaft rund um München kannten, erscheint jedenfalls unwahrscheinlich. Überdies: Welches Druckmittel hätten sie gehabt, um die Piloten zu einem anderen Kurs zu zwingen: erweiterter Selbstmord mit allen Geiseln und Piloten?

Deutsche Helden waren keine Option

Ein Erfolg der Deutschen war in diesem Spiel jedoch gar keine Option: Zusätzlich zu den »heiteren Spielen« hätten sie im Erfolgsfall auch noch neun Israelis das Leben gerettet. Aus der schwer belasteten Beziehung zu dem Land wäre vielleicht ein Freundschaftsfest zwischen Deutschland und Israel geworden: aus der Sicht bestimmter globaler Akteure ein absolutes No-Go. Ein Dank der Israelis an den alten Todfeind wäre schlicht undenkbar gewesen. Denn von Anfang an hatten die Israelis die Geiselnahme zu Propagandazwecken gegen Deutschland genutzt: »Gleich zu Beginn des Geiseldramas« forderten sie »Fernsehen und Presse« an, erinnert sich der seinerzeit bekannte Münchner Polizeipsychologe und Entführungsexperte Georg Sieber. »Wir möchten, dass die Welt erfährt, Israel wird in Deutschland attackiert. Wieder einmal. Das war vollkommen klar. Das haben auch später einige bestätigt, und auch morgens in den Gesprächen wurde Verständnis gezeigt: Israel möchte das« (in Sarah Morris: *1972*, Dokumentarfilm, 2008). Kurz: Es ging um eine weitere Demütigung der Deutschen. Sie waren von Anfang an nicht als Helden, sondern als Tölpel und Verlierer eingeplant.

Das ohnmächtige Israel

Wie zu Beginn gezeigt, tobte der israelische Geheimdienstchef Zamir bei seiner Rückkehr in die Heimat angesichts dieses »Versagens« der Deutschen. »Was mich betrifft, hat sich Deutschland nicht verändert«, wurde er später gar in einem Interview zitiert (*diepresse.com*, 28.07.2012). Sollte heißen: Deutschland ist immer noch das Nazi-Deutschland von 1936. »Man hatte das Gefühl, dass wieder einmal Juden auf deutschem Boden abgeschlachtet wurden, während die Welt zuschaute«, hieß es in einem Podcast mit dem Titel »Munich Olympics: Where Terrorism won« der jüdischen Geschichts-Website *Jewish unpacked* (ohne Datum). Ronen Bergman, Autor eines viel gelesenen Buches über geheime israelische Mordaktionen, legte noch einen drauf: »Der Staat Israel wurde von den deutschen Behörden ohnmächtig gemacht und gezwungen, passiv zuzusehen, wie Terroristen seine Bürger abschlachteten [...]. Mossad-Chef Tzwi Zamir war bei all dem anwesend, wurde aber ignoriert. Er hatte den Eindruck, dass seine Anwesenheit den Deutschen [...] unangenehm war. Und so wurde der Rettungsversuch fortgesetzt, ohne die grundlegendste Erfahrung und technische Voraussicht [...]« (ebenda).

Spatzen, die von Dächern pfeifen

Die Frage, wer hier »versagt« hatte, ist jedoch nicht so eindeutig zu beantworten. Israelische Sportlerwitwen »sagten mir im Gespräch, diverse Terroraktivisten in Europa hätten ihnen viele Jahre nach dem Anschlag in München berichtet, dass Nachrichtendienste europäischer Länder gewusst hätten, dass ein Attentat auf eine große internationale Veranstaltung in Deutschland geplant gewesen sei. Ein Bericht der israelischen Tageszeitung *Haaretz* stützt diese Behauptung«, schreibt der israelische Doktorand Amichai Alperovich aus Tel Aviv in seiner Doktorarbeit über *Israel in der Olympischen Bewegung* (Köln 2008). »Es gab eindeutige Hinweise über die Möglichkeit einer publikumswirksamen [Terror-]Aktion«, berichtete die *Haaretz* vom 6. September 1972. Und die Zeitung *Jedi'ot Acharonot* schrieb 1997 zum 25. Jahrestag des Anschlags: »Israel wurde vor dem Massaker an den Sportlern in München gewarnt.« Doch Einwände gegen die deutschen Sicherheitskonzepte bei der Olympiade hatte das Land trotzdem nicht. Bodyguards für die Sportler waren ebenfalls nicht vorgesehen: »Der Beschluss, die Mannschaft ohne Sicherheitsbegleiter zu den Spielen zu schicken, ist auch angesichts der Tatsache fragwürdig, dass bereits bei den Olympischen Spielen [in] Mexico City 1968 die Mannschaften der USA und der UdSSR von Sicherheitsleuten begleitet waren. Die Entsendung von Sicherheitsbegleitern aus Israel wäre demnach kein Präzedenzfall gewesen« (25.09.1997).

Das Ende der Charmeoffensive

Fazit: Wer eine so große globale Bühne baut wie damals Deutschland, musste damit rechnen, dass ihm andere die Show würden stehlen wollen. So wurde die deutsche Charmeoffensive in ein Desaster verwandelt, bei dem ein Erfolg keine Option war. Man führe sich vor Augen, die deutsche Polizei hätte die israelischen Geiseln gerettet, und die israelische Ministerpräsidentin hätte sich bei Deutschland bedanken müssen. Schwer vorstellbar. Dass genau das zunächst weltweit berichtet wurde, nämlich dass die Deutschen alle Geiseln befreit hätten, ist natürlich längst vergessen. Aber warum? Wie kam es zu dieser kapitalen »Ente«? Oder war es gar keine Ente? Immerhin wurde sogar Willy Brandt informiert, »alle Geiseln seien gerettet« worden (siehe oben). Um 0 Uhr habe Regierungssprecher Conrad Ahlers »den Erfolg der Befreiungsaktion« bestätigt (*Die Welt*: *Geschichte im Protokoll: Historische Tage von 1914 bis 2001. Minute für Minute*, Berlin 2014).

Am Leben oder tot?

Nun stellt sich natürlich die Frage, wie das alles sein kann: »Ein leitender Polizeibeamter« (so Bundeskanzler Brandt), der Präsident des Internationalen Olympischen Komitees und der deutsche Regierungssprecher erklären unisono, alle Geiseln seien gerettet – und wenig später sind plötzlich alle mausetot? Regierungssprecher und auch IOC-Präsidenten pflegen Meldungen, die anschließend um die Welt gehen, eigentlich nicht einfach so »rauszuhauen«. Oder waren – man wagt es kaum zu denken – die Geiseln zwischenzeitlich tatsächlich gerettet, dann aber doch umgebracht worden? Aber von wem? Daher gibt es genau zwei Möglichkeiten:

- Entweder war die Nachricht von den geretteten Geiseln falsch und basierte auf Wunschdenken, Wichtigtuerei, einer fehlinterpretierten Feuerpause, einem Missverständnis, einem Gerücht – oder was auch immer.
- Oder die deutsche Polizei hatte tatsächlich ein Wunder vollbracht, und alle Geiseln lebten zu diesem Zeitpunkt noch. Vielleicht sogar ein unerwünschtes Wunder?

Brave Empfänger von Befehlen

Der bereits erwähnte Münchner Polizeipsychologe Georg Sieber enthüllte 2008, »wer die wahren Verantwortlichen für das Scheitern und damit für den Tod der neun Geiseln und eines Polizisten gewesen seien: Sicherheitskräfte in Israel« (in dem heute längst vergessenen Film *1972* der amerikanischen Dokumentaristin Sarah Morris). »Der historische Sprengstoff kommt fast beiläufig daher in einem rund 60-minütigen Interview mit Sieber«, so das Nachrichtenportal *Telepolis*. Und: »Die operative Leitung sollte in Israel sein« – laut Sieber. »Die ganze Geschichte wurde so gesteuert, als fände sie irgendwo an der israelisch-palästinensischen Grenze statt und nicht in München in einem olympischen Dorf mitten in einer olympischen Szenerie.« – Moment: Was heißt »operative Leitung«? Wo es eine »operative Leitung« gibt, gibt es doch wohl auch eine Operation, oder etwa nicht? »Für die schief gelaufene Befreiungsaktion wurden stets die deutschen Polizeikräfte und Politiker im Krisenstab verantwortlich gemacht«, so *Telepolis* (11.05.2008). »Die Angehörigen der israelischen Opfer machten Schadensersatz geltend und verklagten die Bundesregierung, die bayrische Landesregierung und die Stadt München. Doch die

Beweiskette gegen die Deutschen ließ sich nie schließen.« Denn laut *Telepolis* handelt es sich bei der Frage, wer wirklich für das Debakel der missglückten Geiselbefreiung bei den Olympischen Spielen von 1972 verantwortlich war, »um ein Staatsgeheimnis«. Nach Angaben der Anwälte der Opfer seien acht Leitz-Ordner mit Ermittlungsakten des Landeskriminalamts verschwunden, »drei Skizzen und fünf Fotomappen. Weitere Protokolle, Bandmitschriften und Dokumente sollen mit der höchsten Sperrfrist belegt sein, die sonst nur für Regierungsgeheimnisse gelten: 48 Jahre.« Doch bis heute, 2 Jahre nach Ablauf dieser Frist, hat man nie wieder etwas von diesen Dokumenten gehört. Nur so viel: »Elf einzelne Schriftstücke aus den Jahren 1972 bis 1979 sind offenbar so brisant, dass sie vom Ministerium zwar ans Archiv abgegeben wurden, jedoch weiterhin als ›Verschlusssache‹ eingestuft sind«, schrieb der *Münchner Merkur* am 23. Juli 2022. Und: »Im Hauptstaatsarchiv gibt es nur zwei – zur Verschwiegenheit verpflichtete – Archivare, die den Inhalt dieser Schriftstücke kennen. Sie entscheiden auf Antrag, ob sie diese geheimen Dokumente Forschern vorlegen.« Forschern? Aber wofür? Für ein Studium in ihrem kleinen Dachkämmerlein? Dachte man bisher denn nicht immer, Forschung sei für die Allgemeinheit da? Nun jedoch müssen diese »Forscher« über ihre »Forschung« den Mund halten? Bislang sei die Geheimhaltung als Beleg dafür gewertet worden, »die Deutschen hätten etwas zu verbergen«, so Polizei-Insider Sieber. »Dies könnte aber natürlich auch als ein Indiz für das genaue Gegenteil genommen werden, dass nämlich vertuscht werden soll, dass bei der Geiselbefreiung auf deutschem Boden gar nicht deutsche Politiker und Sicherheitskräfte das Sagen hatten, sondern die komplette Verantwortung in israelischen Händen gelegen habe.« Demnach hat man in Bayern also wohl noch einige Leichen im Keller, die niemand sehen darf. Und diejenigen, die sie sehen dürfen, dürfen nicht darüber sprechen.

Die Verkörperung des Bösen

Fazit: Deutschland und Palästina wurden propagandistisch zerschmettert, indem die einen vor der gesamten Welt als Schurken, die anderen als Idioten dargestellt wurden, wie es der Mossad-Chef bei seiner Rückkehr nach Israel getan hatte. Beide hätten gegenüber Israel und den Juden wieder einmal jede Menge Schuld auf sich geladen:

- die Deutschen als Gastgeber, in deren Hände sich die israelische Mannschaft vertrauensvoll begeben hatte und dies mit ihrem Leben bezahlte,
- die Palästinenser als skrupellose Entführer und Killer.

Die Deutschen jedenfalls seien »richtig brave Empfänger von Befehlen« gewesen, »die sie dann irgendwie ausgeführt haben«, so Polizei-Insider Sieber in dem Film *1972*. »Sollte sich dies bewahrheiten, wären das Nachrichten von Weltrang«, meinte *Telepolis* dazu. »Es wäre die Frage zu stellen, wie der tatsächliche Ablauf gewesen ist. Welche israelischen Politiker und welche Sicherheitskräfte haben was genau befohlen, und vor allem, warum durften sie das?« Genau auf diese Frage gibt es bis heute keine Antwort, denn was »Nachrichten von Weltrang« sind, bestimmen weder *Telepolis* noch Sieber noch ich.

Oktober 2022

Thema des Monats

31.10. Wie die »Klimakleber« der Politik nützen

1.10. Der Mindestlohn wird auf 12 Euro angehoben – **3.10.** Feierlichkeiten zum Tag der Deutschen Einheit – ***3.10. In München endet das erste Oktoberfest nach der »Coronapandemie«*** – **11.10.** Ein Abkommen zwischen Israel und dem Libanon um die seit Jahrzehnten umstrittenen Seegrenzen gelangt an die Öffentlichkeit – **12.10.** Der rheinland-pfälzische Innenminister Roger Lewentz (SPD) tritt wegen seines Agierens während des Ahrtal-Hochwassers 2021 zurück – ***17.10. »Klimakleber« lenken von Verkehrsblockaden der Politik ab*** – **20.10.** Nach 45 Tagen im Amt tritt die britische Premierministerin Liz Truss zurück – **22.10.** Giorgia Meloni von der Partei Fratelli d'Italia (Brüder Italiens, FdI) wird zur Ministerpräsidentin Italiens ernannt

3. Oktober
Feiern verboten: der Kampf gegen das Oktoberfest

Montag, 3. Oktober. Es ist Feiertag. Mittags klart der Himmel langsam auf, die Wolken ziehen sich zurück. 2 Wochen bibbern und frieren sind Vergangenheit – das Oktoberfest aber leider auch. Hatten sich die Menschen Mitte September auf die erste »Wiesn« nach Corona gefreut, lautete die Bilanz nun: das größte Volksfest der Welt fiel im Wesentlichen ins Wasser. Dabei war das Wetter nur der allerletzte Sargnagel. Denn die Wahrheit ist: Spiel, Spaß und Gaudi passten der Obrigkeit nicht in den Kram. 2019 wurde noch ein ausgelassen es Fest gefeiert, und dann, 2020, kam die bleierne Zeit: Ein künstlicher Grauschleier mit dem Namen »Corona« wurde über die Welt gebreitet – und auch über das Oktoberfest: 2020 wurde es abgesagt, 2021 auch. 2 Jahre beherrschten »Coronamaßnahmen« das Leben, begleitet von (Todes-)Ängsten, Einsamkeit, Existenzsorgen, Isolation, Mangel an Bewegung und frischer Luft. Aber Corona war alles Mögliche, nur kein medizinischer Notfall, wie die Zahlen belegen. Deutlich höhere Sterbezahlen gab und gibt es vor allem in Ländern *mit* »Coronamaßnahmen«: Während in Neuseeland und Australien, die sogar eine Zero-Covid-Strategie verfolgten, 2021 rund 20 Prozent mehr Menschen starben als sonst, waren es in Schweden nur 0,1 Prozent, statistisch also nicht signifikant (Quelle: University of California, Berkeley).

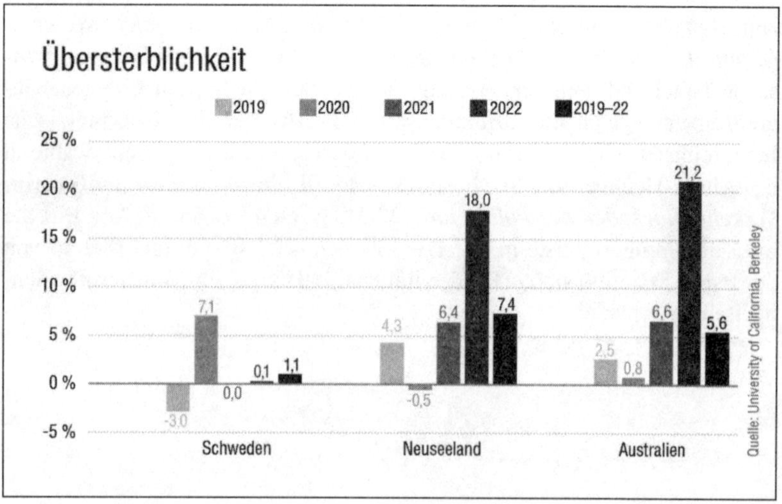

Wie trocken ist das seelische Pulver?

Und jetzt, nach dem Ende der »Pandemie«, lautete die Frage: Wie würden die Menschen diesen »Tavistockschen Coronaschock« verarbeiten und sich freimachen können, um das Leben wieder zu genießen – wo sie doch wussten, dass sie auf einen Fingerzeig von Leuten wie Bundesgesundheitsminister Karl Lauterbach hin wieder eingesperrt werden könnten? Würde das erste Oktoberfest seit 3 Jahren also überhaupt funktionieren? Würde man den Menschen die vergangenen dunklen Jahre voller Verbote, Isolation und Traumatisierungen anmerken? Mit den entsprechenden Maßnahmen war ja auch jeder Spaß und jede Entspannung eingeschränkt oder zerstört worden. Würde nun alles »wie früher« sein – so, als wäre nichts gewesen? Würde die Spaßexplosion auf der Wiesn zünden, oder war das seelische Pulver nass? Und natürlich: Wie würden sich die Politiker verhalten: Würden sie ihre totalitären Befugnisse bereitwillig aufgeben und wieder Richtung Freiheit steuern? Oder würden sie nach wie vor mit dem Coronagespenst regieren? Die Antwort: Nachdem die Coronapandemie seit Ende 2021 nicht mehr aufrechtzuerhalten war, taten die Politiker alles, um die größte Gaudi des Planeten (von lateinisch »Gaudium« = Freude) nun wenigstens zu vermiesen. Denn so leicht gab die Politik den Kampf gegen Freiheit und Vergnügen nicht verloren.

Oberbürgermeister oder Obersaboteur?

Und so wurde auch das Oktoberfest so gut es ging sabotiert. Nun, nach dem unvermeidlichen Ende der »Pandemie«, verlegte sich die Politik darauf, die Oktober-Party so oft an- und abzusagen, bis keiner mehr Lust darauf hatte. Der Münchner OB Reiter, ein williger Vollstrecker der globalen Agenda, übernahm dabei die Rolle des Obersaboteurs. Noch Ende März, nämlich am 23., gab es von ihm keine Entscheidung für das Oktoberfest. Denn inzwischen existierte ja ein neuer Grund zur Entsagung, »nicht zuletzt angesichts des Krieges in der Ukraine«, so Reiter. »Ich muss schon schauen, was in dieser Welt passiert, und es gibt dann auch übergeordnete Gründe, die noch wichtiger sind, als ein Volksfest abzuhalten«, zierte sich Reiter gegenüber dem Radiosender Gong 96.3 (zitiert nach *Stuttgarter Zeitung*, online, 23.03.2022). Pah – ein Volksfest! Was soll sein? Was sind schon eine Milliarde Euro! Denn so viel beträgt der »Wirtschaftswert« des Oktoberfestes (Industrie- und Handelskammer München, online, 29.04.2022).

Die Wiesn ist wie Weihnachten

Denn ob man das »größte Besäufnis der Welt« nun mag oder nicht – für viele Branchen ist das Oktoberfest das, was Weihnachten für den Einzelhandel ist: Aus aller Welt reisen Hunderttausende von Touristen an, ganze Geschäftszweige sanieren sich mit der Wiesn: Hotels, Gaststätten, Taxis, Tankstellen und viele andere mehr. Denn wenn die Stadt voll ist, brummen auch die Läden: Der eine oder andere Gast braucht vielleicht neue Schuhe, eine Sonnenbrille oder ein neues Feuerzeug. Außerdem will man vielleicht auch die Umgebung Münchens erkunden, beispielsweise die Königsschlösser – gut für die Busunternehmen. Von Souvenirs einmal ganz zu schweigen. Und nicht zuletzt spült das Oktoberfest auch Millionen Euro Gewerbesteuer in die Stadtkasse. Aber während der Oberbürgermeister einerseits gern zahlungsunfähige Flüchtlinge aus aller Welt beherbergt, weigert er sich andererseits, das Geld dafür mit zahlungskräftigen Gästen zu verdienen. Sonst hätte er nämlich alles vermieden, was die aufgrund der langen Pause ohnehin verunsicherten Wiesn-Besucher abschrecken könnte. Just, als es um den Aufbau des Oktoberfestes ging, dachte Reiter darüber nach, eine Zeltstadt für Ukraine-Migranten aufzubauen.

Plan B lautet Abschreckung

Nachdem Plan A versagt hatte, nämlich die Absage, wurde Plan B in Kraft gesetzt – und der hieß »Abschreckung«. So stellten die Oberen das Oktoberfest mal wegen des Ukraine-Krieges, mal doch wieder wegen Corona infrage. Dabei spielten sich im Wesentlichen drei SPD-Leute die Bälle zu: OB Dieter Reiter, Alt-OB Christian Ude und der Bundesgesundheitsminister Karl Lauterbach:

23.03.2022 – »Ein Oktoberfest ohne Beschränkungen kann ich mir derzeit nicht vorstellen«, unkte OB Reiter in einem Radiointerview (*Stuttgarter Zeitung*, ebenda).
07.04.2022 – Da sie nicht wussten, wie sie den zusätzlichen Coronaaufwand stemmen sollten, fingen daraufhin die Wirte an zu »wackeln«: »Erste Wirte denken über eine Absage nach«, meldete der *Münchner Merkur* (ebenda).
01.05.2022 – OB Reiter genehmigt das Oktoberfest zwar ohne Auflagen. »Aus der politischen Lage ist eine Absage nicht möglich«, erklärte Reiter.

Aber: Münchens Alt-Oberbürgermeister Christian Ude (SPD) konnte es sich »nicht vorstellen, fröhlich zu feiern, wenn in der Ukraine Menschen sterben« (*tz,* München, ebenda).

18.05.2022 – Karl »Lauterbach hält Durchführung für ›gewagt‹ [...]. Wie Lauterbach im BR24-Thema des Tages am Mittwoch mitteilte, gebe es eine gewisse Wahrscheinlichkeit, dass man es bis dahin mit den Omikron-Varianten BA.4 und BA.5 zu tun haben werde« (*tz,* München, ebenda).

28.06.2022 – »›Niederschmetternde Zahlen‹ – Reiter stellt Oktoberfest schon wieder infrage«, schrieb das Nachrichtenportal *t-online.de*: »Obwohl die Vorbereitungen für das Oktoberfest in München in diesem Jahr schon laufen, könnte das Fest auch 2022 wieder ausfallen. Das hat Münchens Oberbürgermeister in einem Interview mit dem Bayerischen Rundfunk angedeutet« (ebenda).

08.07.2022 – »Wie wahrscheinlich ist eine Oktoberfest-Absage?« (SZ, online, ebenda).

Ja, aber hatte Reiter dem Oktoberfest am 1. Mai nicht schon grünes Licht gegeben? Schon, aber nur für den Aufbau der Zelte, jedoch nicht für den Betrieb: »Anders als in früheren Jahren gibt es heuer nicht einen, sondern zwei Verträge mit den Wirten und Brauereien«, schrieb die Münchner *tz*: »Bislang liegt ihnen nur die Genehmigung für den Zeltaufbau vor, der Vertrag für deren Inbetriebnahme wird erst abgeschlossen, wenn feststeht, dass das Oktoberfest auch wirklich stattfinden kann« (online, 02.07.2022). So wurde Verunsicherung verbreitet und dem Oktoberfest zunehmend der Boden entzogen. Zu diesem Zeitpunkt dürften die Politiker bereits Hunderttausende Gäste vergrault haben. Nicht doch! Schließlich konnte man ja auch noch kurzfristig zum Oktoberfest kommen, wenn es tatsächlich stattfinden sollte! Kann sein – aber nicht jene Chinesen, Amerikaner und anderen Besucher aus aller Welt, die nun schleunigst ihre Pauschalreisen oder Flüge buchen mussten, zum Beispiel mit der Firma »Oktoberfest Tours« aus Texas, die für sich wirbt: »Seit 2006 bringen wir unsere Kunden zum Oktoberfest in München und sind sicher, dass wir ihnen die beste Oktoberfest-Tour bieten!« Kurz: Für Touristen aus den USA, Japan und der ganzen Welt, die bei ihren Reisebüros oder -Websites Oktoberfestpakete oder individuelle Hotels und Flüge hätten buchen wollen, war es nun eigentlich schon zu spät – Flüge, die auch deutschen Fluggesellschaften und Flughäfen zugutegekommen wären.

Polarluft beim Oktoberfest

Hunderttausende Gäste vergrault und verunsichert – eigentlich konnte jetzt nur noch das Wetter das Oktoberfest retten. Und das war doch mehr als wahrscheinlich. Denn der Zeitraum zwischen Mitte September und Anfang Oktober gilt schließlich als besonders wetterstabil: besser bekannt als »Altweibersommer«. Doch siehe da: Rein zufällig fiel der Altweibersommer aus und die Wiesn ins Wasser! Nicht zu fassen: nach all dem Geziehe und Gezerre nun auch noch schlechtes Wetter? Wie das? Nun – über Wetter und Politik haben wir in diesem Buch ja schon gesprochen (siehe 23. April: Daher weht der Wind …). Und das Beste gegen Zündungen ist nun einmal Wasser, und das gilt auch für Spaßexplosionen. Ach ja: und natürlich Polarluft. Die dämpft die Stimmung in Lederhosen und Dirndl doch gewaltig. Und was soll man sagen: Ausgerechnet die »Wiederauferstehung« des Oktoberfestes nach Corona wurde von eiskaltem Regen und Polarluft begleitet, und zwar punktgenau: Herrschten vor und nach der Wiesn Sonnenschein und 25 beziehungsweise 21 Grad, schlotterten die Menschen in den beiden Wiesn-Wochen bei eiskaltem Regen und 8–14 Grad, teilweise bei Windstärke 7. Sprich: Da jagt man keinen Hund auf die Straße.
Na so ein Zufall! Offenbar hatten die Miesepeter aus Politik und Medien den Himmel ganz auf ihrer Seite! Um die extremen Einbrüche beim Eisverkauf auszugleichen, griffen die Standl-Betreiber zu drastischen Maßnahmen und boten außer Eis auch Glühwein an. Die besten Kunden waren die Außenbedienungen von den benachbarten Zelten, denn die hatten erstens jede Menge Zeit und froren sich zweitens die Füße ab (*Focus Online/Münchner Merkur*, 05.10.2022/29.09.2022). Kalte Füße bekamen auch die Servierkräfte, die vor den Zelten Gäste ranschleppen mussten. Vor dem Bräurosl-Zelt stand zum Beispiel Kellner Simon mit zwei Schildern: »Wer hat Hunger?« und »Bier?«. So extrem habe er das noch nie erlebt, meinte er (*tz*, online, 29.09.2022).

Tod dem Mittagsgeschäft!

Um noch zu retten, was zu retten ist, hätte man in den Außenbereichen der Zelte nun die üblichen Gasheizstrahler einsetzen können. Doch Wirtesprecher Peter Inselkammer vom Armbrustschützenzelt hatte diesmal nicht ins Schwarze, sondern sich ins eigene Knie geschossen, als er schon im Juli erklärte, auf der diesjährigen Wiesn werde auf die Heizgeräte verzichtet: »Alle müssen sparen, da wollen auch wir unseren Beitrag leisten«, warf er sich politisch korrekt in die Brust (*nachrichten-muenchen.com*, 11.07.2022). Sehr brav. »Dabei ist die Lage frostig«, meinte später die *tz*. »Ansonsten hat man mit Heizung auch Mittagsgeschäft gehabt, das hatten wir dieses Jahr quasi gar nicht«, klagte eine Bedienung namens Vroni (*tz*, online, 22.09.2022). Doch diesmal hatten die Wirte wohl etwas gegen ihr eigenes Geschäft – warum auch nicht: Denn schließlich wird ja auch die Wirtschaft des gesamten Landes an die Wand gefahren; da wollen die Wiesn-Wirte eben nicht durch gute Umsätze unangenehm auffallen. Was wieder einmal beweist, dass der Deutsche auf dem Weg in den Untergang immer noch einmal Gas gibt – oder eben auch nicht, je nachdem, was mehr schadet. Ausbaden mussten es die kleinen Leute: »Uns fehlen die Gasheizstrahler!«, klagten die Bedienungen. Eine von ihnen hatte »an einem der ersten Wiesn-Tage nur 2 Maß verkauft!«, schrieb die *tz*. Und: »Rafa, der drei Jacken übereinander trägt, sagt: ›Du hast deine Standardausgaben, und es kommt nichts rein […].‹ Kollegin Helena trägt Skiunterwäsche – und sagt frustriert: ›Bis jetzt ging richtig wenig‹« (online, 22.09.2022). »Ich habe 10 Tage gekellnert und 100 Euro draufgezahlt«, meinte ein anderer (*Focus*, online, 05.10.2022).

Nur 10 Prozent Besucherschwund?

Ach was! Insgesamt war doch alles prima: ein bisschen viel Regen und ein paar Gäste weniger vielleicht, aber »trotz des eher durchwachsenen Wetters zeigen sich die Verantwortlichen, Festwirte und Schausteller mit der 187. Wiesn zufrieden«, hieß es auf der offiziellen Fest-Website. »Die Wiesn ist wieder da. Gäste im siebenstelligen Bereich haben ihre Wiesn gefeiert und gezeigt, wie stark sie ihnen am Herzen liegt«, pfiff Clemens Baumgärtner im Walde, der städtische Referent für Arbeit und Wirtschaft (Presseinformation, 03.10.2022). »Im siebenstelligen Bereich«? Warum diese nebulöse Aussage? Der »siebenstellige Bereich« ist schließlich ein dehnbarer Begriff, der bereits bei 1 Million (1 000 000) beginnt. Deshalb darf man fragen: Wie »siebenstellig« waren denn nun die Besucherzahlen? Antwort: »Nach Schätzung der Festleitung kamen bis einschließlich Montag, [den] 3. Oktober, 5,7 Millionen Gäste (2019: 6,3 Millionen) auf die Theresienwiese.« Na immerhin! Also nur knapp 10 Prozent weniger als vor 3 Jahren! Das kann im Geschäftsleben ja schon mal vorkommen. Warum musste sich Wirtschaftsreferent Baumgärtner damit hinter einem ominösen »siebenstelligen Bereich« verstecken? Oder waren all diese

Zahlen geschönt? Denn schließlich liegt die Betonung ja auf »Schätzung«! Na gut: Also nennen wir ein paar andere Schätzungen: »Am Anfang der Wiesn habe ich gesagt, dass 30 Prozent der Gäste fehlen – mittlerweile würde ich sagen, es fehlen 40 Prozent«, zitierte *Focus Online* am 30. September Bedienung Charlotte K. »Es ist schon krass«, sagte sie, »wenn du hier morgens über die Oide Wiesn [Nostalgie-Wiesn] läufst, ist das wie eine Geisterstadt, es ist wie ausgestorben.« In dem Festzelt gibt es mehrere Tausend Sitzplätze – von denen aktuell viele leer bleiben. »Das ist wirklich richtig bitter«, sagt die Kellnerin mit Blick auf die Tische, die sie heute betreut. »Außerdem würden auf dem gesamten Oktoberfest auch ausländische Touristen fehlen: ›Ich sehe hier kaum asiatische Gruppen. Ich habe ein paar Amerikaner gehabt, aber die ganzen Ferntouristen, die ihre Gruppenreisen ein Jahr im Voraus planen, sind nicht da, weil Ungewissheit bestand, ob die Wiesn stattfindet.‹« – »Im Kollegenkreis sei man sich einig: ›So schlimm war es noch nie.‹« Tja, da hatten Reiter & Co. ja ganze Arbeit geleistet – aber mit dem Schätzen hatten sie so ihre Probleme.
So hofften und bangten Besucher und vor allem Außengeschäfte nun auf das letzte verlängerte Wochenende. 3 Tage: von Samstag bis einschließlich Montag, den 3. Oktober (Feiertag)! Das war die Chance und hätte alles noch halbwegs retten können – aber Pustekuchen: »Samstag ist es mit maximal 13 Grad weiter kühl und regnerisch. Sonntag regnet es bis zum Abend«, prognostizierte *wetter.com* (30.09.2022) – und lag damit richtig. Zwar »steigen die Temperaturen dann etwas an«, so die Vorhersage. Aber erst »am Montag kann sich die Sonne hin und wieder zeigen bei bis zu 14 Grad«. Also am letzten Tag. Und so kam es auch: Erst am Montag, den 3. Oktober, klarte es ab Mittag langsam auf, und kaum war das Oktoberfest vorbei, kam auch der Altweibersommer wieder. Ein Schelm, der Böses dabei denkt …

17. Oktober
Sündenböcke: Wie die Klimakleber der Politik nützen

Endlich – ich bin so froh: Endlich kriegen die Klimakleber mal eins auf die Mütze! Aber sowas von: »Das ist kein Spiel mehr, was hier gemacht wird«, schimpfte Berlins Senatorin für Inneres, Digitalisierung und Sport Iris Spranger an diesem Tag im Innenausschuss des Abgeordnetenhauses. Zuvor hatten die Klimakleber im Bundestag und im Bundesverkehrsministerium falsche Feueralarme ausgelöst – das heißt: puren Terror verbreitet. »Klimakleber« – das sind jene ahnungs- und bildungsfernen Menschen, die sich auf den Straßen festkleben, um auf diese Weise den Verkehr zu blockieren und so die Welt zu retten – vor dem Klimawandel. Nur: Wer rettet uns vor den Klimaklebern? »Ich bin hochverärgert über solche Vorgänge […]. Wir müssen uns davor schützen, dass mit Feueralarmen gespielt wird. Denn es kann auch ein tatsächlicher Feueralarm sein«, so Spranger. Nicht, dass ich dieses Buch zur Lokalzeitung machen möchte, aber auch der Münchner Oberbürgermeister Dieter Reiter (SPD) ist nicht gut auf die Aktivisten zu sprechen: »[…] die Form des Protests, ganze Straßenabschnitte zu blockieren, halte ich für unerträglich und keinesfalls für eine zulässige Meinungsäußerung!«, schimpfte er (RND, online, 07.11.2022).

Der klebrige Herbst

Während der vielfach angekündigte »heiße Herbst« weitgehend ausblieb, wurde es stattdessen klebrig. Klimaaktivisten verursachten landauf, landab jede Menge Aufregung. Kaum eine Zeitung zwischen Flensburg und Garmisch, die nicht mit dicken Schlagzeilen über den Klima- beziehungsweise Klebewahnsinn berichtet hätte, der deutsche Städte neuerdings verstärkt heimsuchte. Nicht lange nach Sprangers Rede soll bei einem Fahrradunfall in Berlin wegen der Klimafanatiker ein Rettungswagen zu spät eingetroffen sein, sodass die Verunglückte letztlich verstarb. Aus dem entsprechenden Bericht der Feuerwehr »gehe hervor, dass die Verunfallte mithilfe des Rüstwagens besser und schonender unter dem Betonmischer hätte geborgen werden können. Denn: Wäre das Spezialfahrzeug frühzeitig an der Einsatzstelle eingetroffen, hätte der Betonmischer nicht erneut über das Bein der Radfahrerin rollen müssen«, so das Nachrichtenportal *oe24.at* (10.11.2022).

Der Fall macht eben deutlich, dass Verkehr kein Spiel, sondern lebenswichtig ist – in etwa wie Strom (von dem Klimachaoten ebenfalls keine Ahnung haben). Dafür ist das verspätete Spezialfahrzeug nur ein Symbol: Es gibt tausend Anlässe, warum Menschen von A nach B kommen müssen, und zwar möglichst schnell: Notarztwagen, Ärztlicher Notdienst, Feuerwehr, Polizei, Pflegekräfte, Krankenschwestern, Technisches Hilfswerk, Tiernotarzt, ADAC, Schlüssel-, Abschlepp- und Sanitärnotdienste, Mütter zu ihren Kindern, Väter zu ihren Familien und Menschen, die zur Arbeit müssen, um diesen Staat und auch die Klimakleber zu finanzieren

(BAföG, Hartz IV usw.). Der Verkehr darf deshalb von niemandem behindert werden, weder von Klimaspinnern noch von Politikern – was aber leider meistens ein- und dasselbe ist. Denn jetzt verrate ich Ihnen etwas: Die Klimakleber mögen schlimm sein, aber die wirklichen Profis sitzen ganz woanders – nicht auf dem harten Asphalt der Straße, sondern in ihren Ledersesseln und auf ihren Bürostühlen im gut geheizten Rathaus, im Landratsamt und auch auf höheren Ebenen. Von dort aus blockieren sie eine ganze Stadt, ein ganzes Land und sogar einen ganzen Kontinent. Von Nord bis Süd und von Ost nach West werden die Städte für Autofahrer regelrecht verrammelt. Ob Berlin, Hamburg, Köln oder München: Überall bauen Politiker so viele Verkehrshindernisse auf wie möglich. Ja, in Wirklichkeit wird der Verkehr weltweit behindert – und zwar im ganz großen Stil.

Klimakleber: Dem Stau ein Gesicht geben …

Negativbeispiel ist wieder mal der Münchner SPD-OB Dieter Reiter – derselbe Reiter, der sich oben über die Klimakleber beschwerte. Der Mann gewinnt nun einmal überall die Silberne Zitrone, und zwar schon seit Jahren: »Am mühsamsten kommen Autofahrer in München voran – sie verloren im vergangenen Jahr insgesamt 87 Stunden in Staus«, schrieb der Verkehrsdienstleister INRIX auf seiner Website – also etwa 10,5 Arbeitstage à 8 Stunden (INRIX-Pressemitteilung, a. a. O., 09.03.2020). Eine gewaltige Belastung für den Wirtschaftsstandort München. »Auf den Plätzen zwei und drei folgen Berlin mit 66 und Düsseldorf mit 50 Staustunden.« Soll heißen: Reiter ist das größte Verkehrshindernis zwischen Nordsee und Alpen.
Die Klimakleber sind für die Politiker da nur eine willkommene Ablenkung: Reiter »finde es unverantwortlich, wenn dadurch billigend in Kauf genommen werde, dass etwa Rettungsfahrzeuge behindert würden« (RND, online, 03.11.2022). In Wirklichkeit kommen die Verkehrssaboteure für solche Politiker wie gerufen. Endlich kann man die Wut der Bürger ablenken und dem Stau ein Gesicht geben – und zwar ein anderes.

»Nur im Auto kann ein Mensch sein eigener Herr sein«

Schon 2017 betrugen »die direkten und indirekten Kosten für die Staus in Deutschland […] 79,8 Milliarden Euro, das entspricht nach INRIX-

Angaben 1770 Euro pro Autofahrer.« Ursachen sind unter anderem: besonders raumgreifende Baustellen, immer breiter angelegte Radwege, Wegfall von Fahrspuren, systematische Vernichtung von Parkraum durch Fahrrad- und Behindertenparkplätze (die kaum benutzt werden), Erweiterung der Außenbereiche von Gaststätten, »Ladezonen« und anderes mehr. Der SPD-Mann bremst, wo er kann – ob das nun Feste oder Fahrzeuge sind. Seit Jahren blockiert die Münchner Stadtverwaltung den Verkehr, wo es nur geht. Alles, was Freiheit und Vergnügen repräsentiert, scheint dem OB ein Gräuel zu sein.

Reiter = Verkehrschaot Nummer eins

»Zahl der laufenden Baustellen explodiert«, registrierte die *tz* schon 2020 die Entwicklung. »Der Weg durch München wird zum Geduldsspiel:

- Vorankommen auf Verkehrswegen in der Innenstadt ist in München oftmals mit Strapazen verbunden.
- Momentan häufen sich die Hindernisse: Nicht weniger als 80 Baustellen befinden sich im Stadtgebiet« (online, 20.08.2020).

Auch »nach einer neuen Studie des Verkehrsdatenanbieters INRIX« aus dem Jahr 2021 ist SPD-Oberbürgermeister Reiter nach wie vor unangefochten Verkehrschaot Nummer eins unter den deutschen Stadtchefs. Denn Sie wissen ja: Verkehrsberuhigung ist das Erziehungsziel und im Great Reset strikt eingeplant. »Klare Stadtluft von Asien bis Amerika«, jubelte 2021 ein Video des Welt(ab)wirtschaftsforums (WEF): Die Kohlenstoffemissionen hätten durch den Lockdown 2020 um 7 Prozent abgenommen. Hurra: Die Erde wird zum Luftkurort – allerdings stellenweise schon ohne Kurgäste. Und vom Verwesungsgeruch einmal ganz abgesehen. Denn in armen Ländern bezahlten Menschen den Verkehrs-Lockdown bereits mit ihrem Leben, weil sie irgendwo fernab von ihrem Zuhause verhungerten. Nach dem jetzigen Verkehrschaos soll letztendlich Ruhe einkehren – einfach weil sich Autofahren zeitlich und finanziell niemand mehr leisten können soll. Der Weg dahin heißt Blockade.

Autobahnbaustellen-Rekord in Deutschland

Und der Krieg gegen das Auto tobt natürlich nicht nur in München, sondern bundes- und sogar weltweit. 2021 verzeichnete der ADAC einen »starken Anstieg der Autobahnbaustellen seit 2019«. »Im Oktober 2019 gab es rund 500 Autobahnbaustellen, im Oktober 2020 wurde auf rund 700 Streckenabschnitten gebaut. Doch so viele Baustellen wie im Oktober 2021 gab es noch nie: 900 insgesamt auf deutschen Autobahnen.« Also fast eine Verdoppelung seit 2019. Zum einen werde »immer stärker investiert«, so die (Weg-)Erklärung: »Außerdem gibt es viele Autobahnen und Autobahnbrücken, die dringend saniert oder ausgebaut werden müssen« (*rtl.de*, 25.10.2021). Aber auch hier gibt es neben dem guten Grund möglicherweise einen wahren Grund. Denn arbeiten sieht man an den Baustellen so gut wie niemanden: »Viele Autofahrer fragen sich: Wird da überhaupt gebaut?«, so der ADAC (ebenda). Etliche ärgerten sich, »wenn sie wegen einer Baustelle im Stau stehen, aber weit und breit kein Arbeiter zu sehen ist. Den Fall haben wir beispielsweise auf Brücken, wenn die Arbeiter gerade unterhalb der Brücke tätig sind. Denn auch dafür muss auf der Brücke in der Regel ein Fahrstreifen gesperrt werden«, erklärt zum Beispiel der Landesbetrieb Straßenbau Nordrhein-Westfalen. Klar – haben Sie das nicht gewusst: Die Arbeiter hängen einfach wie die Fledermäuse unter der Brücke – und zwar alle. Und sie »ziehen auch ab, wenn der frisch verlegte Asphalt aushärten muss. Die Baustelle kann in solchen Fällen noch nicht abgeräumt werden« (ebenda).

»Doch lässt sich das wirklich so einfach erklären?«, rätselte der ADAC: Eine parlamentarische Anfrage zu den Sommerbaustellen im Jahr 2015 habe nämlich ergeben, dass »nur auf 63 von 715 gemeldeten Baustellen auch nachts gearbeitet wurde, davon wiederum nur auf 54 Baustellen auch sonn- und feiertags«. Das heißt: Eilig hat es hier niemand – bis auf den Autofahrer, der im Stau steht. Deutschland steckt im Verkehrsinfarkt, und dieser ist gewollt. Erstaunlich sei, so das Internetportal *Die Praxis der Bauunternehmer*, »wieviel Zeit der durchorganisierte Deutsche sinnlos in Staus vergeudet, ohne dass ein auf Wirtschaftlichkeit getrimmtes Land profunde Gegenmaßnahmen einleitet« (*bpz-online.de*, ohne Datum).

Surreale Landschaften aus rot-weißen Absperrbaken

Und natürlich sterben auch aufgrund dieser Verkehrsblockaden Menschen – nur interessiert das niemanden. Fälle von behinderten Rettungswagen werden aus den oben genannten Gründen nur sehr selten gemeldet:

- In der Schweiz bestätigte die Rettungsorganisation Regio 144, »dass im Mai zweimal Rettungsfahrzeuge im Stau standen«, so das *Schweizer Tagblatt*. Glück im Unglück: »Die Vorgabe, dass die Fahrt von der Zentrale bis zum Unfallort nicht länger als 15 Minuten dauern darf, sei aber eingehalten worden« (online, 21.07.2016).
- »Wenn Lebensretter im Baustellenstau feststecken«, titelte die *Lausitzer Rundschau* am 27. August 2020. »Bei drei Baustellen mit gesperrten Straßen zwischen Elsterwerda und Prösen müssen Polizei, Rettungsdienst und Feuerwehr genau überlegen, wie sie auf schnellstem Wege zum Einsatzort kommen. Es gibt Kritik.«
- »Rettungsfahrzeug mit Notfallpatienten steckt im Stau fest«, hieß es in der *Rheinpfalz* vom 22.09.2021.

Aber wenn der Krankenwagen aufgrund eines Staus zu spät ankommt, fällt das unter »Pech«, »Schicksal« oder »Höhere Gewalt« – ist es häufig aber nicht, sondern es ist die Gewalt der Politiker und Stadtverwaltungen, die die Bevölkerung unbedingt zum U-Bahn-, Fahrradfahren und zur Kollektivierung (»Sharing«) nötigen wollen. Die Folge: höherer Spritverbrauch, Abgase, Abnutzung (Feinstaub!), Lärmbelästigung, wirtschaftliche Verluste und natürlich Beeinträchtigung von wichtigen und lebenswichtigen Fahrten.

Der »Fluch des Individualverkehrs«

Wie gesagt ist Deutschland da kein Einzelfall, sondern der Krieg gegen das Auto grassiert weltweit – zum Beispiel auch in Paris. Wurden Staus früher durch den Bau oder den Ausbau von Straßen bekämpft, heißt es heute: weg mit der Straße! In der französischen Hauptstadt will die sozialistische Bürgermeisterin Anne Hidalgo die verkehrsreichste Straße Europas in einen Grüngürtel verwandeln – den Boulevard Périphérique, wo fast 1 Million Fahrzeuge pro Tag unterwegs sind. »Bei dem Projekt geht es der Sozialistin Hidalgo aber um mehr als nur darum, die stauträchtigste Straße Europas zu eliminieren«, so das *Handelsblatt*. Es gehe ihr auch darum, »den 11-Millionen-Moloch« Paris »vom Fluch des Individualverkehrs zu befreien« (online, 28.07.2022). Eine interessante Formulierung. Wie soll doch der inzwischen verstorbene Altbundeskanzler Helmut Schmidt gesagt haben: »Nur im Auto kann ein Mensch der total organisierten Gesellschaft noch eigene Entschlüsse fassen und sein eigener Herr sein« (*https://gutezitate.com/zitat/232315*). Genau das ist heute ganz verboten – und zwar auch in Paris! »Was zunächst nur für die Zeit der Coronaviruspandemie gelten sollte, scheint sich nun dauerhaft zu etablieren. [...] Seit einigen Jahren schon sind zudem die unteren Seine-Ufer für den Autoverkehr gesperrt und für Flaneure, Rad- und Rollerfahrer reserviert. Schrittweise greifen auch Fahrverbote für ältere Dieselfahrzeuge.« Was sich ganz so anhört, als ginge es dabei gar nicht um Abgase, sondern um Verkehrsberuhigung. »Paris geht gegen das Verkehrschaos vor – und das wird zunehmend spürbar.« Allerdings, und zwar durch ein noch größeres Verkehrschaos – alles in höherem Auftrag, darf man vermuten. So habe Hidalgo erkannt, »dass es nicht ausreichen wird, das Auto einfach zu verbieten. Sie will die Stadtviertel wieder in eine Form zurückverwandeln, die die Stadt vor dem Triumphzug des Automobils hatte« (*Der Stern,* online, 12.02.2020). Also in die Form des 19. Jahrhunderts. Auch hier sollen also alle Brücken zur zivilisierten Vergangenheit abgerissen werden, genau wie Kernkraftwerke sehr bald nach ihrer Stilllegung gleich mal gesprengt werden (Philippsburg, 2020).

Käuferstreik im Autohaus

Hinzu kommt aufgrund dessen natürlich der Käuferstreik in den Autohäusern, denn so hat Autofahren schließlich keinen Sinn. Folge: Verschärfung der Wirtschaftskrise. Den Städten ist das egal, denn es geht ja um Höheres: den Great Reset und die Agenda 2030 der UNO, die endlich die menschliche Zivilisation lahmlegen und den Planeten in einen Gulag verwandeln will. Gegen die Politiker sind die Klimakleber gar nichts, aber die Klimasekte hat für den Staat nun einmal den Vorteil,

- dass sie die Politik vor sich hertreibt und zu immer radikaleren Schritten drängt,
- dass radikale Maßnahmen des Staates dagegen moderat erscheinen,
- dass die Klimakleber die Wut von den bürgerfeindlichen (Stadt-)Regierungen ablenken,
- dass sie dem Stau ein Gesicht geben.

Nur um sich als volksnah aufzuspielen, stellen sich Bürgermeister und andere Politiker auf die Seite der Bürger und schimpfen auf die Klimakleber. In Wirklichkeit besorgen diese ihr Geschäft auf eine Weise, wie Politiker es nicht offen betreiben können.

Geld vom Staat

Dabei stellt sich ja die Frage: Wo kommt eigentlich das Geld für die Sabotage her? Antwort: von der Politik. Das behauptete jedenfalls die Nachrichtenseite *Tichys Einblick* in einem Artikel mit dem Titel »Das Bundeswirtschaftsministerium stützte die ›Letzte Generation‹ mit Fördergeldern«. »Laut einem Bericht der *Welt am Sonntag* hat das Ministerium rund 156 000 Euro auf ein Vereinskonto eingezahlt, das zur Finanzierung der klimaextremistischen ›Letzten Generation‹ dient«, so die Website (23.07.2022). Neben dem mutmaßlichen Staatsgeld sacken die klebrigen Eiferer auch Geld von dubiosen amerikanischen Stiftungen ein, wie etwa dem kalifornischen Climate Emergency Fund, in dem verwöhnte Nachkommen großer Industriedynastien ihr Ererbtes verheizen, wie etwa Aileen Getty, Erbin des Paul-Getty-Ölimperiums, oder Abigail Disney, die Großnichte von Micky-Maus-Vater Walt Disney. Hollywood-Größe Adam McKay habe sogar 4 Millionen Euro für das Straßenchaos springen lassen (*bild.de*, 09.11.2022). »Ziel: Rekrutierung und Schulung von Aktivisten in zivilem Ungehorsam«. »Unterstützen Sie diesen Aufstand«, steht da auf der Website geschrieben. Motto: »Finanzierung des disruptiven Arms der globalen Klimabewegung«, also des störenden oder auch zerstörerischen Arms der Klimabewegung.

Geld für die »Herbstoffensive«

Und auch wer glaubt, die Häufung der Blockaden im Herbst 2022 sei Zufall, wird eines Besseren belehrt: »Herbst 2022: anhaltender störender Protest in 11 Ländern« kann man hier lesen. Da werde es »die nächste Welle von Aktionen geben«. Zu diesem Zweck sollten Ende September 3,5 Millionen Dollar an die Protestvereine fließen – Geld, das danach auf unseren Straßen verklebt und von dem wahrscheinlich auch Strafbefehle bezahlt wurden. Das heißt: Die Klimakleber sind also gekauft, und zwar von einem internationalen Netzwerk von Milliardären und womöglich auch vom Staat. Manch einer hat da schon eine neue Teilexistenz für sich entdeckt. In Österreich zum Beispiel erzählte eine Aktivistin namens Caroline T. dem Magazin *Profil* brühwarm, dass »sie selbst und weitere

Klimakleber« nach ihren Aktionen Rechnungen an den Climate Emergency Fund schreiben: »Reiche Leute«, die »ein schlechtes Gewissen haben«, meint sie. »Sie werde über den Fonds demnächst ein ›freiberufliches, versteuertes Nebeneinkommen über 20 Wochenstunden Aktivismus‹ beziehen […]. Die Abwicklung laufe über eine Kontaktadresse in Deutschland« (laut *Focus*, online, 17.11.2022).

»Dummes Geld« für Klimakleber

Mit anderen Worten sind diese Leute also korrupt und demonstrieren nicht (nur), um das Klima zu »retten«, sondern auch, um damit ein Einkommen zu erzielen. Und der Aufstand kommt von ganz oben: Diese schwerreichen US-Netzwerke sind es maßgeblich, die auf deutschen und europäischen Straßen den Verkehr lahmlegen. Und die große Muttersau der Klimatruppen ist der Climate Emergency Fund (CEF): Seit der Gründung im Jahr 2019 habe man

- 94 Organisationen gefördert,
- über 22 000 Klimaaktivisten ausgebildet,
- über 1 Million Aktivisten mobilisiert.

2022 habe man

- 43 Organisationen finanziert,
- 4,5 Millionen Dollar ausgezahlt,
- über 10 000 Presseveröffentlichungen generiert,

prahlt die Organisation auf ihrer Website. Anders als viele glauben, handelt es sich also nicht um einen Graswurzel-Protest junger Idealisten, sondern um einen Teil des hybriden Krieges gegen die zivilisierte und technisierte Welt. Nur wessen hybriden Krieges? Denn die prominenten Stifter repräsentieren ja nur das »dumme Geld«. Wer diese Sabotage steuert, ist eine ganze andere Frage. Und dabei stoßen wir im Team des Climate Emergency Fund (CEF) auf eine alte Bekannte: die Klimastrategin Margaret Klein Salamon, Gründerin der radikalen Organisation »Climate Mobilization« und interessanterweise eine Psychologin. Salamon gehört einem Netzwerk von Klimapropheten an und ist nicht nur die »Psychostrategin«, sondern auch die Truppenführerin der Bewegung (siehe *verheimlicht – vertuscht – vergessen 2020*, Seite 93 ff.).

Die Handschrift von Tavistock

So plädiert sie dafür, die Menschen zu traumatisieren, um sie zu steuern. Eine alte Technik des »Tavistock-Instituts für zwischenmenschliche Beziehungen« in London, die andauernd angewendet wird: Es sei gut, wenn Menschen »große Angst verspüren, unter Schlaflosigkeit leiden« und »ihr Leben überdenken [...], das ist eigentlich eine gute Sache«, meint Salamon (*medium.com*, 17.07.2017). Wie sagte doch ihre Epigone Greta Thunberg: »Ich möchte, dass Sie in Panik geraten [...], ich möchte, dass Sie sich so benehmen, als würde Ihr Haus brennen.« Genau: und zwar, weil Sie dann nicht mehr denken können. Das ist eindeutig die Handschrift von Tavistock: Dass zwischen dem Tavistock-System und der Klimabewegung Verbindungen existieren, beweist schließlich auch Salamons Kollegin Sally Weintrobe, eine Expertin für Psychologie und Klimawandel. »Sally Weintrobe ist eine Psychoanalytikerin, die über die Klimakrise schreibt«, heißt es auf ihrer Amazon-Autorenseite. Unter anderem war sie auch »Mitglied des Lehrkörpers an der Tavistock Clinic«. Salamon zufolge bewegt sich die Menschheit durch ihren CO_2-Ausstoß »auf den Tod von Milliarden von Menschen, Millionen von Arten und den Zusammenbruch der organisierten Zivilisation zu«. Dabei ist das exakt das, was sie anstrebt. Die Klimakleber sind dafür nur ein Werkzeug.

November 2022

Thema des Monats

18.11. Jonestown-Massaker: Selbstmord oder Mord?

6.11. Die 27. »UN-Klimakonferenz« beginnt – **6.11.** Der skandalbeladene Frankfurter OB Feldmann wird abgewählt – **8.11.** Bei den Kongresswahlen in den USA 2022 gewinnen die Demokraten den Senat, die Republikaner das Repräsentantenhaus – **10.11.** Der Bundestag beschließt die Wiederholung der letzten Bundestagswahl 2021 in 431 Berliner Wahlbezirken – **11.11.** Die Ukraine erobert die Stadt Cherson zurück – **15.11.** Donald Trump kündigt Kandidatur für die nächsten Präsidentschaftswahlen 2024 an – ***15.11. Die Weltbevölkerung überschreitet angeblich die 8-Milliarden-Marke (siehe »Erdüberlastungstag« 4. Mai) – 18.11. 44. Jahrestag des Massakers von Jonestown/Guyana***

18. November
Jonestown-Massaker: Selbstmord oder Mord?

»Ich sah nach rechts zu meiner Frau. Sie hatte unseren Sohn im Arm, dem gerade das Gift eingeflößt wurde. Mein Sohn war tot und hatte Schaum vor dem Mund. Das ist bei Zyankali so. Meine Frau hielt unseren toten Sohn, während sie in meinen Armen starb. Ich sagte: ›Ich liebe dich.‹ Mehr konnte ich nicht sagen.« Am 18. November 1978, heute vor 44 Jahren, begingen über 900 hauptsächlich schwarze Menschen auf Befehl ihres Sektenführers Jim Jones in ihrem Hüttendorf »Jonestown« in Guyana Selbstmord. Über dem Schreien und Wehklagen schnarrte die Stimme von Jim Jones, der die kleine amerikanische Kolonie in Guyana gegründet hatte und nach dem sie benannt worden war. »Schnell, schnell, schnell!«, rief er. Nur wenige Stunden zuvor hatten Sektenmitglieder einige unliebsame Besucher getötet, die einmal nach dem Rechten sehen wollten: den amerikanischen Kongressabgeordneten Leo Ryan samt Assistenten und Kamerateam. Kurz vor dem Abflug von einer nahegelegenen Dschungelpiste wurden Ryan und seine Begleiter erschossen. Sektenführer Jones wusste: Das war das Aus für Jonestown. Die USA würden den Mord an ihrem Abgeordneten und seinen Begleitern nicht hinnehmen. Also, so die offizielle Version, rief Jones seine rund 900 Anhänger im Zentralen Pavillon des Dorfes zusammen und befahl ihnen, Zyankali zu schlucken (Jonestown: »Todeswahn einer Sekte«, arte, *YouTube*, 10.08.2016).

Der größte Massenselbstmord der amerkanischen Geschichte?

So weit, so schlimm. Der kollektive Selbstmord von Jonestown in Guyana gilt als der größte Massenselbstmord in der amerikanischen Geschichte. Er hat sich in das Gedächtnis der Menschheit eingeprägt wie sonst nur der Giftanschlag auf die Tokioter U-Bahn, das Massaker von Waco oder der 11. September 2001. Auf Luftbildern sah man um den großen Pavillon des Dorfes Hunderte von Leichen liegen. Bilder, die sich eingeprägt haben und zum Symbol für das Massaker von Jonestown wurden – um nicht zu sagen: zur nicht mehr zu hinterfragenden Marke. Die Definition der Bilder steht fest: »Das war der Massenselbstmord von Jonestown.« Genau deshalb schaut die Bilder auch niemand mehr genau an. Man ist sie einfach gewöhnt. Aber »wenn wir nicht über die konstruierten Bilder hinausblicken, die uns das Fernsehen und die Presse vermitteln, dann wird unser Bewusstsein genauso manipuliert wie das der Jonestown-Opfer […]«, schrieb der amerikanische Bürgerrechtler und Historiker John Judge. »Das letzte Opfer der Gedankenkontrolle in Jonestown ist das amerikanische Volk« (John Judge: »The Black Hole of Guyana – The Untold Story of the Jonestown Massacre«, 1985, *https://jonestown.sdsu.edu*).

Selbstmord oder Russisches Roulette

Die Frage, die sich jedoch als Erstes stellt, lautet: Warum sind diese Menschen einem irren und größenwahnsinnigen Prediger gefolgt? Wie können so viele Menschen jeden Bezug zur Realität verlieren und quasi wie ein vom Boden losgelöster Ballon ohne jeden Halt durch die Wirklichkeit schweben – bis zu einer totalen Bruchlandung? »Was treibt Menschen dazu, sich in ein System der Unterdrückung und Manipulation zu begeben, das sie mit dem Leben bezahlen?«, fragt auch ein Buch über Jonestown: *Selbstmord im Paradies* (Frankfurt 2008). *Selbstmord im Paradies* sei »ein Buch von beängstigender Aktualität«, heißt es in der Buchbeschreibung. Das kann man wohl sagen. Die Decke der Zivilisation ist hauchdünn, und der Mensch ist seit 1978 biologisch und kognitiv definitiv derselbe geblieben. Aber seine Kultur und seine Zivilisation wurden seitdem weiter zerstört – auch mithilfe von Techniken, die unter anderem in Jonestown erprobt wurden. Hier wie dort versuchte man, eine neue Gesellschaft zu gründen und einen »neuen Menschen« zu schaffen. Hier wie dort wurden die Menschen enteignet und einer Diktatur unterworfen. Hier wie dort wurde eine Spielart des Kommunismus mit dem Namen Maoismus erprobt. Und während in Jonestown Zyankali in den Bechern und Spritzen enthalten war, geht es heute um einen Impfstoff-Wundercocktail, dessen genaue Inhaltsstoffe und Wirkungen niemand kennt. Jedenfalls niemand außerhalb der Pharmakonzerne. Beging man damals Selbstmord, spielt man heute Russisches Roulette. Aber warum? Antwort: Weil wir damals wie heute unseren Führern *glauben*. Während viele Jonestowner glaubten, das Gift werde sie in eine bessere Welt befördern, glaubt man heute, der »Impfstoff« werde einen gegenüber einer tödlichen Krankheit immun machen. Beides war und ist absoluter Hokuspokus, wie wir inzwischen wissen.

Von der Religion zum Kommunismus

Natürlich gibt es auch Unterschiede zwischen damals und heute. Deshalb die Frage: Was war eigentlich Jonestown? Wer waren »Reverend« Jim Jones und seine Anhänger wirklich? Was sollte dieses Massaker an gutgläubigen Menschen, die sich da im Dschungel von Guyana eine neue Existenz aufgebaut hatten? Nun, schon der junge Jim Jones hatte ein Faible für Religion und Tod. Er war besessen von der *Bibel* und tötete kleine Tiere, um sie anschließend zu bestatten – ein Muster, das das Massaker von Jonestown modellhaft vorwegnahm. Aber Jones war noch weit mehr. Zunächst baute er in San Francisco eine religiöse Gemeinde auf, die er Peoples Temple (»Volkstempel«) nannte. Seinen Anhängern gegenüber inszenierte er sich einerseits als Gottesmann mit Anklängen an Jesus Christus, andererseits belästigte er Gemeindemitglieder sexuell und übte Druck auf sie aus, der Gemeinde den eigenen Besitz zu überlassen. Einerseits sah es so aus, wie Jim Jones' persönlicher Egotrip zur Unterdrückung sowie sexuellen und finanziellen Ausbeutung von Menschen. Andererseits betätigte sich Jones politisch: Er formte seinen »Volkstempel« zu seiner eigenen kleinen »New World Order«. Fast sämtliche Ideologien, die heute modern sind, wurden im Peoples Temple und später in Jonestown erprobt. Viele Jahrzehnte vor Brad Pitt und Angelina Jolie gründete Jones mit seiner Frau Marceline zum Beispiel eine »moderne« Patchwork-Familie aus Kindern verschiedener Ethnien. Neben seinem eigenen (weißen) Kind gab es da zwei adoptierte asiatische und ein schwarzes Kind. Bereits in den 1960er-Jahren kämpfte Jones gegen Rassismus und Rassentrennung, die Kriminalisierung der Homosexualität, für die Gleichheit aller Menschen und gegen das Eigentum (vor allem von anderen darf man vermuten). In Wirklichkeit folgte Jones immer weniger Gott oder Jesus, sondern stattdessen Marx und Mao, also einigen der schlimmsten indirekten und direkten Völkermörder des Planeten. Gleich und gleich gesellt sich eben gern.

Vom Geistlichen zum Großen Bruder

»Bald nach seiner Hochzeit fing Jim an, mehr und mehr über seinen Glauben an den Kommunismus zu sprechen«, so Will Savive in seinem Buch *Jonestown: Don't drink the kool-aid* (New Jersey 2007–2014, Seite 19; Kool-Aid = Limonade). Mit seiner bisherigen Gottesfurcht und Glaubenslehre war das allerdings unvereinbar, denn nach Meinung von

Marx war Religion nur »Opium fürs Volk«. Aus dem fanatischen Gottesmann schlüpfte so ein glühender Kommunist, bei dem sich die Werke von Marx und Mao stapelten. Aus seiner Gemeinde wurde Schritt für Schritt ein Gulag mit autoritären Strukturen und aus dem Geistlichen ein Großer Bruder. »Ab 1973 wurde Jim immer feindlicher und strenger gegenüber der Gemeinde«, schrieb Will Savive auf Seite 51 (a. a. O.; »Will Savive« ist vermutlich ein lautmalerisches Pseudonym aus »will survive« – »ich will oder werde überleben«). »Mehrere Mitglieder wurden langsam nervös; viele begannen Jones Methoden im Verborgenen zu hinterfragen.« Aber absoluter Gehorsam war oberstes Gebot, Bespitzelung und Denunziation gehörten ebenso zum Alltag wie sexuelle Belästigungen und Erniedrigungen bis hin zu Prügelstrafen. Nachdem der Peoples Temple in den USA deswegen immer mehr Probleme bekam, floh Jones ab 1974 mit rund 900–1000 hauptsächlich gut- und gottgläubigen Schwarzen in den Dschungel von Guyana, um dort seinen neuen Peoples Temple aufzubauen – in Wirklichkeit einen noch schlimmeren Gulag.

Reis, Brot und ranziges Fleisch

»Den Berichten der Überlebenden zufolge kamen sie in ein regelrechtes Sklavenarbeitslager«, so der Historiker Judge. »Sie arbeiteten täglich 16–18 Stunden und mussten in beengten Unterkünften mit minimalen Rationen leben, in der Regel Reis, Brot und manchmal ranziges Fleisch. Nach einem Zeitplan, der sie körperlich und geistig erschöpfte, mussten sie auch nachts wach bleiben und sich Vorträge von Jones anhören. Drohungen und Misshandlungen wurden immer häufiger.« Die medizinische Versorgung war schlecht: »Das medizinische Personal des Lagers unter Dr. Lawrence [Laurence] Schacht war dafür bekannt, dass es schmerzhafte Nähte ohne Betäubung verabreichte. Sie gaben Medikamente und führten täglich medizinische Aufzeichnungen. Verstöße gegen die Regeln oder Illoyalität führten zu immer härteren Strafen, darunter Zwangsmedikation, sensorische Isolation in einer unterirdischen Box, körperliche Folter und öffentliche Vergewaltigung und Demütigung. Schläge und Beschimpfungen waren an der Tagesordnung. Nur die Sonderwächter wurden menschlich behandelt und anständig verpflegt. Schwerverletzte wurden ausgeflogen, aber nur wenige kehrten jemals zurück.« Es gebe auch »mehrere bekannte Vorfälle, bei denen Jones Menschen Drogen verabreichte, um seine Kontrolle aufrechtzuerhalten oder ›für die Sache‹, wie er das nannte [...]. Das Hospital hatte dabei eine Doppelfunktion:

einerseits als normale medizinische Einrichtung, andererseits als Folterkammer, in der widerspenstige Mitglieder unfreiwillig unter Drogen gesetzt wurden, bis sie zusammenbrachen. […] das Hospital war vollgestopft mit großen Mengen psychoaktiver Drogen zur Verhaltenskontrolle und -steuerung […]. Jedes Mitglied, das die Regeln des Briefeschreibens nicht einhielt, wurde gemeldet, schwer geprügelt, unter Drogen gesetzt und/oder mit der Waffe an der Schläfe gezwungen, irgendwelche Dinge zu tun.« Illoyalität gegenüber dem »Großen Bruder« war keine Option und wurde sofort gemeldet; Fluchtversuche wurden streng bestraft. Es gebe hier keinen Stacheldraht, behauptete Jones einmal, aber das war auch nicht nötig, denn es gab ja den Dschungel. Unter ständiger Bespitzelung war es auch kaum möglich, eine Flucht vorzubereiten. Dazu kamen Hunger und Unterernährung, denn der gerodete Dschungel gab die Nahrung für rund tausend Menschen nicht so einfach her.

Die »Weißen Nächte« von Jonestown

Aber das war noch nicht alles: In bestimmten Abständen terrorisierte Jones seine Untergebenen auch mit sogenannten White Nights: »Selbstmordübungen«, zu denen die Menschen auf Lautsprecherkommando antreten und Flüssigkeiten trinken mussten, von denen sie nicht wussten, ob sie nur harmlosen Saft oder auch Gift enthielten. Der Sinn des Ganzen bestand darin, das Lager auf Befehl von heute auf morgen eliminieren zu können, ohne dass irgendjemand einen Finger um einen Abzug krumm machen musste. Das sollte den Vorteil haben, direkte Tötungsdelikte zu vermeiden. Dass das schließlich gründlich schiefging, werden wir gleich sehen.

Mit anderen Worten kam hier alles zusammen, um die, sagen wir, »Insassen« willenlos zu machen:

- Überarbeitung,
- Erschöpfung,
- Schlafmangel,
- Unterernährung,
- Beschallung/Indoktrination,
- sensorische Isolation,
- physischer und psychischer Terror,
- Todesangst.

»Die eigentliche Beschreibung des Lebens in Jonestown ist die eines straff geführten Konzentrationslagers, komplett mit medizinischen und psychiatrischen Experimenten«, so Judge. Müdigkeit, Hunger und Durst machten apathisch und willenlos. Drogen halfen dabei, Menschen auszuhorchen, aber auch in eine bestimmte Richtung zu steuern.
Interessanterweise fanden guyanische Truppen nach dem Zusammenbruch »ein großes Drogenlager, das ausreichte, um die gesamte Bevölkerung der guyanischen Hauptstadt Georgetown (mit damals circa 56 000 Einwohnern) mehr als 1 Jahr lang zu betäuben. »Nach Angaben von Überlebenden wurden die Drogen regelmäßig eingesetzt, um eine Bevölkerung von nur 1100 Menschen zu kontrollieren.« Allein in einem Spind oder Schrank hätten sich 11 000 Dosen Thorazin befunden, bei dem es sich um »ein gefährliches Beruhigungsmittel« handelt. Darüber hinaus fanden sich Natriumpentothal (ein Wahrheitsserum), Chloralhydrat (ein Hypnotikum), Demerol, Thalium (verwirrt das Denken) und vieles andere. »[Dr. Lawrence] Schacht hatte auch Vorräte an Haloperidol und Largactil, zwei anderen wichtigen Beruhigungsmitteln.«

MKULTRA in Jonestown

Aber wozu brauchte man das denn? Ein paar Drogen oder Medikamente – na gut. Aber gleich Mengen, die jedem psychiatrischen Krankenhaus zur Ehre gereicht hätten? Oder gar einer Großstadt? Die Antwort lautet: Rein zufällig waren das genau die Drogen, die auch in den amerikanischen MKULTRA-Experimenten benutzt wurden, also den menschenverachtenden Gehirnwäscheversuchen in der Tradition von Tavistock, bei denen Versuchspersonen unter Drogen gesetzt wurden, um sie zu steuern und zu programmieren. Kurz: Jonestown war nichts weiter als eine Filiale von MKULTRA. Nachdem dieses Projekt von den Universitäten vertrieben worden war und auch anderswo in den USA Schwierigkeiten bekommen hatte, packten die Nachfolger Mengeles ihre Sachen und ihre »Patienten« und eröffneten in anderen Teilen der Welt geheime und getarnte Lager, darunter eben auch im Dschungel von Guyana. Und das ist auch die Erklärung, warum der Besuch des US-Kongressabgeordneten Leo Ryan in Jonestown alles zum Einsturz brachte: weil die geheime MKULTRA-Operation damit aufzufliegen drohte. Deshalb musste das Lager aufgelöst und Ryan mitsamt den Lagerinsassen getötet werden. Für solche Fälle gab es auch die Selbstmord-Alarmübungen, in deren Rahmen die Insassen konditioniert werden sollten, sich im Ernstfall selbst zu beseitigen.

Also wirklich ein reiner Massenselbstmord? Aber am Ort des Geschehens, dem offenen Pavillon in der Mitte des Dorfes, gab es ein paar Merkwürdigkeiten:

- fast alle Leichen lagen der Länge nach in sauberen Reihen auf Bauch und Gesicht,
- praktisch kein Gesicht zeigte nach oben,
- zwei Leichen lagen auf dem erhöhten Holzboden des Pavillons, wobei ihre Füße von der Plattform herunterbaumelten,
- manche Verstorbene hatten die Arme um die Schultern eines anderen gelegt,
- während einige Leichen schon stark verwest waren (zum Beispiel die von Jim Jones), wirkten andere erstaunlich frisch,
- auch Leichenflecken, die auf die Lage und die Position des Körpers unmittelbar nach dem Tod hinweisen konnten, waren nur selten auszumachen,
- auch die für Zyankali-Leichen typische hellrote Haut war nicht zu erkennen.

Sterben mit dem Baby im Arm

Daraus ergeben sich ein paar Fragen:

- Haben sich die Sterbenden selbst so ordentlich hingelegt?
- Falls sie das nicht taten – wer tat es dann?
- Warum lag nicht wenigstens eine nennenswerte Zahl der Leichen auf dem Rücken?
- Was ist mit den Verstorbenen, die ihre Arme um die Schultern eines anderen gelegt hatten? Sind sie aus dem Stand heraus synchron auf das Gesicht gefallen, ohne dass sich die Umarmung dabei gelöst hätte?
- Was ist mit den beiden Toten mit den herunterhängenden Füßen: Wie und wo haben sie vor dem Tod überhaupt stehen können?

Nicht doch: »Menschen in Jonestown fielen um, wo sie gerade standen«, schrieb die *Süddeutsche Zeitung* (online, 17.05.2010). Wirklich? Und alle fielen auf den Bauch und das Gesicht? Na klar: »Eine Mutter hielt ihr totes Baby im Arm, dann trat Schaum aus ihrem Mund, sie kippte einfach um. Ihr Ehemann wollte sie auffangen, aber auch er fiel tot zu Boden. Ein

Videoteam filmte und fotografierte die Szene«, so die SZ. Aha – dann ist ja alles in Ordnung. Das heißt: Da das amerikanische Kamerateam, das den Kongressabgeordneten Leo Ryan begleitet hatte, zu diesem Zeitpunkt bereits am Flugplatz war, hätte dies also ein Videoteam aus Jonestown sein müssen. Aber von einem solchen Team ist nirgends die Rede. Und auch die mir bekannte Literatur erwähnt nirgendwo, dass die Selbstmorde gefilmt worden wären. Gesehen habe ich ein solches Video erst recht nicht. Und leider versäumte es die *Süddeutsche Zeitung*, eine Quelle für diesen »Videofilm« zu nennen.

Leichensammelstelle im Urwald

Hat man die Toten also vielleicht aus Mangel an Leichentüchern alle auf die Vorderseite gelegt? Wahrscheinlich. Aber das hieße ja dann: Die Menschen sind nach dem Leeren des Giftbechers eben nicht an Ort und Stelle umgefallen und liegen geblieben. Sonst hätte man wohl alle möglichen Haltungen angetroffen. Sondern die Toten wurden hier gesammelt und abgelegt. Besonders deutlich sieht man das bei den beiden Leichen, deren Füße in der Luft baumelten. Sie können vor ihrem Tod hier gar nicht gestanden haben. Aber auch die Umarmungen sind sehr wahrscheinlich post mortem arrangiert worden. Es sei denn, die Menschen hätten das Gift geschluckt, sich zum Sterben nebeneinander auf den Bauch gelegt und sich dabei die Arme um die Schultern gelegt. Unwahrscheinlich – vor allem weil insbesondere ein Zyankali-Tod oft mit unkontrollierbaren Krämpfen einhergeht. Das heißt: Der Pavillon ist nichts weiter als eine Leichensammelstelle, wie nach einem Flugzeugunglück oder einer anderen Katastrophe, nach der man die Toten an einem Ort zusammenholt. Nur Leichensäcke fehlten noch. Deshalb hat man die Toten wahrscheinlich auch auf das Gesicht gelegt.

Nichts da! Schließlich wissen wir, was passiert ist: »Am 18. November 1978 starben 913 Menschen in einer landwirtschaftlichen Urwaldkolonie in Jonestown im südamerikanischen Guyana«, konnte man in der *Süddeutschen Zeitung* lesen (ebenda). Und im *Spiegel*: »Menschen, darunter Kinder und Jugendliche, gingen an diesem Tag auf Geheiß ihres Anführers James Warren Jones in den Tod. Gemeinsam tranken sie ein tödliches Gebräu aus Zyankali, Beruhigungsmitteln und Limonade; Säuglingen und Kindern schossen ihre Eltern das Gift per Wegwerfspritze in die kleinen Rachen. ›Die Zeit ist gekommen, dass wir uns an einem andern Ort treffen‹, hatte Sektenführer Jones seiner Gemeinde zuvor via Lautsprecher angekündigt. Es folgte der größte Massenselbstmord der jüngeren Geschichte« (online, 17.11.2008). So einfach war das also: ein Tag, ein Befehl, alle tot.

Todesort und Todeszeitpunkt

Aber in Wirklichkeit ist gar nichts klar. Schließlich sehen wir den Tatort nicht im Originalzustand. Sondern die Toten wurden an verschiedenen Stellen eingesammelt und hierher gebracht. Aber nicht nur die Todesorte der Menschen waren verschieden, sondern auch die Todeszeitpunkte: Manche Leichen wirkten auf den Bildern sehr frisch, fast wie lebendig, andere waren schon ein paar Tage alt – wie beispielsweise die Leiche von Jim Jones: Sie lag als eine der ganz wenigen mit aufgedunsenem Gesicht und Bauch auf dem Rücken – wahrscheinlich umgedreht von den ersten Obduzenten. Denn als (soweit erkennbar) Einziger wies sein Oberkörper eine lange, nur flüchtig zugeflickte Naht auf, aus der die Gedärme quollen. Und nun wird es spannend: Wenn, wie es aussieht, der bereits stark verweste Jim Jones tatsächlich am 18. November 1978 gestorben ist, viele andere aber erst Tage später, dann kann das nur heißen, dass sie jemand anderer in den Tod getrieben beziehungsweise ermordet haben muss.

Die wundersame Vermehrung der Leichen

Verdammt! Aber Jim Jones war doch ein Einzeltäter, erzählten uns die Medien. Ganz gewiss! Aber wurden ursprünglich nicht etwa 900, sondern nur 400 Opfer gefunden? Wobei »nur« natürlich relativ gemeint ist: 400 Menschen, die einem Selbstmordbefehl folgen, sind eine ganze Menge und eindeutig 400 zu viel. »Sekte stirbt im südamerikanischen Urwald: 400 sterben bei Massenselbstmord, 700 fliehen in den Dschungel«, lautete eine Headline (siehe *https://www.transmissionsfromjones town.com*). In einigen Zeitungen war von 400–500 Vermissten die Rede. Aber: »Die ursprünglich von den Guyanern angegebene Zahl der Toten betrug nun einmal 408, und diese Zahl wurde von den US-Armeebehörden vor Ort zunächst bestätigt«, so Judge. Je mehr Tage jedoch vergingen, umso mehr Leichen kamen zusammen: »Im Laufe der nächsten Tage stieg die Zahl der gemeldeten Toten jedoch rasch an. […] Die neue Gesamtzahl, die die offizielle Endzählung darstellte, wurde fast 1 Woche später von den amerikanischen Behörden mit 913 angegeben« (Judge, a. a. O.). Nun, vielleicht hat man ja im Laufe der nächsten Tage im weiteren Umkreis noch mehr Leichen gefunden. Aber dann stellt sich eben die Frage nach den unterschiedlichen Verwesungsstadien. Wo kamen die weiteren 500 Leichen also her? Na ja, ganz einfach, meinten die Amerikaner: Die Guyaner konnten eben nicht zählen. Aber um diese Zeit waren anscheinend sehr viele seltsame Mathematiker im Dschungel unterwegs. Während die Guyaner angeblich zu wenige Tote gezählt hatten, stieg die Zahl bei den Amerikanern von Zählung zu Zählung an. Na ja, meinten erneut die USA, hinter dem Pavillon seien eben einfach jede Menge Verstorbene übersehen worden. Dumm nur, dass man mühelos durch den offenen Pavillon hindurchsehen konnte. Na gut, dann lagen die Leichen eben übereinander, sodass man einfach über die Hälfte der Toten übersehen hat, wurde dann behauptet. Mathematisch war das aber auch nicht ganz sauber, denn wie sollten 400 Leichen 500 weitere Verstorbene verdecken? Es sei denn, die Guyaner konnten nicht nur nicht zählen, sondern waren auch noch blind. Unwahrscheinlich. Denn unter den ersten Helfern befand sich auch der guyanische Top-Pathologe Dr. C. Leslie Mootoo. Darüber hinaus habe die Auswertung von 150 Fotos und Luftbildern ergeben, dass nicht eine Leiche unter einer anderen gelegen habe, so Judge. In der Tat habe ich derartige Bilder ebenfalls nicht gesehen. Tja, da ist guter Rat natürlich teuer – wo kamen also, nachdem anfangs nur 400 Tote gezählt worden waren, plötzlich 500 weitere Leichen her? Antwort: So wie es aussieht, waren das die 500 Menschen, die zunächst entkommen waren. Offenbar waren nicht alle bereit gewesen, wie die Schafe zu sterben, sondern sind davongelaufen. Möglicherweise war an deren Wohl aber niemandem wirklich gelegen.

Von »unbekannten Personen« ermordet?

Blödsinn: In Wirklichkeit kümmerte man sich rührend um sie, und zwar die eingeflogenen Kräfte der Amerikaner (und Engländer) – schließlich waren das echte Experten: »In der Gegend nahmen zur gleichen Zeit britische Black-Watch-Truppen mit fast 600 ihrer bestausgebildetsten Soldaten an ›Trainingsübungen‹ teil«, so Judge. »Bald waren auch die amerikanischen Green Berets vor Ort. Die Anwesenheit dieser Soldaten, die speziell für verdeckte Tötungsoperationen ausgebildet sind, könnte die zunehmende Zahl der Leichen erklären.« Nichts da: »Die amerikanischen Behörden behaupteten, sie hätten nach geflohenen Personen gesucht, aber in der Umgebung keine Hinweise auf solche Personen gefunden.« Fragt sich nur, wie dann eine guyanische Jury am 22. Dezember 1978 zu dem Schluss kommen konnte, dass, bis auf wenige Ausnahmen, alle Verstorbenen »von unbekannten Personen« ermordet worden seien. Der guyanische Pathologe Dr. Mootoo hatte an den Toten sowohl Schusswunden als auch Einstiche von Spritzen gefunden. Na so was! Wie konnte das denn passieren? War all den vortrefflichen Green Berets bei ihrer Suche nach den Vermissten etwa der Zeigefinger ausgerutscht? Nach dem Motto: Shit happens? Oder erledigten sie einfach »ihren Job«? Nochmals nicht doch: Der amerikanische Botschafter Richard Burke habe steif und fest behauptet, dass es sich in Jonestown um Selbstmorde gehandelt habe, so Will Savive. Aber bald nach Jones Selbstmordbefehl »wurden mit einem C-141-*Starlifter*-Jet aus Panama mehrere Hubschrauber eingeflogen. Manche haben spekuliert, dass mit diesen Hubschraubern Überlebende gejagt, brutal ermordet und nach Jonestown zurückgebracht wurden« (Savive, ebenda, Seite 226 f.). Laut US-Botschafter Burke seien die Hubschrauber »mit Lautsprechern ausgerüstet gewesen, um die Flüchtlinge aus dem Dschungel hinauszudirigieren«. Oder sollten wir sagen: zu locken? Denn »das Bizarre daran ist, dass mehrere Helikopter eingeflogen wurden und eine Menge Arbeit, Anstrengung und Geld aufgewendet wurden, um Überlebende zu finden, die später als bestätigte Todesfälle im Camp wieder auftauchten – aufgrund einer ›fehlerhaften Zählung‹, die um mehrere Hundert Tote danebenlag«, so Savive (Seite 227). Eine Überschrift der *New York Times* habe gelautet: »US-Hubschrauber treffen in Guyana ein, um die Suche nach Tempel-Überlebenden im Dschungel zu unterstützen; bis zu 500 könnten sich in der Wildnis verirrt haben«. Bis es in einer neuen Schlagzeile hieß: »USA geben bekannt, die Zahl der Guyana-Opfer habe sich fast verdoppelt; Zahl der Todesfälle in der Dschungel-Kommune erreicht 780«. Die Suche nach Überlebenden ergab also mehrere Hundert neue Leichen. Die amerikanische Öffentlichkeit habe das Gefühl beschlichen, dass das Ereignis in Guyana noch nicht vorbei sei: »Es war, als wäre die Tragödie noch in vollem Gange.« – »Und um die Dinge noch schlimmer zu machen, gab es keine vernünftige Erklärung dafür«, so Savive (Seite 232). Das US-Außenministerium sei unter extremem Druck gewesen, bis »die Regierung die Verantwortung abschob und behauptete, die Guyaner könnten ›nicht zählen‹.« 8 Tage nach dem Massaker wurde die Zahl der Toten erneut erhöht, diesmal auf den »Endstand« 900. Interessant, um das mindeste zu sagen.

Blutiger Nebel

Interessanterweise kam auch heraus, wer für diese Operation verantwortlich war. So habe ein ehemaliger Vertrauter und Co-Pastor von Jones namens Dave Wise viel später die Gelegenheit gehabt, mit einem Ex-Green-Beret mit dem Pseudonym Scott Hooker zu sprechen, der in Jonestown im Einsatz gewesen sein wollte. »Hooker erzählte Wise, dass ihre Aufgabe darin bestanden habe, alle Überlebenden zu töten und den Leichen Zyankali zu injizieren« (Seite 267) – wahrscheinlich um bei etwaigen Obduktionen den Eindruck zu erwecken, die Menschen seien an Zyankali gestorben (obwohl das kaum geklappt hätte, weil eine Leiche keinen Kreislauf mehr besitzt, um das Gift im Körper zu verteilen). Weiter habe Hooker erzählt, wie sein Helikopter über Überlebenden schwebte, die ihm in der Hoffnung auf Rettung zuwinkten. Stattdessen seien sie erschossen worden, wobei es jedes Mal eine rote Wolke aus blutigem Nebel gegeben habe. Dies entspreche auch Jones »Todesansprache« vom 18. November, bei der er gesagt hatte: »Sie werden sich jede Minute aus der Luft abseilen und unsere Babys töten.«

»Alle Nigger sind tot«

Jones selbst umgaben schon in den 60er-Jahren des vergangenen Jahrhunderts Gerüchte, für die CIA zu arbeiten. Später, in Jonestown, erzählte Jones auch »unzählige Geschichten von Revolutionären, die von der CIA gefangen gehalten worden seien, gefesselt wurden und Natriumpentothal gespritzt bekamen, um ihre Geheimnisse zu verraten. Schilderungen, die sich Jahre später als wahr herausstellen sollten, wobei Natriumpentothal als Wahrheitsdroge bekannt wurde, die von der CIA exakt für solche Zwecke benutzt wurde. Woher Jones all diese Geschichten hatte, ist unbekannt« (Savive, Seite 62). Wise glaubte zwar nicht, dass Jones selbst ein CIA-Mann war, aber Wise hatte sich auch schon lange vor dem 18. November 1978 aus der Sekte abgeseilt. Außerdem war es offensichtlich, dass Jones und seine Leute unter hautnaher Beobachtung und Steuerung durch US-Dienste und -Militär standen. Einer, der es wissen musste, war denn auch der Kommandeur der Green Berets in Latein- und Südamerika, Oberleutnant James »Bo« Gritz, der Jones' Angehörigkeit zur CIA bestätigte. Jonestown war für Gritz »ein Ausläufer von CIA-MKULTRA«: »Gritz sagte, er wisse nicht sehr viel mehr, als dass ihre Aufgabe darin bestanden habe, die Überlebenden von Jonestown zu töten.« Der Mann, den er nach Jonestown geschickt habe, um das zu erledigen, sei mit der Meldung zurückgekehrt: »Alle Nigger sind tot.« – »Gritz glaubt, dass Jones in das CIA-Experiment involviert war und dass ›es eskalierte, sobald der Kongressabgeordnete Ryan ermordet worden war‹.« Man habe keine andere Wahl mehr gehabt, als es mit Selbstzerstörung zu versuchen, und das hätte den Tod Hunderter Menschen bedeutet.

Im Juli 1980 verklagten die Hinterbliebenen des Abgeordneten Ryan die Vereinigten Staaten auf 3 Millionen Dollar Schadensersatz und Schmerzensgeld und behaupteten, »dass die Jonestown-Kolonie von CIA-Agenten infiltriert gewesen sei« und »dass Agenten des Außenministeriums und der CIA Jonestown als Filiale ihres MKULTRA-Programms benutzten«. Im Oktober 1981 verklagten Überlebende von Jonestown den US-Außenminister Cyrus Vance und den CIA-Direktor Stansfield Turner auf 63 Millionen Dollar wegen Unterstützung von Jim Jones bei »Mind-Control- und Drogenexperimenten in Jonestown«.

Was ich damit sagen will: Jonestown ist nicht vorbei. Es ist auch nicht »tot«. Die Mind-Control-Experimente haben nicht aufgehört. Sie sind heute überall. Denkt man an den Coronagulag, der während der angeblichen »Pandemie« errichtet wurde, kommt man den Verhältnissen in Jonestown schon sehr nahe:

- Zwangsmedikation (durch Druck und Erpressung),
- Todesdrohungen,
- »Schocktherapien«,
- Einschüchterung,
- Denunziation,
- Stigmatisierung,
- drakonische Strafen,
- Isolierung und Quarantäne,
- körperliche Gewalt (Polizei),
- Kindesmisshandlung (Maskenpflicht in Kindergärten und Schulen),
- Atemkontrolle (Maskenpflicht) und anderes mehr.

Tavistock, MKULTRA und Jonestown waren und sind systematische Versuche, um herauszufinden, wie man Menschen bis zur eigenen Selbstzerstörung steuern kann. Heute wird das im globalen Maßstab umgesetzt. Die Menschen sind derartig gehirngewaschen, dass sie bereit sind, sich selbst jeden Tag das eigene Grab zu schaufeln. Sie sind derartig desinformiert, dass sie nicht einmal mehr wissen, wie Gesellschaften und Ökonomien funktionieren und dass sie Parteien wählen, die beides offensichtlich zerstören wollen. Wütend verteidigen Bürger Maßnahmen, die ihnen und sogar ihren Kindern offensichtlich schaden, und sind heute wie damals bereit, die Giftspritze zu nehmen. Millionen ließen sich 2, 3 Mal »impfen«, bevor ihnen auffiel, dass sie trotzdem an Corona erkrankten, und zwar schlimmer als Ungeimpfte. Doch selbst wenn es ihnen auffiel, dann breiteten die meisten den Mantel des Schweigens darüber, um sich den eigenen Fehler nicht einzugestehen – beziehungsweise die Erkenntnis, dass ihre Führer kriminell sind.

Trends

Wissen Sie, womit meiner Meinung nach der Untergang der Zivilisation begann? Nehmen wir einmal die alte Via Appia in Rom: An dieser Straße haben die Römer ab 312 v. Chr. über 100 Jahre lang gebaut, bis sie schließlich von Rom aus etwa 550 Kilometer hinunter in den italienischen Stiefelabsatz führte, nach Brindisi, einem bedeutenden Umschlagplatz für Waren aus dem Orient. Und natürlich war diese Straße damals nicht so holprig und wellig wie heute (wobei ich nicht wissen möchte, wie unsere Straßen in 2000 Jahren aussehen werden). Vielmehr haben die Römer die Straße so glatt, stabil, gerade und hindernisfrei gebaut wie möglich, denn je besser der Weg, umso reger der Verkehr und umso stärker Wachstum und Wirtschaft. Nach dem Motto: Verstopfung ist tödlich. Die Straße aber ist noch viel mehr als ein Verkehrsweg – sie ist ein Archetyp unserer Zivilisation. Denn Straßen sind Leben, Verkehr, Erschließung, Entwicklung, Handel und Versorgung. Kurz: Mit Straßen hat die Menschheit sich entfaltet und die Welt erschlossen. Durch Handel und Kontakte mit anderen Regionen und Weltgegenden wurden Anregungen ausgetauscht und Synergieeffekte geschaffen. Und wenn eine Straße einmal gebaut war, musste sie natürlich geschützt und erhalten werden, wie die Aorten in unserem Blutkreislauf vor Arteriosklerose geschützt werden müssen.

Ein Wurm im Gehirn

Weltweit haben mindestens 100 oder 200 Generationen von Ingenieuren, wenn sie des nachts wachlagen, das klare Bild ihrer Straße vor Augen gehabt und nach dem Aufstehen mit neuem Elan daran gearbeitet, um sie schneller, breiter, bequemer und effizienter zu machen. Die Straßen, die diese Ingenieure sahen, waren immer so glatt wie möglich. Was diese Baumeister dagegen nicht sahen, waren Fahrbahnschwellen. Wenn doch, waren sie ein Fall für den Nervenarzt. Ein Ingenieur mit Schwellen im Kopf wäre für geisteskrank erklärt worden – oder zum Saboteur. Denn eine Straße mit einer Fahrbahnschwelle (oder heute vermehrt mit Tempo 30) ist ein Widerspruch in sich (von vereinzelten sinnhaften Anwendungen) abgesehen – ein Wurm in unserem zivilisierten Gehirn. Nicht zufällig erblickte dieser Wurm in den 70er-Jahren des vergangenen Jahrhunderts das Licht der Welt, als sowohl die Grünen-Bewegung als auch der Bericht *Die Grenzen des Wachstums* des sogenannten Club of Rome entstand. Dieser Report beruhte auf einem Computermodell, das sich anmaßte, die Biosphäre des Planeten abzubilden. Das Modell sagte diverse Rohstoffknappheiten voraus – Prognosen, die sich als falsch erwiesen. Und zwar als so falsch, dass der Club of Rome 1992 *Die neuen Grenzen des Wachstums* veröffentlichen musste – und 2004 die *Grenzen des Wachstums. Das 30-Jahres-Update*. Tja – Prognosen sind bekanntlich besonders schwer, wenn sie sich auf die Zukunft richten. Das wusste man allerdings schon vor der Entwicklung von Computermodellen. Diese sind deshalb auch keine Werkzeuge, sondern nur Fetische.

Außen grün, innen rot

Besonders der Individualverkehr ist dieser Ökodiktatur ein Dorn im Auge. Der »Abschied vom Auto« ist fest eingeplant, meint das »Forum Nachhaltig Abwirtschaften« – Pardon: »Wirtschaften«. Dem Ausstieg aus dem motorisierten Individualverkehr komme »eine Schlüsselrolle für die Klimapolitik insgesamt zu. Wenn wir den Klimawandel in kontrollierbaren Grenzen halten und in den kommenden Jahrzehnten CO_2-neutral sein wollen, dann müssen wir unsere Vorstellungen vom ›Mobilsein‹ tiefgreifend verändern« (online, 07.09.2020). Wer hinter diesem grünen Geschreibsel steckt, erfährt man nur im Kleingedruckten – es ist nämlich das »Netzwerk Ökosozialismus«. Deswegen nennt man die Grünen ja auch »die Melonenpartei« – außen grün, innen rot. Und technische Inferiorität gehört zum Sozialismus nun einmal dazu, ob das nun die DDR, die Sowjetunion oder Maos China waren: Alle diese Länder und Weltregionen lebten in einer technischen Misere und zu großen Teilen in bitterer Armut. Unter dem Deckmantel des konsensfähigen (und zum Teil auch sinnvollen) Umweltschutzes wurden deshalb auch bei uns nach und nach in alle Lebensbereiche »Schwellen« eingebaut und die technische Entwicklung behindert – bis hin zu Abgaswerten, die von der Autoindustrie nur noch durch unsaubere Tricks erfüllt werden konnten. Die 1970er-Jahre markieren deshalb einen absichtlich herbeigeführten Zivilisationsbruch, der zurzeit seine volle Zerstörungskraft entfaltet, zum Beispiel durch die »Energiewende« der Ex-FDJ-Sekretärin Angela Merkel: den irrsinnigen Versuch, eine führende Industrienation des Planeten mit »Flatterenergie« zu betreiben und damit eine ganze Wirtschaft abzuwürgen.

Überall stehen geistige, ideologische und bürokratische Hürden, die die Entwicklung behindern. Wenn Sie sich einen total sklerotischen Körper vorstellen, dann haben Sie das heutige Deutschland. Nehmen wir beispielsweise etwas, worüber ich früher schon einmal geschrieben hatte: den Kampf des sozialistischen Münchner Oberbürgermeisters Christian Ude gegen den Transrapid – ein zentrales Entwicklungsprojekt des Großraums München und des Wirtschaftsraums Deutschland, elektrisch betrieben und weitgehend reibungsfrei (Feinstaub!). Um den Transrapid zu verhindern, brachte Ude in München Tausende von Demonstranten auf die Beine. Heute fährt der Transrapid im modernen China, und zum Münchner Flughafen zuckelt immer noch eine S-Bahn über die Dörfer. Interessant, nicht?

Kampf der Lokomotive!

Und weil ich gerade bei Deutschland bin: Das Land war eine Lokomotive – ein zugegebenermaßen jüngerer Archetyp als die Straße, aber ebenfalls eine fest in unserem Bewusstsein verankerte Metapher für Fortkommen und Fortschritt. Es gibt also gegenständliche und konkrete Lokomotiven, aber auch metaphorische, die die Menschheit mit sich ziehen und voranbringen. Und Deutschland war eine solche Lokomotive – egal, was Ihnen das War Propaganda Bureau und das Tavistock-Institut eingeredet haben (nämlich das Gegenteil). Denn sie haben es Ihnen eingeredet, *weil* Deutschland eine solche Lokomotive war. Aber warum wurde und wird diese Lokomotive überhaupt derartig bekämpft? Nun, ganz bestimmt nicht zum Wohle der Menschheit, sondern zum vermeintlichen Wohle des angloamerikanischen Imperiums und seiner eigentlichen Drahtzieher. Warum muss man ein Land so schlechtmachen, bis kein gutes Haar mehr daran bleibt? Oder warum wird der Klassenbeste immer verprügelt? Weil er zu gut ist und die anderen mit ihrer Mittelmäßigkeit konfrontiert. Aber was hat Angloamerika nun von seinem grandiosen Sieg über die Deutschen? Nichts. Ob am deutschen Wesen die Welt genesen könnte, ist bekanntlich umstritten – weniger umstritten ist, dass die Welt am angloamerikanischen Wesen zugrunde gehen wird. Falls dieses Wesen überhaupt ein authentisches Selbst hat, was man bezweifeln darf. Ein paar Jahrzehnte hat man sich zwar erkauft, aber Angloamerika und seine Vasallen sind nur noch ein Schatten ihrer selbst, Karikaturen ihrer angeblichen Werte, ein Moloch aus Egoismus, Raubtierkapitalismus, Finanzkasino und Barbarei, das in selbstmörderischen Migrationswellen versinkt. Denn neben Straßen braucht es natürlich auch Grenzen und geschützte geistige und kulturelle Räume, in denen Ideen wachsen und gedeihen können. Ja, zwischen Straßen und Grenzen muss ein gesundes Gleichgewicht herrschen – darüber habe ich ja früher schon geschrieben.

Von pharmazeutischen und anderen Giften

Dabei fuhr die deutsche Lokomotive nicht einmal in die falsche Richtung, sondern nur zu schnell und zu weit, und da wollte sich das angloamerikanische Imperium nicht anschließen. Es begriff die Lokomotive nicht als Chance, sondern als Bedrohung des eigenen Zuges – und warf sie deshalb aus dem Gleis. Denn zerstören kann es – das muss man ihm lassen. Mit anderen Worten denkt das mächtige Imperium kleinkariert wie ein Küchentuch – und erkennt erst jetzt, dass die eigentlichen Eliten des Planeten überhaupt keine Lokomotiven wollen, weder deutsche noch britische oder amerikanische. Denn Amerika ist auch nicht (mehr) ihre Lokomotive, sondern nur noch ihr Kampfpanzer und ihr Flugzeugträger, der den Erdball in Schach hält. Und nun bekommt die digital eingekesselte Menschheit langsam die Nahrung entzogen und das Gift verabreicht, und auch da gibt es keine Ausnahme: Der Osten und der Westen mögen streiten und so etwas wie ein eigenes Ich und eigene Interessen vorspiegeln – das Gift müssen sie trotzdem alle nehmen: Putin genauso wie Biden. Bill Gates hat es gesagt: »Wir werden 7 Milliarden Menschen impfen.« Und neben den pharmazeutischen Giften gibt es natürlich auch ideologische Gifte, wie jene, die einst zig Millionen Chinesen an Hunger sterben ließen und die nun auch Deutschland und andere kreative Länder kontaminieren. Bei Mao sollten Landwirte Stahl schmelzen, bei Merkel Solarzellen auf ihren Feldern aufstellen. Beides gefährdet die (autarke) Nahrungsmittelversorgung. Der Oberbegriff dafür lautet Desorganisation. Ja, auch die »Impfung«, die Millionen von Menschen schädigt und umbringt, ist ein typisch maoistisches Projekt. Dazu kommen Energiewende, Sanktionen, Preissteigerungen, Bildungsabbau und anderes mehr. Und werden Systeme desorganisiert, werden sie sterben – egal, ob es sich bei ihnen um Lebewesen (»Organismen«) oder Gesellschaften von Lebewesen handelt. Das angloamerikanische Imperium versucht derweil Blut von seinen Vasallen zu saugen, um sich noch ein paar Jahre über Wasser zu halten. Doch Kannibalisierung unter Freunden ist immer ein schlechtes Zeichen. Sie bedeutet, dass der Kannibale selbst am Ende ist.

Der Glaube an den großen Vorsitzenden …

Man könnte meinen, es handelt sich um das irre Treiben einer vom Wahnsinn befallenen Ameisenart, die ihren Ameisenstaat plötzlich desorganisiert und deshalb zugrunde gehen wird. Ihre Leittiere sind mit einem Mal verrückt geworden und führen den Rest ins Verderben. Ist die Menschheit etwa auch nichts anderes als die Jones-Sekte, deren Mitglieder 1978 im Urwald von Guyana in den Tod getrieben werden sollten, wobei Kinder sogar durch die Hand ihrer Eltern gestorben sein sollen? »Mehr als 200 kleine Kinder wurden von ihren eigenen Eltern und Betreuern ermordet, indem ihnen das Gift injiziert oder sie gezwungen wurden, es zu trinken.« So etwas nennt man »Familycide«. Heute leben wir in einer Sekte, in der es Eltern zuließen oder sogar darauf hinwirkten, dass ihren Kindern irgendwelche kaum erprobten Gensubstanzen gespritzt wurden und die Atmung durch bizarre Masken behindert wurde. Eine Wirkung im Sinne des angegebenen Zwecks hatte das alles nicht: Eine Pfizer-Managerin namens Janine Small räumte kürzlich bei einem Hearing vor dem EU-Parlament ein, dass zum Zeitpunkt der Zulassung des Covidvakzins keinerlei Nachweis existierte, »dass die mRNA-Therapie das Virus an seiner Verbreitung behindern würde« (*Weltwoche*, online, 17.10.2022). Die Masken sind nur so etwas wie ein Sektenabzeichen. Denn eine positive Wirkung bei »Pandemien« haben sie kaum; ursprünglich waren sie einmal Staubmasken für Handwerker. Das Abzeichen bedeutet: Ich glaube an den großen Vorsitzenden und das Heil durch die Impfung. Auf den richtigen Wahn und das richtige Narrativ kommt es eben an – respektive auf das falsche. Insofern war der Jonestown-Massen(selbst)mord wirklich ein zentrales Experiment – manche behaupten: im Auftrag der CIA. Sektenführer Jones hat bewiesen: Manchen Menschen kann man alles erzählen, sogar dass sie Selbstmord begehen sollen. Und heute beweisen das Drosten, Lauterbach, aber auch Habeck, Baerbock, Scholz, Greta, Reemtsma und andere. Man nennt das auch Mind Control: die Steuerung eines Gehirns gegen seine Interessen. Daran haben ja schon viele experimentiert, zum Beispiel der »CIA-Mengele« Dr. Sidney Gottlieb, der zahlreiche Menschenversuche mit LSD anstellte. Oder Dr. Ewen Cameron, der versuchte, die Inhalte des menschlichen Gehirns mithilfe von Elektroschocks zu löschen, um sie anschließend wieder neu aufzubauen. Richtig erfolgreich war aber nur das britische Tavistock-Institut, dem es gelang, das menschliche Gehirn mithilfe von Schocks zu manipulieren. Bis hin zum Suizid durch selbstmörderische Konzepte und Entscheidungen.

Vom Völkermord zum Völkerselbstmord

Aber gibt es überhaupt so etwas wie einen »Völkerselbstmord«? Allerdings, denn so etwas kennt sogar *Wikipedia*: »Autogenozid ist der willkürliche oder ideologisch inspirierte Massenmord an den Bürgern eines Landes durch die eigene ethnische Gruppe gegen die eigene ethnische Gruppe.« Volltreffer! Ursache kann also auch ein Todeskult wie der Kohlendioxidkult sein, der das Leben verbietet, indem er ihm jegliche Kohlendioxidemission, also quasi das Ausatmen, untersagt. Wenn man der Zivilisation einfach den Sprithahn zudrehe, würde dies in einem Aufschrei enden, der politisch gefährlich sei, erkannte beispielsweise der Club-of-Rome-Verschwörer Maurice Strong. »Wenn jedoch bewiesen ist, dass Kohlendioxid zur globalen Erwärmung beiträgt, die den Planeten zerstört, rechtfertigt dies das Verstopfen des Auspuffrohrs« – also das Unterbinden der Abgase oder des Ausatmens. Womit wir bei der CO_2-Lüge angekommen wären. Eines der schlimmsten Beispiele von Wirtschaftssabotage sind Mao Tse-tungs Massaker an seiner eigenen Bevölkerung durch Zerstörung der Landwirtschaft und andere Maßnahmen, wobei zig Millionen Menschen verhungerten. Und siehe da: Der Begriff Völkerselbstmord hat seinen Ursprung tatsächlich zu Maos Zeiten, nämlich »in den 1950er-Jahren, wo er vor allem von Arnold J. Toynbee verwendet wurde«. Na so ein Zufall: Der Philosoph Arnold J. Toynbee wiederum war eine wichtige Figur des britischen War Propaganda Bureau (WPB), eines Vorläufers des bereits mehrfach erwähnten Tavistock-Instituts, das die Aufgabe hat, die Völker in den Wahnsinn zu treiben. Mit diesem Institut, das 2022 sein 75-jähriges Bestehen feierte, haben wir uns ja bereits ausführlich befasst.

2022 wurde auch für Deutschland das Grand Finale eingeleitet: in die Zange genommen von den falschen Freunden, regiert von den Freunden der falschen Freunde, zerquetscht und zerrieben zwischen den Blöcken. Seine Anführer führen das Land erst in den Wahnsinn und dann in den Tod. Nur an den Rändern franst die »Herde« aus, einige wenige bleiben zweifelnd stehen. Wieder andere, kleinere Gruppen sammeln sich um andere Führer, um ihnen zu folgen. Auch sie haben zwar Angst – allerdings nicht so sehr vor Seuchen, Kriegen und Klimaveränderungen, sondern vor dem Wahnsinn der Regierung.

»Es ist möglich«, schrieb einmal der Lyriker und Dramatiker Christian Friedrich Hebbel (1813–1863), »dass der Deutsche doch einmal von der Weltbühne verschwindet, denn er hat alle Eigenschaften, sich den Himmel zu erwerben, aber keine einzige, sich auf Erden zu behaupten und alle

Nationen hassen ihn, wie die Bösen den Guten. Wenn es ihnen aber wirklich einmal gelingt, ihn zu verdrängen, wird ein Zustand entstehen, in dem sie ihn wieder mit den Nägeln aus dem Grabe kratzen mögen.«

Nachwort

Im Nachwort von *verheimlicht – vertuscht – vergessen 2022* hatte ich seinerzeit zwei Hoffnungen geäußert: erstens, dass wir uns wiederlesen werden (was hiermit erfüllt wurde), und zweitens, dass wir auf bessere 365 Tage zurückblicken können als damals. Letzteres hat sich leider nicht bewahrheitet, sondern die Zeiten sind noch schlimmer geworden – gegenüber 2021 sind 2022 noch Krieg, Energiepreiswucher und hohe Inflation dazugekommen, um nur die wichtigsten Punkte zu nennen. Und ehrlich gesagt, es war auch nicht anders zu erwarten. Denn schließlich haben wir ja die Entwicklung seit Jahren richtig analysiert. Die Strategie, die Menschheit zu zerstören, haben wir schon lange klar vor unseren Augen gesehen. Neu ist aus meiner Sicht allerdings die befreiende Wirkung der Tavistock-Recherchen gewesen: Wir sitzen in einem Käfig, dessen Gitterstäbe aus Schocks bestehen. Viele dieser Schocks sind aber nichts weiter als Schall und Rauch. Wenn man sie einmal hart anfasst, lösen sie sich in Luft auf. Die meisten der apokalyptischen Prognosen aus den zurückliegenden Jahrzehnten haben sich nicht erfüllt. Die »Experten«, die sie geäußert haben, sind entweder Lügner, Betrüger oder zumindest Dilettanten gewesen. Das fing schon mit den »Prognosen« des Club of Rome an, dessen Vorhersagen im Wesentlichen aus Schwindel und Irrtümern bestanden (zum Beispiel das angebliche Versiegen der Ölreserven). Und das gilt auch für die wichtigste davon: den »menschengemachten Klimawandel«. Unsere Aufgabe wird es sein, uns nicht mehr von Schock zu Schock durchs Dorf treiben zu lassen, sondern Ruhe zu bewahren und uns jeden neuen Schock genau anzusehen und vor allem nicht sofort in die Richtung der übrigen »Herde« zu rennen – siehe »Coronaimpfung«.
In diesem Sinne hoffe ich erneut, Sie auch 2024 als meine Leser und Mitbeobachter begrüßen zu dürfen.

Herzliche Grüße von Ihrem

Gerhard Wisnewski
München, am 1. Dezember 2022

Telegram: *https://t.me/GWisnewski*
BitChute: *https://www.bitchute.com/channel/gerhard-wisnewski/*
Website: *wisnewski.ch*
YouTube: *https://www.youtube.com/user/WisnewskiGerhard*

Dank

Die Danksagung: Endlich einmal ein Kapitel, das ich ruhigen Gewissens abschreiben kann – und zwar bei mir selbst: Mein erster Dank geht wie immer an meine Familie, und hier vor allem an meine Frau, die mir jederzeit mit Rat, Tat und Inspiration zur Seite gestanden hat. Mein zweiter Dank geht an meine Leser und Unterstützer, die mir nicht nur mit zahlreichen Hinweisen, Tipps und Informationen geholfen haben, sondern auch mit ihren Spenden, ohne die beispielsweise der Betrieb meines *YouTube*-Kanals, aber auch anderer Kanäle in den sozialen Medien, nicht möglich gewesen wäre. Des Weiteren wären unwägbare Risiken und Kosten durch juristische Angriffe zu nennen, die nicht aus Buchhonoraren allein zu bestreiten sind. Ein weiterer Dank geht selbstverständlich an meinen Verleger Jochen Kopp, der in diesen schwierigen und gefährlichen Zeiten die Fahne des freien Verlegertums hochhält, sowie an alle Mitarbeiter des Verlages, insbesondere meinen Lektor Thomas Mehner.

Vielen Dank!

Gerhard Wisnewski

Abbildungsverzeichnis

media.org/wiki/File:Boerenprotest_Kmar_02.jpg | Ministerie van Defensie, CC0, via Wikimedia Commons

Seite 151: »Tavistock Square in Bloomsbury London, birthplace in 1920 of the Tavistock Clinic« | *https://en.wikipedia.org/wiki/Tavistock_and_Portman_NHS_Foundation_Trust#/media/File:TavistockSquare.jpg* | This file is licensed under the Creative Commons Attribution-Share Alike 3.0 Unported license.

Seite 161: »Anne Heche (2014)« | *https://commons.wikimedia.org/wiki/File:Anne_Heche_July_14,_2014_(cropped).jpg* | Mingle Media TV, CC BY 2.0 <*https://creativecommons.org/licenses/by/2.0*>, via Wikimedia Commons

Seite 183: © picture alliance/Sammy Minkoff | Sammy Minkoff

Seite 188: @ Agentur Pegasus. Nach dem Original. Mit freundlicher Genehmigung.

Seite 219: »Straßenblockade am Hauptbahnhof Berlin (2022)« | *https://commons.wikimedia.org/wiki/File:Der_Aufstand_der_Letzten_Generation_blockiert_Stra%C3%9Fe_am_Hauptbahnhof_(51848563018).jpg* | Stefan Müller (climate stuff, 1 Mio views) from Germany, CC BY 2.0 <*https://creativecommons.org/licenses/by/2.0*>, via Wikimedia Commons

Seite 220: @ Kopp Verlag (nach dem Original)

Seite 237: »The original finding aid described this photograph as: Base: Georgetown State: Demerara-Mahaica Country: Guyana (GUY) Scene Camera Operator: Ssgt Pedro J. Gonzalez Release Status: Released to Public« | *https://commons.wikimedia.org/wiki/File:US_military_personnel_stack_coffins_containing_the_remains_of_the_victims_of_the_Jonestown_tragedy_for_transport_to_Dover_Air_Force_Base,_Delaware_-_DPLA_-_9690da3fe1c0914224ad9b0b47d335d1.jpeg* | National Archives at College Park – Still Pictures, Public domain, via Wikimedia Commons

Stichwortverzeichnis

C

G

T

Y

Z